Research on the Impact of OFDI on China's International Division of Labor Status and the Rise of Middle and High end Value Chain from a Global Perspective

全球视角下 OFDI 对我国国际分工地位及价值链中高端攀升影响研究

吴战勇　吴信科　著

中国财经出版传媒集团
中国财政经济出版社

图书在版编目（CIP）数据

全球视角下OFDI对我国国际分工地位及价值链中高端攀升影响研究 / 吴战勇，吴信科著. --北京：中国财政经济出版社，2020.12

ISBN 978-7-5223-0223-2

Ⅰ.①全… Ⅱ.①吴…②吴… Ⅲ.①对外投资-直接投资-影响-国际分工-研究-中国 Ⅳ.①F125

中国版本图书馆CIP数据核字（2020）第251121号

责任编辑：郁东敏　　责任校对：胡永立

封面设计：中通世奥　　责任印制：刘春年

全球视角下OFDI对我国国际分工地位及价值链中高端攀升影响研究

QUANQIUSHIJIAOXIA OFDI DUIWOGUOGUOJIFENGONGDIWEIJIJIAZHILIANZHONG GAODUANPANSHENGYINGXIANGYANJIU

中国财政经济出版社 出版

URL：http：//www.cfeph.cn

E-mail：cfeph@cfeph.cn

社址：北京市海淀区阜成路甲28号　邮政编码：100142

营销中心电话：010-88191522

天猫网店：中国财政经济出版社旗舰店

网址：https：//zgczjjcbs.tmall.com

北京财经印刷厂印刷　各地新华书店经销

成品尺寸：170mm×240mm　16开　20.75印张　315 000字

2021年1月第1版　2021年1月北京第1次印刷

定价：78.00元

ISBN 978-7-5223-0223-2

（图书出现印装问题，本社负责调换，电话：010-88190548）

本社质量投诉电话：010-88190744

打击盗版举报热线：010-88191661　QQ：2242791300

序

Foreword

20世纪90年代，全球生产贸易格局发生了深层次的变革。国际分工的范围和领域不断扩大，逐渐由产业间分工发展为产业内分工，进而演变为以产品内分工为主的、产品内不同工序及不同增值环节之间的多层次国际分工体系，从而形成了全球价值链分工体系。这种新型的国际分工模式，将国家间的比较优势分工体系从产品深入到实现产品价值的整个价值链条上来。该链条涉及研发、设计、生产制造、营销等一系列环节，其中发达国家依靠垄断性技术优势长期占据全球价值链高端环节，而发展中国家凭借着低成本优势承担着标准化的加工、生产制造环节，并在此过程中实现了工艺流程的快速升级，但由于未能掌握产业核心技术，其面临着全球价值链“低端锁定”的风险，一定程度上限制和阻碍了产业的进一步发展和升级。更严重的是，在当前全球经济增长放缓的背景下，欧美发达国家纷纷重振制造业以推动国内的经济复苏，如美国的“先进制造业”战略、德国“工业4.0”战略等，企图继续维持其在全球价值竞争中的优势地位。伴随“再工业化”战略的提出和实施，高端制造业加速回流，对发展中国家承接国际产业转移和资本转移形成了挤出效应，进一步加深了其全球价值链低端锁定的困境程度。

近些年来，中国企业“走出去”步伐不断加快，对外直接投资量呈现稳步上升的趋势。根据美国企业研究所发布的《中国全球投资跟踪》报告显示，2016年我国对外直接投资约1 750亿美元。更为重要的是，随着中国“一带一路”倡议的实施和推进，预计中国对外投资将继续保持高速增长。抓住全球价值链重构和产业分工格局重塑的机遇，大力实施创新驱动发展战略，促进我国产业向价值链中高端攀升。鉴于中国对外直接投资不断迅猛增长以及中国要通过加强国际合作以提升在全球价值链分工中的地位，实现产业结构升级、经济可持续发展的现实背景，我们有必要研究对外直接投资与全球价值链分工地位的内在联系，以及对外直接投资影响全球价值链分工地位的作用机理是什么，中国对外直接投资是否影响了中国全球价值链分工地位的提升，以及影响程度的大小。据此，本书结合机理分析和实证分析，深入研究对外直接投资对中国全球价值链分工地位的影响有着重要的理论和现实意义。

关于产业升级和价值链攀升问题的研究，国内外学术界已经取得了众多成果，其中国外学者的研究基本是以西方经典的对外直接投资理论为基础，建立在纯粹的逻辑推理和数据验算之上，立足于发达国家先进的经济基础，研究促进其产业结构演进的理论和策略，在我国对外直接投资之于产业转型升级的作用机理问题上指导性不强。国内学者当前的研究绝大多数偏重于对外直接投资对东道国或母国产业结构变动、升级的各种效应分析，是一种单向作用机制，缺乏一个相对完善的理论分析框架，但可以更好地揭示对外直接投资与产业转型升级之间的双向互动机理，对二者之间互动的核心内容、行为传导路径及彼此之于对方所产生的各种影响提供完备的解释和有效的政策导向。在诠释对外直接投资和产业升级二者间互动机理基础上的实证检验或案例分析工作当前仍然是一个薄弱环节。基于上述分析更凸显了本书研究论题的理论与现实意义。

本书首先从理论上对对外直接投资影响全球价值链分工地位进行定性分析，并对对外直接投资影响全球价值链分工地位的传导路径以及不同投资动机对外直接投资沿不同传导路径影响中国全球价值链分工地位的作用机理进行定性分析，进而运用计量经济学模型进行定量分析，从而对所研究的对外直接投资对中国全球价值链分工地位影响问题进行理论推导和实证检验。在对中国整体、三大产业以及制造业的全球价值链分工地位进行研究时，首先运用国家间投入产出模型，并结合增加值贸易分解框架对世界投入产出表中的各个国家各个行业的中间产品按来源地和最终消费地进行分解。其次，依据分解后的增加值部分构建全球价值链分工地位指数并对中国整体、三大产业以及制造业的全球价值链分工地位指数进行测算。在对中国对外直接投资对中国全球价值链分工地位的影响进行研究时，采用多元回归模型，并运用最小二乘法（OLS）、两阶段最小二乘法（2SLS）以及两步最优广义矩估计（GMM）方法，实证分析对外直接投资对中国全球价值链分工地位的影响以及实证检验东道国市场规模和东道国技术水平是否会影响对外直接投资对中国全球价值链分工地位的影响作用。

本书的主要结论如下：

2000～2017 年，中国整体、三大产业以及制造业的全球价值链分工地位都有所上升。其中，2017 年中国整体的 GVC 分工地位排名第 12 位，处在全球价值链的中游位置；第一产业 GVC 分工地位排名第 2 位，处在上游位置；第二产业 GVC 分工地位排名第 9 位，处在中上游位置；第三产业 GVC 分工地位排名第 12 位，处在中游位置；中国制造业 GVC 分工地位排名第 9 位，处在中上游位置；高等技术制造业 GVC 分工地位排名第 8 位，处在上游位置；中等技术制造业 GVC 分工地位排名第 10 位，处在中上游位置；低等技术制造业 GVC 分工地位排名第 10 位，处在中上游位置。对外直接投资对中国整体全球价值链分工地位具有显著的正向影响，OFDI 每增加 1% 单位，中国整体 GVC 分工地位指数提升 0.0109 个单位。对于中国整体层面而言，东道国市场规模具有双门槛效应，当东道国市场规模超过第一个门槛后，中国 OFDI 提升中国整体的 GVC 分工地位效果增加 0.0003 个单位，当东道国市场规模继续扩大超过第二个门槛后，中国 OFDI 提升中国整体 GVC 分工地位效果继续增加 0.0007 个单位。东道国技术水平具有单门槛效应，当东道国技术水平超过门槛值后，OFDI 对中国整体 GVC 分工地位的提升效果增加 0.0001 个单位。通过对国内物质资本积累与非竞争性技术转移形式 FDI 以分解国际贸易和国内投资，并分析描述 FDI 在全球经济发展中的作用和影响，证明FDI与国家福利之间的关系，进而定位FDI对经济发展和产业升级的作用。FDI作为全球经济重要组成部分的经济领域重要性，虽然FDI对世界各国影响并不均衡，但是对世界大部分国家的福利增长贡献重大。

本书的创新点主要体现在以下三个方面：

一是从理论上揭示了对外直接投资的规模、动机、领域、政策和东道国情况等会影响中国的全球价值链分工地位。对外直接投资通过影响一国及产业的生产工艺流程、投入产出效率、产品质量、产品更新换代、技术水平、市场营销能力、产业转换等渠道，从而影响该国的全球价值链分工地位。不同投资动机对外直接投资通过发挥要素优化配置效应、生产要素补缺效应、逆向技术溢出效应、技术研发成果反馈效应、产品升级效应、打破相关产业对于资源需求的瓶颈、“投资—出口”带动效应、竞争效应、品牌溢出效应等效应，影响母国产业的工艺流程升级、产品升级、功能升级、链条升级等，从而影响母国的全球价值链分工地位。

二是相比以往的研究，本书对中国整体、三大产业以及制造业的全球价值链分工地位比较全面地进行了测算与分析；在实证分析对外直接投资对中国全球价值链分工地位影响的基础上，采用门槛模型进一步考察了东道国对OFDI影响中国全球价值链分工地位的门槛效应，在模型估计上考虑了对外直接投资的内生性问题，使得回归的结果更具稳健性。

三是假设世界没有FDI情况下表征的反事实，实验证明了方法的有效性及FDI作为全球经济重要组成部分的经济领域重要性，并且也从侧面检验了OFDI对母国价值链攀升的影响方向和程度，再次检验了门槛模型的稳健性。

本书的分工如下：吴战勇教授主要负责本书的第1章、第2章、第6章，主要内容包括：分析中国在全球价值链中的分工地位，研究对外直接投资影响全球价值链分工地位的机理，政策启示。这三部分内容约

10 万字。吴信科博士主要负责本书的第 3 章、第 4 章、第 5 章，主要内容包括：实证分析对外直接投资对我国全球价值链分工地位的影响，分析东道国对 OFDI 影响中国全球价值链分工地位的门槛效应，对外直接投资对母国和东道国的产业结构升级实证分析以及福利分析。这三部分内容约 18 万字。

特别感谢北京师范大学一带一路学院博士后王晖，由于他的无私支持和帮助，本书才有幸得以出版，特别是本书的实证部分，王晖博士在数据和技术上给予很大的支持和帮助，并对全书做了统稿和审稿工作，再次感谢！

吴战勇　吴信科
南阳理工学院
2021 年 2 月

目录

Contents

第 1 章

绪　论

1.1　研究背景及意义

1.1.1　研究背景

随着产品生产工艺流程的不断细化和交通运输、信息基础设施的不断完善，以“片断化”生产和“加工贸易”为主要特征的全球价值链分工方式已成为当代国际分工的主要模式。在全球价值链分工模式下，整个产品的生产全过程突破了国家的界限，不再集中于某一国家（或地区），而是将产品生产所涵盖的不同生产工序和经营环节，以“模块化”的形式进行拆分并分布在不同的国家，各个国家凭借自身不同的要素禀赋和技术水平等特点，在产品生产的全过程中参与到不同的生产工序中。

由于不同国家在产品生产和经营的不同工序中所投入生产要素和资源的价值存在明显差异，使得不同国家在全球价值链中所获得的收益有所差异，从而使其在全球价值链中的分工地位有所不同。

发达国家凭借其在资本、技术和人力资本上的优势，主导着全球价值链分工中的研发设计和核心零部件生产以及品牌营销和售后服务等环节，在全球价值链中的分工地位较高。发展中国家相比较发达国家而言，在资本和技术等方面处于劣势，更多的是利用其廉价的劳动力资源。发达国家为了获取利益最大化，将加工、组装等劳动密集型生产环节转移到劳动资源丰富的发展中国家。而发展中国家在承接发达国家产业转移的过程中，虽然获取了快速进入全球生产体系的机会，促进了国家外贸的繁荣、产业和企业的发展，但是长期被锁定在低附加值环节，在国际分工中处于被动、跟随的地位，长此以往必然会使得国家经济陷入“悲惨增长”的境地。

为了适应新的发展形势，发达国家一方面利用新的科学技术成果，对传统产业进行技术改造，加大这些产业的技术含量，提高产品的附加值；另一方面，为了重点发展高新技术产业，通过直接投资的方式，把一些落后的传统产业向其他国家，主要是开放程度较高的发展中国家转移，从而导致世界性产业结构的国际重组，形成了开放的发展中国家或相对落后工业国家主要从事传统产业的生产，而发达国家主要从事高新技术产业生产的世界性产业分工体系或分工格局。这种分工格局相比以前那种原料或初级产品生产与工业生产或制造业产品生产的分工格局，既是一种大的进步，也是更高层次的国际分工。但在分工中的相互关系角度上，由于经济发展的关键性因素（新技术和新技术产品）都首先是被发达国家掌握的，并在一定时期形成了垄断，因此，无论从对传统工业的技术改造看，或是对新技术的研发和应用看，发展中国家或相对落后的国家同以前一样，仍然处于不利或依附的地位。一方面，通过这种产业转移，发达国家产业结构的技术含量及产品的技术密集度提高，使产品的附加值比重提高；另一方面，转移到发展中国家的传统产业，一般都是技术相对落后或资源型的产业。这些产业即使吸纳了这些国家的廉价资源和劳动力，其产品的附加值仍然是比较低的，仍然难以在国际市场上同那些高新技术产业产品竞争。

此外，无论是美国提出的《先进制造业国家战略计划》、德国提出的《德国工业 4.0 战略》，还是英国提出的《英国工业 2050 战略》，其目的在于维持其在全球价值链（Global Value Chain，GVC）中较高的分工地位，并进一步扩大在全球价值链中分工地位的领先优势。而发展中国家如果不能采取有效措施提升其在全球价值链中的分工地位，就会陷入被发达国家“低端锁定”的全球价值链分工地位之中，阻碍本国产业结构优化升级，影响本国的经济可持续发展。并且，某国（或地区）的对外直接投资与该国（或地区）的全球价值链升级之间存在密不可分的关系，开展对外直接投资是提升本国（或地区）全球价值链分工地位的重要途径之一。

随着金融危机后全球经济格局的变化，我国数量型“人口红利”

和增量式改革的“体制转移红利”逐渐释放完毕，第一波“全球化红利”已基本透支（赵放和曾国屏，2014）。国际贸易增速逐步放缓，吸引外资的增量有所下降成为该轮红利透支的表征。随着我国制造业的不断发展，我国从这两种渠道中能够获取的技术溢出效应也逐步减小，这是由于通过国际贸易获取中间产品中蕴含的技术，或通过“逆向工程”实现模仿并不能真正帮助我国企业获取国际前沿的核心技术，而外商直接投资的技术溢出仅仅能够满足中国制造业从定点生产或代工生产（OEM）向自主设计制造（ODM）的渐进升级，而无法满足中国制造业从 ODM 向自主品牌制造（OBM）的跨越式升级。特别是当中国通过“依附发展”已经达到较高层次需要实现产业升级时，发达国家的态度会由“支持”转为“抑制”。发达国家跨国公司出于保持自身竞争优势的考量，在技术溢出过程中对中国实施“技术封锁”及“技术隔离”（Humphrey，2004）。中国相当一部分产业在全球价值链中的分工地位不高，严重阻碍了中国的技术创新和产业升级，影响了中国经济的持续健康发展。外商直接投资渠道获取的技术溢出，不能满足目前我国制造业转型升级所需的技术溢出需求。在全球价值链的视角下，我国也并未如库兹涅茨的“需求结构适应”和罗斯托的“经济增长阶段论”中所言，可以通过国际分工实现自然的产业升级，反而由于加入全球价值链后的路径依赖，阻碍了我国产业升级的步伐。要重塑竞争优势，必须要实现“中国制造”向“中国创造”转变。中国制造业要想实现跨越式升级，就必须改变主要通过国际贸易和国际直接投资（FDI）渠道被动接受技术溢出的现状，通过对外直接投资，主动获取国外前沿技术，突破价值链“低端锁定”，实现向全球价值链两端延伸的目标。

2000 年以来，在国家“走出去”战略的倡议下，越来越多的中国企业开始境外投资活动。《2016 年中国对外直接投资统计公报》显示，2016 年中国对外直接投资（OFDI）达 1 961.5 亿美元，创历史新高，同比增长 34.7%，位居世界第 2 位，仅次于美国。截至 2016 年底，中国 2.44 万家境内企业在境外共设立境外企业 3.72 万家，分布在世界

190 个国家和地区，涵盖国民经济 18 个行业大类。中国对外直接投资的快速增长，源于中国经济转型和产业结构升级的需要，“走出去”已成为中国实现产业结构升级、经济可持续发展的重要方式。

2015 年是我国企业加快“走出去”的重要一年。国家鼓励我国企业“走出去”，特别是基础设施建设、铁路、电子、飞机、通信、工程机械、汽车制造业相关的企业；改革对外投资管理方式，新的对外投资管理方式主要以备案制为主；同时，拓宽外汇储备运用渠道，健全法律、金融、领事保护服务，为我国企业保驾护航，使企业“走得出、走得稳、走得远”。同年 5 月，国务院发布了《关于推进国际产能和装备制造业合作的指导意见》，提出了 18 条针对性强、含金量高的政策，为我国企业“走出去”减负添力。2016 年 12 月，商务部会同中国人民银行、海关总署、国家统计局等部门联合下发《关于加强国际合作提高我国产业全球价值链地位的指导意见》，提出了通过加强国际合作以提高中国在全球价值链中地位的具体指导意见。这说明中国已经将提升在全球价值链中的地位放在了一个战略高度，“走出去”战略在客观上要求中国不断加强国际合作，提升在全球价值链中的分工地位。

鉴于中国对外直接投资不断迅猛增长以及中国要通过加强国际合作以提升其在全球价值链分工中的地位，我们有必要研究对外直接投资与全球价值链分工地位的内在联系，以及对外直接投资影响全球价值链分工地位的作用机理是什么，中国对外直接投资是否影响了中国全球价值链分工地位的提升，以及影响程度多大。

1.1.2 研究意义

我国制造业长期被锁定在低附加值环节，在国际分工中处于被动、跟随的地位，长此以往会使国家经济陷入“悲惨增长”的困境——经济收益并未随着产能扩大和就业增长而得到提高。同时，由于我国人口红利消失，资源耗竭，产业谋求转型升级，实现价值链攀升也势在必行。

中共十八届三中全会强调了“引进来与走出去相结合”，“促进国际国内要素有序自由流动，资源高效配置、市场深度融合、加快培育参与和引领国际经济合作竞争新优势”的重要意义。2016 年政府工作报告也提出“加快发展新经济”，“重塑产业链、供应链、价值链”的经济发展新思路。

当前我国对外直接投资进入快速发展的新阶段，如何在“走出去”的道路上，将对外直接投资的母国反哺效应最大化，实现全球范围内资源优化配置，取得在国际市场中的竞争优势，进而带动母国技术进步，促进母国产业结构调整和经济增长？中国企业应当采取怎样的投资路径以摆脱“低端锁定”现状，提升国际竞争力，实现全球价值链的高层次攀升？我国政府应当如何通过资源、市场、人才及劳动力就业等层面的政策，引导中国企业走出一条具有中国特色的“走出去”道路，以突破“低端锁定”困境？这些问题学术界还没有形成统一的认识。

因此，在以往研究的基础上探讨中国对外直接投资对中国全球价值链分工地位攀升的影响作用具有重要的理论意义和现实意义。

（1）理论意义

首先，有利于完善国际技术溢出理论体系，丰富对外直接投资理论的研究内涵。探讨对外直接投资逆向技术溢出传递机制，研究对外直接投资逆向技术溢出的存在性，通过建立模型验证不同投资主体、不同投资目的国以及不同投资产业的逆向技术溢出对我国制造业技术进步的效应，有利于完善国际技术溢出及对外直接投资的研究框架，丰富其研究内涵。其次，从理论上分析对外直接投资是否会影响中国全球价值链分工地位，以及对外直接投资通过何种传导路径进行影响，并深入细致地对不同投资动机对外直接投资以何种传导路径影响全球价值链分工地位的作用机理进行探讨，也在一定程度上对对外直接投资影响全球价值链分工地位的理论进行了补充和拓展。

（2）现实意义

深刻认识对外直接投资对全球价值链分工地位的影响，深入挖掘对外直接投资对全球价值链分工地位影响传导路径及作用机理，对于制定科学有效的对外直接投资政策、开展对外直接投资以提升中国全球价值链分工地位、实现产业结构升级和经济的可持续发展具有重要的现实意义。具体如下：一是有利于我国开辟全球资源深度整合新渠道，打造聚集全球优势要素新平台，从总体上提升我国全球范围内优化配置资源的水平，显著提升对外开放的质量效益；二是通过优化投资结构更多嵌入研发设计、物流供应链、市场营销等全球价值链高端环节，推进我国在全球价值链上的地位攀升；三是更好地服务于我国经济产业转型和对外经济战略，开拓海外市场，优化市场布局，推动海外投资产业和空间集聚，重塑我国的全球价值链体系；四是有利于培育自己的跨国公司、知名品牌和国际化经营主体，逐步改变发达国家跨国公司高度主导全球价值链的被动局面，扩大我国企业的话语权和影响力；五是更多地支持有实力的龙头企业实施全球化战略，与国际一流企业建立战略联盟与全方位合作，与国际通行规则接轨，融入世界主流商业模式，推动从技术到产业和管理的全方位创新，大幅提升我国企业核心能力；六是顺应全球价值链向技术、知识密集端升级的趋势，有利于建立开放式创新体系，打造全球化合作式创新平台，吸引更多的国际技术、知识和人才，创造国际创新优势。

1.2 理论回顾和文献综述

通过对全球价值链、对外直接投资以及对外直接投资对全球价值链分工地位影响等方面研究的文献梳理和归纳，现有研究主要集中在以下四个方面：一是全球价值链研究的发展过程与全球价值链相关理论研究；二是全球价值链分工地位测量和影响因素研究；三是对外直接投资相关研究；四是对外直接投资对全球价值链升级影响研究。

1.2.1　全球价值链研究的发展过程

全球价值链研究的发展经历了从价值链、价值增值链、全球商品链到全球价值链的过程。

其中，价值链（Value Chain）的概念，由 Porter（1985）在其论著《竞争优势》中率先提出。他指出，企业的一系列功能不同又相互联系的生产活动包括原材料采购、生产、销售和售后等，所产生的一系列价值构成企业价值链。价值链是全球价值链理论形成的基础。

此后，Kougut（1985）提出了价值增值链（Value Added Chain，VAC）的概念。他指出，企业在不同的生产环节，将原材料、劳动力以及技术等生产要素进行组合，然后让生产活动在不同的生产环节流转形成最终产品，并通过销售以及购买等行为实现价值增值。各企业的竞争优势在于价值链在不同环节所表现的优势，反映了价值链分工的特征，价值增值链相比价值链为全球价值链的提出更进一步地奠定了基础。

此外，基于价值链概念，Gereffi（1999）提出了全球商品链（Global Commodity Chain，GCC）的概念。他指出，某家跨国公司凭借其在价值链中的主导和支配作用，将位于同一条生产链中不同国家（或地区）不同生产环节的企业进行整合，从而形成全球商品链。商品的概念和属性在全球商品链中得到了体现，但企业价值增值的重要性并未体现。

直到 2001 年，Gereffi 等才从“商品”这一概念的局限中摆脱出来，正式提出“全球价值链”这一概念。他指出，全球价值链是研究生产活动在全球生产网络的分布情况的一种方法，同时也可以考察价值链中不同生产环节的价值增值和收益分配的特征。在《价值链的价值》中，Gereffi 从价值链的角度分析了全球化的过程，认为应把商品和服务贸易看成治理体系，而理解价值链的运作对于发展中国家的企业和政策制定具有重要意义。《价值链的价值》在全球价值链研究中具备里程碑式的意义，许多学者从全球价值链的治理、演变和升级等多个角度对全球价值链进行了系统探讨和分析，并由此建立起了全球价值链的基本概念及其基本理论框架。

目前各大国际组织和专家学者对全球价值链概念的界定不尽相同，下文主要对三个较权威的概念作相关介绍。

斯特恩从组织规模、地理分布和生产性主体三个维度来界定全球价值链。从组织规模看，全球价值链包括参与了某种产品或服务的生产性活动的全部主体；从地理分布来看，全球价值链必须具有全球性；从参与的主体看，有一体化企业、零售商、领导厂商、关键供应商和零部件供应商。他还对“价值链”和“生产网络”的概念进行了区分：价值链主要描述了某种商品或服务从生产到交货、消费和服务的一系列过程，而生产网络强调的是一群相关企业之间关系的本质和程度。

联合国工业发展组织在 2002～2003 年度工业发展报告《通过创新和学习来参与竞争》中指出：“全球价值链是指在全球范围内为实现商品或服务价值而连接生产、销售、回收处理等过程的全球性跨企业网络组织，涉及从原料采集和运输、半成品和成品的生产和分销直至最终消费和回收处理的过程。它包括所有参与者和生产销售等活动的组织及其价值利润分配，并且通过自动化的业务流程和供应商、合作伙伴以及客户的链接，以支持机构的能力和效率。”该定义强调了全球价值链不仅由大量互补的企业组成，而且是通过各种经济活动联结在一起的企业网络的组织集，关注的焦点不只是企业，也关注契约关系和不断变化的联结方式。

英国 Sussex 大学的发展研究所是目前对全球价值链问题进行较广泛研究的机构，它将全球价值链定义为产品在全球范围内，从概念设计到使用直到报废的全生命周期中所有创造价值的活动范围，包括产品设计、生产、营销、分销以及对最终用户的支持与服务等。组成价值链的各种活动可以包括在一个企业之内，也可以分散于各个企业之间；可以集聚于某个特定的地理范围之内，也可以散布于全球各地。2013 年联合国贸易和发展会议（UNCTAD）从公司和国家的角度分别进一步阐释了全球价值链。从公司的角度，全球价值链是由跨国公司主导的全球范围内分布的供应链；从国家的角度，一国贸易出口增加值除包含本国所创造的部分外，也包含从其他国进口增加值的部分。

1.2.2 全球价值链相关理论研究

全球价值链相关理论研究主要包括全球价值链驱动机制研究、全球价值链治理模式研究、全球价值链中的经济租研究以及全球价值链升级研究。

（1）全球价值链驱动机制研究

Gereffi 等（1994）将全球价值链分为“生产者驱动”和“购买者驱动”两种类型，即全球价值链的驱动力来自于链条上的生产者和购买者两方面，从而形成了全球价值链的二元动力机制理论。所谓“生产者驱动型价值链”是指一些产业资本所有者凭借在产品研发上的竞争优势，垄断产品生产的核心技术和关键知识，并据此吸引处于非核心环节的生产者，通过垂直专业化分工强化规模经济效应，实现对价值链的控制和治理；而“购买者驱动型价值链”的领导者则是一些大型零售商、品牌商和供应链管理者，因为拥有品牌优势和对销售渠道的控制，通过全球采购和贴牌加工等生产方式组织起跨国商品流通网络，形成强大的市场需求。这些大购买商虽然不具有生产能力，但却能凭借对市场需求的垄断，对众多供应商产生强大的吸附力，使其实际具有了强大的生产能力。如英国的超市特易购（Tesco）尽管没有一个农场，也没有任何包装设备，只是拥有英国食品区域分销中心的所有权，却可以控制远在非洲大陆的津巴布韦的嫩豌豆生产。

各产业发展阶段不同，产业生产技术特点也不一样，使得各产业价值链的关键环节不同，因而呈现出不同产业不同驱动力的特征。但同一产业部门也可以有两种驱动力同时存在。如在服装行业，GAP 是典型的没有工厂的购买者驱动体系，而 Levi - Strauss 则建立了自己的垂直专业化生产体系。不仅如此，随着时间的推移，原产业链的驱动力也在发生变化。从许多产业的发展情况看，全球价值链动力机制有一种向购买者驱动转化的趋势。两个过去较为典型的生产者驱动型价值链——汽车和计算机产业价值链都出现了逐渐向购买者驱动转变的趋势。在汽车行业，以售后服务全球化和服务贸易全球化为核心内容的汽车服务业正迅速发展，汽车业的竞争也逐步向相关服务环节延伸。而计算机行业的核心竞争力也逐渐由生产环节向品牌和销售的环节转移。从 20 世纪供应链变化的特点看，经历了从生产者驱动向购买者驱动的转变。此外，被称为“代工之王”的富士康也在 2009 年提出了“万马奔腾计划”，开始在中国三线以下的城市建立自己的供应链，并且打算在 3 年内建立 1 万家 3C 连锁店。一个制造业大王也开始做渠道，也充分说明了市场重要性的提升和购买者驱动力量的加强。

在生产者驱动型全球价值链中，跨国公司主导商品销售、外包和投资等产业联系，形成由生产者主导的全球生产网络体系；在购买者驱动型全球价值链中，大型零售商、品牌授权公司以及贸易代理公司等跨国公司主导着全球生产网络。生产者驱动型全球价值链中的大部分增加值流向了生产领域，而购买者驱动型全球价值链中的大部分增加值流向了市场营销和售后服务等领域（Henderson，1998）。

随着全球价值链的生产者和购买者二元动力机制的研究不断深入，“二元区分标准”在后续的研究中越来越无法自圆其说，因此衍生出既包含生产者驱动机制又包含购买者驱动机制的混合驱动机制。该机制同时具备了生产者驱动和购买者驱动的特征（张辉，2004）。此外，于明超等（2006）将全球价值链的生产者和购买者二元动力机制进一步划分为技术驱动机制、品牌驱动机制以及混合驱动机制。

（2）全球价值链治理与治理模式研究

价值链治理是一个动态的过程。Schmitz（2004）认为，动态观有助于分析为何有的价值链遇到的升级障碍是暂时的，且能随治理模式的演变得以克服。Humphrey 和 Schmitz（2002）强调三个使价值链治理模式发生变化的因素：一是当现有厂商获得了新的能力后，权利关系将发生变化；二是建立和维持准层级治理对旗舰企业而言成本很高，且由于交易专门化投资而导致不灵活；三是企业常常同时存在于多个价值链中，因此，它们可以将从一个价值链中学到的能力运用于其他价值链中。可见，决定价值链治理模式演化的关键因素是供应商能力的变化。这种能力变化与 GVC 中的知识转移有密切关系。

GVC 现有文献强调不同国家企业因参与制造产品的流程和活动而不断产生联系，认为这种联系在发展中国家企业获取知识、加强学习和创新等方面发挥的作用日益重要（Giuliani et al.，2005），它帮助当地供应商获得全球市场所需要的产品种类、产品质量和技术等方面的信息并最终进入这些市场（Morrison et al.，2008）。在关系价值链中，旗舰企业与当地供应商之间的联系非常紧密，双方高度互补，常常存在大量面对面交往和相互学习。Gereffi 等（2005）认为，这种价值链中主要的知识转移机会是它使当地企业学到如何制造具有国际竞争力的消费品并与本国经济发生大量的后向联系。Guerrieri 和 Pietrobelli（2006）强调，在这一过程中，知识主要是通过设计图、人员交往和技术创造的缄默维度来实现从旗舰企业到当地供应商的转移。相比之下，在模块型价值链中，旗舰企业并不直接介入供应商的学习过程。供应商自行学习如何生产能完全达到特定技术标准的部件和模块，达到这些标准的需要是诱发学习的重要渠道。领导企业向供应商施加压力，要求它们创新并跟上技术进步（Pietrobelli & Rabellotti，2007）。换而言之，旗舰企业是供应商的学习和创新过程重要的外部刺激因素，是这一过程的最终裁判。

综上所述，全球价值链的治理是指通过价值链中公司之间的关系安排和制度机制，实现价值链内不同经济活动和不同环节间的协调。各个价值链环节中的生产活动、劳动分工以及价值分配，都处于价值链治理之下，治理在全球价值链中处于核心地位（Humphrey & Schmitz，2000）。

关于全球价值链的治理模式研究，最早是从研究产业集群和生产网络的治理模式开始的。Powell（1990）认为，生产网络的治理机构包括市场、网络和层级组织。John et al.（1997）将全球生产网络的治理模式划分为垂直封闭式治理模式、垂直开放式治理模式、水平封闭式治理模式以及水平开放式治理模式四种。Sturgeon（2002）基于电子产业中合同制造的研究，并结合全球生产网络的特征，探讨分析了全球价值链的治理模式国别模型，包括德国模型、日本模型、意大利模型和美国模型。

随着经济全球化不断深入，基于产业集群组织和生产网络的全球价值链治理模式并不能很好地解释新出现的经济现象，学者们开始以企业间协调和链接机制为基础构建新的分析框架，对全球价值链的治理模式进行研究。其中，最具有代表性的是 Humphrey & Schmitz（2002）提出的全球价值链四种治理模式，包括市场模式、网络模式、半层级模式和层级模式，以及 Gereffi et al.（2005）提出的全球价值链五种治理模式，包括市场型、模块型、关系型、俘获型和层级型。基于企业间协调和链接机制的全球价值链治理模式丰富和深化了有关全球价值链的治理研究成果，但该理论体系仅限于主导企业与供应商之间的关系探究，未考虑其他因素对全球价值链的治理影响。

基于“惯例理论”，Ponle & Gibbon（2005）在全球价值链的治理研究分析中考虑了产品质量标准及质量惯例因素，构造了一种更加“一般化”的全球价值链治理分析框架，将全球价值链的治理模式划分为六种，分别是基于市场惯例、行业惯例、公民惯例、内部惯例、评价惯例和启发惯例所形成的全球价值链治理模式。

另外，在有关全球价值链治理模式研究成果基础上，Ponle & Sturgeon（2014）基于微观、中观以及宏观的系统框架，并综合考虑更多的宏观要素与变量，将以往学者对全球价值链治理模式划分进行整合，提出了“模块化”的全球价值链治理模式，包括单级驱动、双级驱动和多级驱动三种模式。这种治理模式不但考察了各种机制与变量对价值链的影响，而且通过引入新的宏观变量，更加注重协调机制与关键要素共同对价值链的动态影响，为学者们系统深入地研究全球价值链治理模式提供了更宽广的视角。

(3) 全球价值链中的经济租研究

在新古典经济学理论中，租金相当于垄断利润，一般来讲是指企业凭借其垄断地位在市场中获得的要素收入，减去要素机会成本后的经济剩余，这部分收入将会在市场处于完全竞争状态后消失。然而，随着经济全球化进程的不断深入，在世界经济一体化中，垄断利润普遍存在，处于不同价值链分工环节的企业或公司的收入不仅来源于劳动、资本等要素投入以及企业家才能所带来的回报，还来自价值链分工中各环节所具备的包括技术、服务、品牌、市场等无形资源对其他竞争者的作用。通过构建进入壁垒，阻止其他竞争者进入，企业规避竞争可获得“经济租”（Kaplinsky，2004）。

全球价值链分工所产生的经济租的类型有很多种，Kaplinsky & Morris（2001）将经济租划分为两类：一类是产生于价值链内的租金，也称“内生经济租”；另一类是产生于价值链外的租金，也称“外生经济租”。另外，根据价值链中企业之间是否存在关联和合作关系，将价值链内的租金又分为基于链内单个行动者构建的租金和基于链内行动者群构建的租金。

由价值链外生因素产生的经济租金，成因各有不同同，主要可分为要素租、政策租、基础设施租与金融租四类。自然资源与要素禀赋的天然差异，是传统国际分工、国际贸易活动的基石，是国际贸易活动的基石。跨国公司进行海外直接投资，实施产品内分工，将劳动密集型生产环节外包，都是为了获取这种要素租金。作为一种先天优势，它的性质类似于地租理论中的绝对地租，是不需要付出额外努力就能获取的要素溢价收益。不过，在高额租金的激励下，大多数物质资源都有新的蕴藏被发现。技术进步与合成材料替代品的出现，使得以自然禀赋为基础的要素租金逐渐消散；而化石能源由于可替代性较小，租金依旧丰厚。政策租金来自有差别的市场进入机会，各种贸易政策（壁垒）形成的经济租，曾经是对全球收入分配影响最大的租金形态，但在全球政治的强大压力下，贸易配额与关税壁垒在WTO多边谈判中不断削减，地区性互惠贸易协定逐渐增多，不仅降低了政策租金水平，而且改变了潜在利益的分配格局。成本结构与产能结构的异质性是全球生产平台的重要特征，中国的劳动力价格已不再便宜，在逐渐丧失比较优势的同时，助推产业结构由“劳动密集型——→资本密集型——→技术密集型”转型升级；而国家层面上良好适用的基础设施（达到国际采购商所要求的基本水准），不仅减少了物质资料的运输成本，而且成为全球产业链分解、价值链重构的重要推手，日益增长的制造业集群竞争实力因而全面显现。有效的金融服务体系能为企业和创新者提供发展性的融资服务，若还款期限较长、融资利率较低、风险规定相对较灵活的话，融资者则同样会获得明确无疑的竞争优势。

由于要素生产力和进入壁垒的不同，基于链内单个行动者构建的租金可以来源于企业的技术、人力资源、组织以及营销和设计等。Teece et al.（1997）从企业层面将链内单个行动者租金分为依赖于企业能够在产品市场上获得竞争优势而产生的垄断租金、企业拥有独特资源要素而产生的李嘉图租金、依靠企业家创新而产生的熊皮特租金。刘林青等（2008）认为，企业持续租金的创造和获得遵循从熊皮特租金到李嘉图租金再到垄断租金的循环过程。基于链内行动者群构建的租金可能是一种由不同企业间的目的性行动引起的关系租金。Dyer & Singh（1998）认为，关系租金是在企业间建立了良好联系基础上，企业通过彼此资产整合、优势互补、资源共享而创造出的超额利润。

此外，卢福财和胡平波（2006）补充了另外一种链内行动者群租金——“网络租金”，认为网络租金是在网络组织制度条件下，所有网络组织成员所创造的总利润在抵销了他们单干利润总和的一个正剩余，网络租金主要体现为内部资源互补效应、技术创新溢出效应及对外部规模效应。

Kaplinsky& Morris（2001）认为，价值链外的租金包括四种：一是由要素禀赋的天然差异引起的要素租金；二是在一个高效的政策环境，通过创设壁垒阻止竞争者进入的政策租金；三是由不同国家的基础设施配备存在着的显著差别引起的基础设施租金；四是企业进行融资能比竞争者获得更有利的融资支持而获得金融租金。

（4）全球价值链升级研究

Hobday（1995）提出了“原厂委托组装（OEA）——原厂委托制造（OEM）——自主设计制造（ODM）——自主品牌制造（OBM）”的全球价值链升级模式。Kaplinsky（2000）、Humphrey & Schmitz（2000）等学者先后对全球价值链升级进行分析，认为一国及产业全球价值链升级主要是从位于全球价值链的低端生产制造环节向全球价值链高端技术研发环节攀升的过程，并在升级的过程中获得了更多的增加值。

Gereffi（1999）、Kaplinsky & Morriss（2001）、Humphrey & Schmitz（2002）等学者提出了工艺流程升级、产品升级、功能升级和链条升级四层级全球价值链升级模式。一般情况下，全球价值链升级会依次遵循从工艺流程升级、产品升级、功能升级到链条升级过程，但当有一国及产业有重大技术创新时，一国及产业的全球价值链升级将不会遵循上述升级流程，可能会直接跳过某一升级过程而升向更高的层级。

企业要实现价值链升级，那么升级到什么地步？目前企业又在价值链的哪个位置？这些是都是无法直接测算的问题。在研究价值链升级涉及的这些问题时，各国学者都采取了间接的替代指标。Lall 等（2005）指出，一个国家的出口商品体现了其劳动技能、科学技术和在价值链中的状况，出口商品越复杂，意味着该国所处的价值链位置也越高。因此，一个国家的出口商品构成可以间接给出该国所处价值链位置。Xu Bin（2007）对中国出口复杂度指数测算发现，从1992年到2005年该指数由0.54稳步上升到了0.73，说明中国所处的价值链位置正在快速提升。涂颖清（2010）通过RCA指数、IIT指数、VAR指数对我国制造业在全球价值链的位置进行了测算。Wang Zhi 和 Wei Shang jin（2008）在研究中，提出以出口商品结构的相似度指数（Export Similarity Index，ESI）作为衡量指标，通过比较发展中国家与先进国家的出口结构，反映该国与全球价值链高端环节的相对距离。这些学者所用的替代指标间接衡量企业在价值链上的位置，能够帮助解决某一地区某产业的整体情况，但是对于某一具体企业的测算而言有着非常大的局限性。

在经济全球化背景下，从全球价值链视角去考虑制造业升级更有利于当地经济技术发展。涂颖清（2010）探讨了我国制造业三种方式的升级路径：同一产品分工链上的升级、同一产业内产品结构的升级、不同要素密集度产业间的升级，同时结合我国国情提出了外源式升级路径以同一产品分工链上的升级方式为主，内源式升级路径可以采取上述三种升级方式的建议。陈汝丹（2012）以浙江中小制造业企业为例，分析了影响浙江中小制造企业在全球价值链上升级的主要影响因素，并基于实证结果提出了 4 条适合浙江中小制造企业在全球价值链上升级的路径。周春山等（2014）通过对汕头传统制造业实地调研，指出汕头传统制造业普遍处于全球价值链低端环节，存在“路径锁定”和“路径依赖”双重制约等，并提出了两种升级模式：在同一价值链上的节点内增值和节点间攀升，最后从微观方面提出了相应的升级路径。

1.2.3 全球价值链分工地位测量研究

国内外学者主要从三个角度来衡量全球价值链分工地位，分别是依据传统贸易中的出口产品价格测算、按照出口产品技术含量测算以及按照增加值贸易核算方法构建相应指标测算。

（1）依据出口价格测算中国全球价值链分工地位

施炳展（2010）、蒲华林和张婕（2010）、胡昭玲和宋佳（2013）等学者依据出口产品价格方法全面衡量和分析了中国的全球价值链分工地位。其中，施炳展（2010）通过将中国出口产品价格与世界价格进行比较并构建差异指标，分别测算中国与其他国家的全球价值链分工地位，比较分析得出中国处于全球价值链的低端。蒲华林和张婕（2010）研究中国零部件出口的产业内国际分工，发现中国零部件进出口额不平衡，进口额一致大于出口额且进出口单位价值比低，表明中国产品内国际分工仍处于全球价值链低端。胡昭玲和宋佳（2013）从产品及产品内两个层面，通过研究出口产品价格变化分析中国全球价值链分工地位，指出中国全球价值链分工地位仍较低，但加入 WTO 后，中国全球价值链分工地位有所提高。

Schott（2004）发现，对于同一产品，发达国家和发展中国家存在价格差异。Feenstra（2006）用两国向同一个国家出口的产品总体价格之比表示国际分工地位。Fontagn、Gaulier and Zignago（2008）指出，产品质量的垂直化差异是产品内分工的重要特征，发达国家的出口产品多数属于高价格类型的产品，因而处于价值链的上端；发展中国家的出口产品多数属于低价格类型的产品，因而处于价值链的下端。

（2）依据出口产品技术含量测算中国全球价值链分工地位

依据出口产品技术含量测算中国全球价值链分工地位，形成了大量研究成果，但存在两种不同的观点。

第一种观点：Hausmann、Hwang and Rodrik（2007）在 Michaely（1984）提出的贸易复杂度（TSI）的基础上，构建了出口技术复杂度（ESI），用来反映一个国家产品、产业和国家整体的出口技术含量。出口技术复杂度越高，在国际分工中的地位就越高。Rodrik（2006）、Schott（2006）、樊纲等（2006）以及邱斌等（2012），认为中国出口产品技术含量有显著提升。

Rodrik（2006）利用出口复杂度指数测算中国出口产品技术水平时，发现中国出口产品技术含量大幅上升。此外，Schott（2006）利用中国与部分 OECD 国家的数据，基于国家市场占有率构建出口产品复杂度指标证实了 Rodrik 的观点。

樊纲等（2006）依据出口商品结构将中国出口产品划分为低等、中等和高等技术产品，发现中国已经从低等技术产品出口为主转变到以中等技术产品出口为主的出口结构，而且中国的高等技术产品出口有所增加，表明中国出口产品技术复杂度得到显著提升。

刘钻石和张娟（2010）利用贸易品技术附加值指数和相对技术附

加值高度对中国出口贸易的技术水平进行了测定，表明在 1995 ~ 2007 年，中国出口贸易的整体技术水平得到了不断提高，中国出口贸易结构不断升级，表现出向发达国家靠近的趋势，说明中国在全球价值链中的地位有上升趋势。

邱斌等（2012）采用出口产品技术复杂度测算了 2001 ~ 2009 年中国制造业各行业在全球价值链中的分工地位，发现在此期间中国制造业大部分行业的出口产品技术复杂度总体呈上升趋势，说明中国在全球价值链中的分工地位呈上升趋势。

第二种观点：以 Lall et al.（2006）、姚洋和张晔（2008）、戴翔和张二震（2011）和陈丽丽和龚静（2014）为代表，认为中国出口产品技术含量并没有显著上升。

Lallet al.（2006）测算了 1990 ~ 2000 年中国出口产品技术复杂度指数，并指出在此期间中国出口产品技术复杂度指数呈下降趋势。

姚洋和张晔（2008）采用投入产出的测算方法，并基于出口产品的技术含量，分析了出口产品技术含量的动态变化，发现 1997 ~ 2002 年，中国出口产品中所包含的技术含量大幅下降。

戴翔和张二震（2011）采用“出口重叠指数”和出口商品“相对平均单位价值”将中国出口产品的技术复杂度与发达国家进行比较发现，中国的技术复杂度未赶上发达国家，说明中国在全球价值链中处于较低的地位。

陈丽丽和龚静（2014）通过对目标市场上来自不同国家或地区同一产品价格进行分位数排序测算，认为中国与发达国家或其他发展中国家出口产品复杂度相比仍具有较大差距，虽然低端和中端产品的产品复杂度得到了提升，但高端产品的产品复杂度呈下降趋势，整体的全球价值链分工地位不高。

（3）依据增加值贸易核算法测算中国全球价值链分工地位

价值链这一新的分工模式向传统的以贸易总额为基础的统计方法提出了挑战。价值链生产分工是在原材料或中间产品进口的基础上进行生产加工，传统的方法没有区分产品价值组成及其来源，统计结果会造成一国真实出口价值高估或低估，并进一步高估或低估其在全球价值链分工中的地位。特别是对于加工贸易占对外贸易比重较大的国家，因为出口产品中包含了较大比例的进口原材料或中间产品的价值，统计结果将会严重失实。而随着价值链分工的日益深入，这种情况愈发严重。早期某些研究尝试利用海关编码来区分国外价值或利用加工贸易数据进行核算，然而这样的方法仍然不能精确地反映产品价值组成。比如某一部件在中国加工后复出口到国外进行装配，再重新进口到中国，跟别的零部件一起组装后再次出口到国外，第二次进口中来自在中国初次加工的附加值部分将不会统计在内。因此，需要发展新的方法来进行测量。

随着国际贸易统计方式的不断丰富与日渐成熟，依据增加值贸易核算方法测算全球价值链分工地位成为主流趋势，学者们并据此构建了一系列指标去衡量一国（或地区）在全球价值链中的分工地位。

价值链分工使传统的基于贸易总额测量国际分工地位的方法不再适用。随着贸易附加值测量方法的出现和完善，学术界开始基于贸易附加值进行测量。特别是在 Koopman、Wang and Wei（2014）和 Wang、Wei and Zhu（2013）之后，除了前述表示全球价值链参与程度的指标 vs、vs1、vax 可以应用这个框架之外，贸易附加值也可以在传统测量国际分工地位指标的基础上构造新的指标。这些指标包括显性比较优势、贸易复杂度指数、贸易竞争指数等。贸易附加值本身也被用于表示价值链分工地位。使用贸易附加值本身测量价值链分工地位的学者有王孝松、翟光宇和林发勤（2014），胡昭玲和张咏华（2015）。Hummels et al.（2001）提出的垂直专业化水平指数（vs），最早将增加值贸易核算方法运用于测算一国在全球价值链中的分工地位。之后，国内外学者利用该指数对中国在全球价值链中的分工地位进行了测量，形成了大量的研究成果。

大多数学者利用该指数测算的是中国制造业 GVC 分工地位。例如，黄先海和韦畅（2007）、盛斌和马涛（2008）在加工贸易的非竞争型投入产出模型中，将中间产品区分为国内生产和国外生产（Koopman et al.，2008），从而更精确地测算了中国出口贸易的垂直专业化指数，结果表明中国制造业处在全球价值链的低端生产环节（尹伟华，2016）。另外，有学者测算了多个时间节点中国制造业的垂直专业化指数的变动情况，结果表明中国制造业在全球价值链中的地位很低，但有向上提升的趋势［文东伟和冼国明（2010）；胡昭玲和张咏华（2012）］。

相比其他学者考察中国制造业整体在全球价值链中的分工地位，张咏华（2012）分别考察了中国不同技术类别制造业的 GVC 分工地位，结果表明中国低等技术和中低等技术制造业处在全球价值链的上游位置，中高等技术制造业从全球价值链的下游位置攀升至上游位置，而高技术制造业仍处在全球价值链的下游位置。

除此之外，也有学者将目光转向测算中国其他产业的 GVC 分工地位。例如，孟东梅等（2017）利用 WWZ 分解法，基于垂直专业化指数，测算了中国服务业的 GVC 分工地位及变化趋势，结果表明中国服务业由处在全球价值链的下游位置逐步向全球价值链上游移动。

在以投入产出表为基础的贸易附加值测量方法不断完善的同时，世界投入产出表数据的建设也在不断推进。日本发展经济学研究所（Institute of Development Economies）和 OECD 构建了最早的跨国投入产出表数据库：亚洲国际投入产出（Asian International Input - Output，AIO）和 OECD 整合投入产出数据库（Harmonized Input - Output Database）。普渡大学建立了 GTAP 数据库，其中也包括跨国投入产出表。而由欧盟发起的世界投入产出数据库（World Input - Output Database，WIOD）通过整合上述三大机构的数据来源，建立了全球范围的跨国投入产出数据的时间序列，覆盖全球 41 个国家和地区以及 35 个部门，数据从 2012 年 5 月开始公开发布（王岚，2013）。

但是，基于投入产出表的贸易附加值测量方法存在三个问题：一是投入产出表隐含了固定投入产出系数的假定，估算结果难以捕捉价格变化等外生冲击对企业投入产出决策的影响；二是作为一种宏观估算方法，不能反映行业内部企业的异质性；三是数据的可获得性（张杰、陈志远和刘元春，2013）。因此，一些研究开始基于微观企业数据测量贸易附加值，这些研究包括 Upward、Wang and Zheng（2010），Kee and Tang（2013），Chor、Manova and Yu（2014）等。他们使用编码协调制度（HS）和联合国广义经济分类标准（BEC），区分了资本品、中间产品和最终产品，利用中国工业企业数据库和海关数据库的合并数据，计算了中国企业层面的贸易附加值。张杰、陈志远和刘元春（2013）综合考虑了贸易代理商、中间产品间接进口和资本品的进口，提供了一个从微观层面测量企业贸易附加值的更准确的方法。但是，吕越、罗伟和刘斌（2015）指出企业使用的国内原材料中，也有含有部分国外产品的份额，张杰、陈志远和刘元春（2013）的方法忽略了这一点，他们通过对国内原材料中国外产品的比例进行假设并做出了改进。

之后，学者们在 Hummels et al.（2001）提出“垂直专业化指数”的基础之上，提出了运用贸易增加值衡量全球价值链分工地位。国内外学者采用增加值贸易法对中国出口产品所包含的国外增加值和国内增加值进行计算（Xing & Detert，2010；张奎亮，2010；廖泽芳和宁凌，2013；张咏华，2013；罗长远和张军，2014；刘维林，2015），表明在中国出口的产品中，国外增加值的比重较高，国内增加值的比重相对较低，中国在全球价值链中的分工地位很低。

此外，有学者为了分析研究不同时间点中国在全球价值链中的分工地位，采用多个年份的世界投入产出表进行测算（程大中，2015；尹伟华，2016）。例如，尹伟华（2016）利用 1995～2011 年世界投入产出表数据，计算中国出口产品中所包含的国外增加值和国内增加值，并分析其变化趋势，结果表明 1995～2011 年中国制造业出口中国内增加值比例呈下降趋势，且是以最终产品出口为主，说明中国制造业在全球价值链中所处位置不高。此外，中国制造业出口中返回增加值比例的不断上升，意味着中国制造业正向全球价值链中上游攀升。

通过贸易增加值分解可以具体知道一国在出口贸易中能获得多少增加值，但不能具体判断该国在全球价值链分工中所处的位置，从而导致仅采用该指数对一国的 GVC 分工地位进行测算不太合适。

因此，除了采用垂直专业化指数和贸易增加值外，国内外学者借鉴 Fally（2011）和 Antras et al.（2012）等学者提出的“上游度”指数，即通过测算一个国家某一特定产业离最终消费端的距离，来有效衡量一国在全球价值链分工中所处的位置。

王金亮（2014）和马风涛（2015）基于“上游度”指数，通过测度中国制造业的中间产品在成为最终消费品之前所经历的生产过程个数，并以此来衡量中国制造业在全球价值链中所处的位置，结果表明中国制造业相对处在全球价值链的低端。

此外，为了得出中国产业在全球价值链中“上游度”的变化，有学者采用多个年份世界投入产出表进行测算。例如，刘洪铎和曹瑜强（2016）、董有德和唐云龙（2017）基于行业“上游度”测算理论并结合 1995～2011 年世界投入产出表，对中国产业的“上游度”测算，发现中国整体产业的“上游度”指数呈现上升的趋势，说明中国 GVC 分工地位在提升。

虽然，“上游度”指数能具体反映一国在全球价值链分工中所处的环节，但该指数无法衡量一国在全球价值链中的价值增值能力以及分工地位。国内外学者转而采用 Koopman et al.（2010）所构建的全球价值链分工地位指数（GVC_Position）来衡量一国在全球价值链中的分工地位。由于该指标既能衡量分工地位又能对增加值增值能力有一定解释能力，越来越多的国内外学者采用该指标来衡量中国在全球价值链中的地位。

其中，有学者从制造业整体层面构造 GVC_Position 指数，测量中国制造业整体的 GVC 分工地位。例如，王岚（2014）、尹彦罡和李晓华（2015）、刘海云和毛海欧（2015）基于 Koopman et al.（2010）提出的 GVC 地位指数，测算中国制造业整体的 GVC 分工地位，结果表明中国制造业整体 GVC 分工地位较低。此外，周升起等（2014）、尚涛（2015）则采用 Koopman et al.（2010）构建的全球价值链地位指数，并利用 OECD－WTO 发布的增加值贸易数据库数据，测算了中国制造业 GVC 分工地位的变化，结果表明中国制造业 GVC 分工地位呈上升趋势。

为了得出中国制造业各细分行业在全球价值链中的地位情况，有学者对中国制造业各细分行业的全球价值链地位指数进行测算。例如，岑丽君（2015）基于 TiVA 数据库与 GVC_Position 指数研究发现，中国制造业各细分行业的 GVC 分工地位指数值很低，表明中国制造业各细分行业在全球价值链中的分工地位很低。刘琳（2015）基于增加值贸易视角，利用 WIOD 数据库测度了中国整体及三类技术制造业行业的 GVC 分工地位，研究结果表明 1995～2011 年中国的 GVC 分工地位指数均为负，说明中国整体处于全球价值链的下游位置，在全球价值链分工中的地位较低，但三类技术制造业的 GVC 分工地位表现出不同的变化趋势，其中中等技术及高等技术制造业的 GVC 分工地位在波动中下降，而低等技术制造业的 GVC 分工地位却稳步提升并向上游位置靠近。赖伟娟和钟姿华（2017）依据增加值贸易核算法将总出口分解成 9 个不同的增加值部分，并以此构建 GVC 分工地位指数对中国不同行业的 GVC 分工地位进行分析，发现中国处于全球价值链的下游位置，但技术密集型行业的 GVC 分工地位向上游移动趋势明显。

除此之外，有学者采用显性比较优势指数（RCA）以衡量一国在全球价值链中的竞争力，从而判断其在全球价值链中的分工地位。

有学者基于传统贸易核算，对于中国产业的显性比较优势指数进行测算并分析判断其在全球价值链中的分工地位。例如，张小蒂和孙景蔚（2006）、唐海燕和张会清（2009）采用 RCA 指数分析中国工业出口产品占世界总出口产品的比例及变化趋势，表明中国工业处在全球价值链的中低端位置。

Koopmanet al.（2010）指出，由于传统贸易统计中存在重复计算的问题，导致采用基于传统贸易统计的出口总额计算的 RCA 指数不准确，但随着贸易增加值核算体系的建立，以贸易增加值测算的 RCA 指数更准确，更能精确反映一国的 GVC 分工地位。

岑丽君（2015）、华晓红和宫毓雯（2015）、戴翔（2015）利用贸易增加值计算了中国制造业显性比较优势指数（RCA），并对其 GVC 分工地位进行衡量，发现中国劳动密集型制造业具有比较优势，而资本以及知识和技术密集型制造业比较优势不明显，表明中国制造业整体位于全球价值链的低端。

1.2.4 影响全球价值链分工地位的因素研究

国内外学者从全球价值链视角对产业升级影响因素进行了深入的分析，早期对影响因素的分析主要集中在内外两种因素。近年来内外部因素结合的研究日益增加。内部因素包括技术创新、企业家精神和治理模式等；外部因素包括产业集群、国际贸易和对外直接投资等。目前，国内外学者从多个角度对影响 GVC 分工地位的因素进行分析研究，指出影响一国在全球价值链中分工地位的影响因素是复杂的、综合的，全球价值链分工地位的提升是内部因素和外部因素共同作用的结果，各个因素之间相互依存与强化是全球价值链升级的动力来源（涂颖清，2011）。

内部因素是存在于一国内部，在产业竞争力形成过程中起着关键性的作用，包括要素禀赋（Hummels et al，2001；黎峰，2015）、技术能力（曾铮和张亚斌，2005）、研发投入（张艳辉，2010；孟祺，2014）、人力资本要素供给（陆甦颖和王晓磊，2010；唐海燕和张会清，2009；黄先海和杨高举，2010；郭晶和赵越，2012）等。Gereffi 等（1999）提出，在全球价值链背景下产业升级的基础是技术创新。Schmitz 等（2001）强调，技术进步是全球价值链分工方式下产业升级的重要影响因素。Humphrey 和 Schmitz（2002）认为，准层级治理模式在短期内有利于发展中国家工艺升级和产品升级。Kaplinsky（2004）认为，技术能力和知识是微观层面产业升级的重要驱动因素。Joseph 等（2008）认为，生产服务业是全球价值链分工背景下产业升级的重要影响因素。Schmitz 等（2010）认为，技术、营销及品牌优势是产业升级的重要影响因素。陈敦贤（2000）提出，知识进步和技术创新是产业升级的核心。张其仔（2007）认为，技术进步有扩散效应，能带动产业升级。刘志彪（2007）指出，全球价值链治理模式会带来中国企业产品升级和工艺升级，阻碍功能升级，中国产业升级由全球价值链治理模式、创新能力和自身战略有关。卓越和张珉（2008）认为，在俘获型治理模式下，发达国家通过核心环节的控制，将发展中国家锁定在低附加值的制造加工环节，导致发展中国家国际收支恶化。王克岭等（2013）认为，全球价值链治理是产业升级的关键因素。杨虎涛等（2015）认为，目前全球价值链治理模式不利于产业升级。

外部因素是指影响一国的产业生存和发展的外部变量，主要包括生产模式（陈仲常等，2012）、产业结构（杨慧力等，2010）、融资约束（吕越等，2016）、基础设施建设（马淑琴，2012）、国内生产配套水平（黎峰，2015）、全球价值链治理模式（朱建安和周虹，2008）、政策体系（戴勇，2009；李国学和张宇燕，2010；戴翔，2012；陈晓华和刘慧，2014；程新章，2015）、国际贸易、对外直接投资（辛晴和刘伟全，2011）、外商直接投资（符瑛，2016）等影响因素。Henry Ergas（1984）认为，政策对产业升级有重要影响。Gereffi 等（1999）通过对土耳其服装产业的研究，提出服装产业升级与国有企业及商业协会有关。Humphrey 等（2000、2002）指出，产业集群是产业升级的重要影响因素。Mathews 等（2009）通过对亚洲国家的研究，发现国家政策是产业升级的重要影响因素。侯志如（2009）肯定了产业集群对产业升级的重要影响作用。龚三乐（2009）认为，竞争因素、市场需求、技术进步和政策因素是全球价值链分工下产业升级的外部影响因素。张辉（2011）认为，规模报酬、协调效应、预期、转化成本等因素通过影响政策制度，进而影响产业升级。盛斌等（2018）认为，非政策贸易壁垒与贸易政策是影响中国全球价值链路径演变的影响因素。

部分学者着重考察内部因素如研发投入、人力资本投入对中国的价值链分工地位的影响（张明和胡兵，2010；杨高举和黄先海，2013；孟祺，2014），指出一国人力资本投入的提高和研发投入的增加对于提高一国在全球价值链中分工地位具有重要的作用，但更多的学者是从内部和外部两方面来考察其对一国在全球价值链中分工地位的影响，如张奎亮（2011）、胡昭玲和宋佳（2013）、韩明华和陈汝丹（2014）、聂聆和李三妹（2014）、黄蕙萍和尹惠（2016）等，研究表明研发投入、人力资本、贸易开放度和外商直接投资是促进中国制造业在全球价值链分工中地位提高的重要驱动因素。

1.2.5 对外直接投资相关研究

目前，关于对外直接投资相关的研究主要包括对外直接投资理论研究和对外直接投资实证研究。

（1）对外直接投资理论研究

亚当·斯密的绝对优势理论和大卫·李嘉图的比较优势理论不仅为企业开展对外贸易奠定了理论基础，也为企业开展对外投资做好了理论准备。在此基础上，Fisher（1906）和 Heckscher - Ohlin（1933）分别提出的套利理论和生产要素禀赋理论，在揭示国际贸易产生原因的同时也促使了对外直接投资理论的萌芽。20 世纪 50 年代以前，学者们对于对外直接投资理论的研究还处于初始阶段，随着跨国企业开展对外直接投资越来越频繁和相关研究不断深入，在 20 世纪 60 年代至 80 年代形成了一批具有深远影响的对外直接投资理论，包括垄断优势理论（Hymer，1960）、产品生命周期理论（Vernon，1966）、内部化理论（Buckley & Casson，1976）、国际生产折衷理论（Dunning，1977）、边际产业扩张理论（Kbjima，1978）。这些对外直接投资理论都是以发达国家跨国企业的对外直接投资为背景。

1960年，美国经济学家海默（S. H. Hymer）在其博士学位论文《国内企业的国际经营：关于对外直接投资的研究》中，首次提出了垄断优势理论。海默认为，所谓不完全竞争，是指由于规模经济、技术垄断、商标、产品差别以及由于政府课税、关税等限制性措施引起的偏离完全竞争的一种市场结构，寡占是不完全竞争的主要形式。正是在这种不完全竞争市场中，美国企业所具有的各种垄断优势才是导致其对外直接投资的决定因素。金德尔伯格列举了跨国公司拥有的各种垄断优势：一是来自产品市场不完全的优势，如产品差别、商标、销售技术与操纵价格等；二是来自生产要素市场不完全的优势，包括专利与技术诀窍、资金获得条件的优惠、管理技能等；三是企业拥有的内外部规模经济。企业之所以选择直接投资来利用其垄断优势，一是为了绕过东道国关税壁垒，维持和扩大市场；二是为了技术资产的全部收益。20世纪70年代初，约翰逊、凯夫斯等在海默、金德尔伯格的理论基础上，进一步发展了垄断优势理论。他们指出“知识的转移是直接投资过程的关键”，对知识资产如技术、诀窍、管理与组织技能、销售技能等无形资产的占有是跨国公司垄断优势的来源。

产品生命周期理论是美国哈佛大学维农（Raymon Vernon）在1966年发表的《产品周期中的国际投资与国际贸易》一文中首次提出。维农认为，在产品创新阶段，生产一般集中在美国国内，并部分出口满足其他发达国家的消费需求；当产品进入成熟阶段后，由于产品基本定型，仿制增加，再加上西欧国家市场扩大，劳动力成本低于美国，以及关税和运输成本的不利影响，导致美国对西欧国家直接投资，就近占领当地市场并出口发展中国家；当产品进入标准化阶段时，产品的生产技术、规模及样式等都已经完全标准化，企业的垄断优势不复存在，产品成本与价格因素更为重要，发展中国家的低成本优势凸显，并成为跨国公司对外直接投资的最佳生产区域，其产品可供应本国和其他国家市场。

巴克莱和卡森仍以不完全竞争为假定前提条件，并对其作出新的解释。他们认为，不完全竞争并非由规模经济、寡占行为、贸易保护主义和政府干预所致，而是由于某些市场失效，导致企业市场交易成本增加所致。市场内部化的目标就是消除外部市场对于中间产品（特别像“知识产品”）的交易失效。因此，市场内部化、市场失效和交易成本构成内部化理论的三个重要方面。内部化的实现条件是其边际收益等于边际成本。内部化可以为跨国公司带来多方面的收益，包括：可以将内部资源转移的交易成本最小化；可以把相互依赖的经营活动置于统一的控制之下，从而协调其不同阶段的长期供需关系；消除买卖双方的不确定性，消除市场的不利影响；通过前后向投资或兼并，充分利用中间产品市场的势力，形成垄断优势；通过对有形产品和无形产品的转移价格，规避政府的干预，转移资金，逃避税负等。内部化理论是西方学者研究跨国公司理论的一个重要转折点。内部化理论从寡占市场结构的角度转向了研究各国企业之间的产品交换形式、企业国际分工与生产的组织形式，它能够解释大部分国际直接投资的动机和跨国公司的许多经营现象，因此被视为跨国公司长期性的一般理论。但这一理论只强调了市场的不完全性对于国际直接投资的影响，而忽视了市场的积极方面对国际直接投资的促进作用。

小岛清指出，边际产业扩张论的核心是对外直接投资应该从本国已经处于或即将处于比较劣势的产业及边际产业依次进行，而这些产业又是东道国具有明显或潜在的比较优势的部门，如果没有外来的资金、技术和管理经验，东道国这些优势就不能被利用。这样，投资国对外直接投资就可以充分利用东道国的比较优势并扩大两国贸易。该理论解释了20 世纪 60 年代和 70 年代日本对外直接投资的特点。这一时期以资源导向型、劳动力成本导向型和市场导向型直接投资占主导，也说明了在亚洲出现的以日本——“四小龙”——东盟——中国——越南等为顺序的直接投资与产业结构调整，即所谓的“雁行模式”。

20 世纪 70 年代中后期，英国经济学家邓宁（John. H. Dunning）继承了海默关于“垄断优势”的观点，吸收了巴克莱、卡森和拉格曼

"内部化优势"的内涵，又引入了区位优势理论，构成国际生产折衷理论的核心，称其为"三优势模式"。所有权优势（即垄断优势）主要指一国企业拥有或能够得到他国企业没有或者无法得到的资产和规模经济优势。一是资产性所有权优势，指对有价值资产（原材料、先进生产技术等）的拥有或独占；二是交易性所有权优势，指企业拥有的无形资产（技术、信息、管理、营销、品牌、商誉等）。内部化优势是指企业为了避免外部市场的不完全性对企业经营的不利影响而将企业优势保持在企业内部，外部市场的不完全性会使企业的所有权优势丧失或无法发挥。区位优势是指跨国公司在投资区位选择上具有的优势，包括东道国的地理位置、生产要素的相对价格、现实的与潜在的市场需求、运输与通信成本、基础设施、市场体系的发育程度、政府的调节与干预程度、优惠政策、文化差距等。当东道国的区位优势较大时，企业就会从事国际生产。

在制度视角层面，一些西方学者在新制度经济学框架下，尝试从发展中国家不同于发达国家的资源禀赋、制度环境、产业政策等特征入手，分析发展中国家尤其是新兴经济体崛起的制度内因，解释跨国公司多样化的投资行为，总结其特殊的发展规律。其中，Peng（2008）提出的"战略管理三支柱"理论最具影响力。他指出，当前基于传统产业观和资源观提出的用以解释对外直接投资的理论，忽视了制度因素的作用，而这些传统理论是以经济制度环境相对稳定的发达国家为参照的，将制度当成外生变量是合理的，但发展中国家市场经济发育并不完善，其制度因素必须要列入重点考虑，应当用产业观、资源观、制度观的"战略三支柱"理论，来理解发展中国家的对外直接投资行为。西方学者们的实证研究包括母国政策、东道国制度环境、东道国与母国的制度及文化异同性、非正式制度中东道国与母国的商业网络。

随着发展中国家对外直接投资活动日益增加，有关发展中国家的对外直接投资理论不断被提出，包括小规模技术理论（Wells，1983）、技术本地化理论（La11，1983）、技术创新产业升级理论（Cantwell 和

Tolentino，1990）、动态比较优势理论（Ozawa，1992）、“连接（Linkage)—杠杆化应用（Leverage)—学习（Learning)”（简称“LLL”）理论（Mathews，2006）、优势互补理论（朱玉杰等，2001）、四维模型分析理论（毛蕴诗，1994）、跨国企业对外直接投资三层次综合分析模型（刘慧芳，2007）等。

（2）对外直接投资实证研究

随着中国对外直接投资的蓬勃发展，国内外众多学者对中国对外直接投资进行了大量的实证研究，形成了大量的研究成果。对于中国对外直接投资的研究主要集中在对外直接投资的动机研究、模式选择研究、区位选择研究以及投资效应研究四个方面。

关于中国对外直接投资动机的研究中，Cai（1999）、许林和柯珍堂（2009）、Franco et al.（2010）、王碧珺和王辉耀（2013）将中国企业对外直接投资的主要动机总结归纳为四方面：一是寻求市场（Buckley et al.，2007；Ramasamy et al.，2012）；二是寻求稀缺资源（李磊和郑昭阳，2012；Ramasamy et al.，2012）；三是学习先进技术和管理制度；四是寻求战略资产（张一弛，2003）。

在对外直接投资模式选择的研究中，Brouthers（2000）、Raff et al.（2009）把跨国企业对外直接投资的模式划分为两种，分别是新建投资（尹盛焕，2004）、跨国并购（刘渝琳和梅新想，2013）。在此基础上，学者对影响对外直接投资模式选择的影响因素进行分析研究，指出东道国市场因素包括东道国吸引外资的环境、投资规模。东道国宏观经济因素等是影响跨国企业选择对外直接投资模式的主要影响因素（阎大颖，2008；华欣和盛红艳，2016）。

目前，对于中国对外直接投资区位选择影响因素的研究还比较分散，尚未形成统一的体系。有学者指出，中国企业在进行对外直接投资区位选择决策时，应综合考虑母国因素（黄晓梅，2015）、东道国因素、企业自身因素（詹小颖和曹垂龙，2011）和投资动机（王雪芳和高亚峰，2011）等因素。除了上述因素外，企业进行投资区位选择时还应注意母国与东道国之间的空间距离、语言文化、民族习惯和国家间的政治关系、历史联系等因素（钟媛，2015）。

此外，有学者采用引力模型、一般计量经济模型、空间计量经济模型等将中国对外直接投资的国家作为样本，截取不同的时间段，对中国对外直接投资数据进行回归分析，进而考察影响中国对外直接投资区位选择的因素（程惠芳和阮翔，2004；项本武，2009；谢杰和刘任余，2011）。其中，东道国的出口、东道国人均收入水平（刘建光和丁卫国，2006；徐雪和谢玉鹏，2008）、东道国市场规模、双边贸易关系、汇率变动（胡建绩和楚永，2008；项本武，2009）、文化距离（田毕飞和邱艳琪，2010）、地理距离（周铁军和刘传哲，2010）、东道国资源禀赋和对外开放水平（王娟和方良静，2011）、东道国基础设施条件（宋维佳和许宏伟，2012）、东道国政治制度环境和人民币升值（陈恩和陈博，2015）等因素会影响中国对外直接投资的区位选择。

关于中国对外直接投资的投资效应的研究，包括中国对外直接投资的贸易效应研究和中国对外直接投资的逆向技术溢出效应研究。

在中国对外直接投资的贸易效应研究中，大多数学者研究表明中国对外直接投资存在出口创造效应（项本武，2009；陈立敏，2010；张春萍，2012；吕计跃，2012；张纪凤和黄萍，2013；毛其淋和许家云，2014）。此外，有学者指出由于存在所投资的行业差异、对外直接投资动机不同、对外直接投资的存续时间不同、产品差异、国别差异等会导致中国的对外直接投资不仅具有出口创造效应，而且存在出口替代效应（俞毅和万炼，2009；谭亮和万丽娟，2010；李艳秀，2013；王恕立和向娇娇，2014；全诗凡和徐清，2015）。

关于中国对外直接投资的逆向技术溢出效应研究，主要的研究成果体现在以下三方面：一是对外直接投资逆向技术溢出的机理研究（郭飞与黄雅金，2012；符磊和李占国，2013）；二是对外直接投资逆向技术溢出效应的存在性研究（何一鸣和张洪燕，2011；张海波和俞佳根，2012；Wang et al.，2016）；三是对外直接投资逆向技术溢出效应的影响因素研究，包括技术差距、对外开放程度、技术创新能力、经济发展、人力资本等（刘明霞和刘林青，2011；衣长军等，2015；宋勇超，2015）。

1.2.6 对外直接投资对全球价值链升级的影响研究

目前，关于对外直接投资对全球价值链升级影响研究的文献，涉及的理论研究以案例分析为主，大多研究侧重于实证分析。根据联合国世界投资公告，母国对外直接投资在全球价值链中参与越多，则母国附加值增加越多。OFDI 对全球价值链地位影响的现有研究并不多，现有文献大多集中在 OFDI 如何提升一国产业结构。此外，国内外学者主要是通过案例分析，剖析对外直接投资影响全球价值链升级的作用机理，以得出对外直接投资可以提升全球价值链的分工地位。

Lipesy（2002）等从技术溢出的微观视角分析 OFDI 与母国产业升级间的关系，提出母国企业在对外直接投资的同时，通过逆向技术溢出效应实现产业升级。Elisa 等（2005）分析了对外直接投资的集聚效应对价值链升级的影响，认为对外直接投资会对价值链升级产生显著正向影响。Andreff（2009）提出，发展中国家通过关税自由化、加入 WTO、与发达国家签署双边投资协定以及设计提出能够吸引外商的政策等方式来参与全球价值链。Andreff 认为，对外直接投资是一个国家参与全球价值链的基本要求，也是提升一国在全球价值链中地位的重要方式。Herzer（2012）以全要素生产率为衡量价值链地位的指标，对 44 个发展中国家的 OFDI 进行实证研究，分析得到对外直接投资不能够显著提升全球价值链地位的结论。

例如，Azmeh & Nadvi（2014）通过对亚洲服装行业进行案例分析，认为亚洲服装行业的跨国公司通过对外直接投资可以提升其在全球价值链中的地位和影响力。Blyde（2014）认为，跨国公司在全球范围内进行对外直接投资，在具有比较优势的地区进行分散化生产，以此降低要素、运输等成本，实现母国产业的全球价值链分工地位升级。黄锦明

(2016) 以华为企业为例，通过构建技术获取型 OFDI 提升全球价值链分工地位的作用机制和逻辑模型，研究发现技术获取型 OFDI 通过吸纳机制、收益机制、需求机制、竞争机制和传导机制等共同作用，可以提升企业的 GVC 分工地位。安礼伟和张二震（2014）指出，在全球价值链分工模式下，一国企业通过对外直接投资可以整合全球优势要素，并通过节约生产成本、稳定资源供给、促进出口、获取研发技术要素等方式，提升企业在全球价值链中的分工地位。同时，谢光亚和崔君(2012)、隆国强（2013）也指出，一国企业通过对外直接投资可以使该国在技术密集度和增加值更高的产品上形成全新的国际竞争力，提升该国 GVC 分工地位。

另外，也有学者通过构建数理模型，证实对外直接投资对全球价值链升级的促进作用。例如，辛晴和刘伟全（2011）通过构建两家企业对外直接投资理论模型，发现处于价值链低端的国家或地区通过对外直接投资可以获取位于价值链高端国家的先进技术等，进而实现全球价值链升级。

在实证研究方法上，大多数学者采用构建计量回归模型来实证分析（杨连星和罗玉辉，2017；李超和张诚，2017），也有学者采用其他的分析方法，如灰色关联理论（迟歌，2018）。

例如，刘宏和刘冬丽（2016）选取 1985～2014 年相关数据进行整理计算，以国内研发资本存量、对外直接投资存量为解释变量，以国内产业附加值为被解释变量，建立多元回归模型，利用最小二乘法对上述三个变量做多元回归，得出中国对外直接投资存量提高 1%，将带动产业附加值增长 0.39%，即中国通过对外直接投资可以获取东道国逆向技术溢出，促进技术进步，从而带动中国在全球价值链中的地位升级。

张海波（2014）通过测算 71 个国家 1995～2011 年的出口贸易品技术含量，运用动态面板数据模型并结合 System－GMM 方法实证分析对外直接投资对母国出口贸易品技术含量的影响。研究结果表明，对外直接投资对发达国家出口贸易品技术含量具有显著提升作用，而对发展中国家却在一定程度上表现出抑制效应。

刘斌等（2015）利用对外直接投资和世界投入产出表等数据深入分析对外直接投资的全球价值链升级效应，结果显示对外直接投资能够促进企业产品升级和功能升级，进而提升企业在全球价值链中的分工地位。

杨丽丽和刘利（2016）将中国制造业划分为劳动资源密集型和资本技术密集型两大类，用垂直专业化指数作为GVC分工地位的代理变量，利用1995～2010年14个制造业数据并基于动态面板模型运用系统GMM估计方法研究OFDI对中国制造业GVC分工地位的影响，发现OFDI对中国制造业GVC分工地位提升具有促进作用，并且OFDI对技术密集型制造业GVC分工地位提升的促进作用更大。

杨连星和罗玉辉（2017）利用2003～2011年行业层面数据，采用两步系统动态GMM方法，通过对行业层面和国家层面的OFDI逆向技术溢出效应的测定，从理论和实证上分析其对中国全球价值链的影响。研究发现，行业层面和国家层面的OFDI逆向技术溢出对中国全球价值链升级具有显著促进效应，但是在分行业视角下，对于技术密集型行业尤其是高新技术密集型行业，逆向技术溢出效应的促进效应并不显著，行业全要素生产率提升、行业贸易规模扩大均对行业全球价值链的升级具有显著的促进效应。

李超和张诚（2017）通过使用2000～2014年世界投入产出表数据，测算了中国制造业GVC分工地位，同时实证分析了中国对外直接投资对制造业全球价值链升级的影响。研究表明，2008年以后，中国对外直接投资促进了中国制造业全球价值链升级，中国OFDI显著提升了高技术制造业GVC分工地位，但对低技术制造业和中低技术制造业GVC升级没有产生显著性影响，中国对高收入国家及中等收入国家的直接投资均对国内制造业GVC升级具有显著性影响，但对中等收入国家的直接投资对于国内制造业GVC升级的拉动作用更加明显。

迟歌（2018）运用灰色关联理论从行业和国家两个层面对OFDI与

GVC分工地位升级之间的内在联系进行深入分析，结果表明OFDI在一定程度上能促进GVC分工地位提升。新兴经济体及其他发展中国家的中国OFDI以及技术密集型的科学研究和技术服务业的中国OFDI更能够促进中国GVC分工地位提升。

以上实证研究表明对外直接投资一定程度上能够提升一国及产业在全球价值链中的分工地位，但也有学者研究表明对外直接投资并不能够促进全球价值链升级。例如，Herzer（2012）以全要素生产率作为衡量价值链分工地位的指标，对44个发展中国家对外直接投资进行实证研究，分析得到对外直接投资不能够显著促进全球价值链分工地位的结论。

1.2.7 文献评述

通过对相关理论和文献的梳理归纳总结，国内外学者对于全球价值链研究的发展过程以及相关理论的研究由来已久，其中对于全球价值链研究的发展过程、全球价值链的治理模式、全球价值链驱动机制、全球价值链中的经济租、全球价值链升级等相关研究，形成了大量成熟的研究成果。此外，关于对外直接投资理论和实证研究也形成了丰富的研究成果，为后人继续拓展全球价值链和对外直接投资相关研究，奠定了坚实的基础。

国内外学者在全球价值链分工地位测量方面做了大量的研究，采用多种方法和指标来衡量一国及其产业在全球价值链中的分工地位，如出口产品价格、出口产品技术复杂度、垂直专业化指数、贸易增加值、上游度指数、GVC分工地位指数、RCA指数等。尤其是随着世界投入产出表的不断完善以及增加值贸易分析框架的普遍使用，国内外学者对于全球价值链分工地位的衡量也越来越精确。

大多数学者关于中国全球价值链分工地位的测量，主要以测量中国整体、中国制造业及不同技术类别制造业的全球价值链分工地位为主，鲜有涉及中国三大产业在全球价值链中分工地位的测量，对中国各个产业层面的全球价值链分工地位的测量不够全面。

国内外学者对于影响全球价值链分工地位的因素研究，由于研究方法和角度的不同，在影响因素的选择上以及指标的确立上也会有所不同，导致目前学者们对于全球价值链分工地位升级影响因素的研究还比较分散。在众多影响因素中，不少学者将对外直接投资视作影响一国及产业全球价值分工地位的重要因素之一，但鲜有学者进一步分析东道国因素对于对外直接投资影响一国及产业全球价值分工地位的影响作用。

国内外学者分别从理论和实证两个方面对对外直接投资影响全球价值链升级进行了相关研究。其中，关于对外直接投资影响全球价值链升级理论的研究，学者大多是通过案例分析，探寻对外直接投资影响全球价值链升级的内在机理。此外，从不同投资动机出发研究对外直接投资对全球价值链分工地位的影响，大多侧重分析技术寻求型对外直接投资对全球价值链升级的影响理论，而鲜有研究其他不同投资动因对外直接投资对全球价值链分工地位影响的传导途径及作用机理，并且缺乏对对外直接投资影响全球价值链分工地位的路径分析。

在对外直接投资对全球价值链升级影响的实证研究方面，少数学者认为对外直接投资未对全球价值链升级产生影响，大多数学者认为对外直接投资能够促进全球价值链升级。其中，在对外直接投资对中国全球价值链升级的影响研究中，集中从国家层面和制造业层面研究对外直接投资对中国全球价值链分工地位升级的影响，鲜有分析对外直接投资对中国三大产业层面全球价值链升级的影响。另外，关于东道国因素是否会影响对外直接投资对中全球价值链分工地位的影响作用的研究鲜有涉及。

由此可见，继续拓展中国在全球价值链中分工地位的研究维度，加强对对外直接投资影响全球价值链分工地位的路径以及不同投资动机对外直接投资对全球价值链分工地位影响的路径和作用机理的探讨，深入对外直接投资对中国全球价值链分工地位影响的研究范围是本书研究的方向和重点。

1.3 研究内容

本研究的内容包括以下五部分：

第一部分，分析中国在全球价值链中的分工地位。

该部分主要分析中国的全球价值链分工地位现状，包括中国整体的全球价值链分工地位指数及排名，中国三大产业的全球价值链分工地位指数及排名，中国制造业整体、低等技术制造业、中等技术制造业和高等技术制造业的全球价值链分工地位指数及排名。

第二部分，研究对外直接投资影响全球价值链分工地位的机理。

该部分首先分析包括对外直接投资在内的影响全球价值链分工地位的因素；其次从投资规模、投资领域、投资的传导路径、投资动因、投资的东道国情况、投资政策等方面分析对外直接投资影响全球价值链分工地位的因素；接着具体分析对外直接投资影响全球价值链分工地位的传导路径；最后从不同投资动机角度出发，分析效率寻求型 OFDI、技术寻求型 OFDI、资源寻求型 OFDI 和市场寻求型 OFDI 以何种传导路径影响全球价值链分工地位的内在机理。

第三部分，实证分析对外直接投资对中国全球价值链分工地位的影响。

该部分首先分析中国的对外直接投资现状，包括分析中国对外直接投资规模及世界排名情况、中国对外直接投资区位分布、中国对外直接投资行业分布以及中国对外直接投资投资者类型等；然后分别对对外直接投资对中国整体、三大产业以及制造业的全球价值链分工地位的影响进行实证分析，并在此基础上实证检验东道国市场规模和技术水平是否影响对外直接投资对中国全球价值链分工地位的影响作用。

第四部分，研究东道国对 OFDI 影响中国全球价值链分工地位的门槛效应。

该部分主要分析东道国因素对对外直接投资对中国整体、三大产业以及制造业的全球价值链分工地位影响作用的影响，具体分析了东道国市场规模和技术水平是否存在门槛效应，使得对外直接投资对中国整体、三大产业以及制造业的全球价值链分工地位影响作用发生变化以及变化的程度有多大。

第五部分，FDI 推动制造业升级的福利分析。

本部分通过开发构建结构动态模型，通过国内物质资本积累与非竞争性技术转移分解国际贸易和国内投资，并分析描述 FDI 在全球经济发展中的作用和影响，证明 FDI 与国家福利之间的关系，进而定位 FDI 对经济发展和产业升级的作用。

第六部分是政策建议研究。

该部分主要基于对外直接投资对全球价值链分工地位影响的机理分析和实证分析，从对外直接投资的投资规模、投资领域、投资政策、投资的东道国情况等方面，提出政策建议以提升中国的全球价值链分工地位。

1.4　本书框架结构

第 1 章　绪论

介绍本书的研究背景和意义，综述相关理论及国内外文献，确定本书的研究内容和框架结构，提出本书的科学问题以及创新点。

第 2 章　中国在全球价值链中的分工地位

对中国整体、三大产业、制造业的全球价值链分工地位指数变化情况和特点以及相应分工地位排名变化情况进行描述。

第 3 章　对外直接投资影响全球价值链分工地位的机理分析

对对外直接投资影响全球价值链分工地位的传导路径以及对不同投资动机对外直接投资沿不同路径影响全球价值链分工地位的作用机理进

行分析。

第 4 章 对外直接投资影响中国全球价值链分工地位的实证分析

对中国对外直接投资规模的基本情况、投资区位分布、投资行业分布和投资者类型等特点进行描述；运用多元回归模型、面板数据模型以及最小二乘法、两步最优 GMM 方法，实证分析中国对外直接投资对中国整体、三大产业以及制造业全球价值链分工地位的影响，并实证检验东道国市场规模和技术水平对对外直接投资影响中国全球价值链分工地位的影响作用。

第 5 章 东道国对 OFDI 影响中国全球价值链分工地位的门槛效应

运用门槛模型和两步最优 GMM 方法，实证分析中国对外直接投资对中国整体、三大产业以及制造业全球价值链分工地位影响的东道国市场规模和东道国技术水平的门槛效应。

第 6 章 FDI 推动制造业升级的福利分析

本部分通过开发构建结构动态模型，通过国内物质资本积累与非竞争性技术转移分解国际贸易和国内投资，并分析描述 FDI 在全球经济发展中的作用和影响，证明 FDI 与国家福利之间的关系，进而定位 FDI 对经济发展和产业升级的作用。

第 7 章 研究结论与政策建议

对全书进行归纳总结，指出存在的问题，为中国对外直接投资提升中国全球价值链分工地位提出相应的政策建议，并指出了本书研究的不足及有待完善的地方。

1.5 研究方法

(1) 投入产出模型

在对中国整体、三大产业以及制造业的全球价值链分工地位进行研究时，首先运用国家间投入产出模型并结合增加值贸易分解框架对世界投入产出表中各个国家各个行业的中间产品按来源地和最终消费地进行分解；其次，依据分解后的增加值部分构建全球价值链分工地位指数并对中国整体、三大产业以及制造业的全球价值链分工地位指数进行测算。

（2）计量经济学模型

在对中国对外直接投资对中国全球价值链分工地位的影响进行研究时，采用多元回归模型，并运用最小二乘法（OLS）、两阶段最小二乘法（2SLS）以及两步最优广义矩估计（GMM）方法，实证分析对外直接投资对中国全球价值链分工地位的影响以及实证检验东道国市场规模和东道国技术水平是否会影响对外直接投资对中国全球价值链分工地位的影响作用。

在对东道国对 OFDI 影响中国全球价值链分工地位的门槛效应进行研究时，采用门槛模型并运用两步最优广义矩估计（GMM）方法，实证分析对外直接投资对中国全球价值链分工地位影响的东道国市场规模和东道国技术水平的门槛效应。

（3）定性分析和定量分析相结合

首先从理论上对对外直接投资影响全球价值链分工地位进行定性分析，并对对外直接投资影响全球价值链分工地位的传导路径以及不同投资动机对外直接投资沿不同传导路径影响中国全球价值链分工地位的作用机理进行定性分析；然后运用计量经济学模型进行定量分析，从而对所研究的对外直接投资对中国全球价值链分工地位影响问题进行理论推导和实证检验。

1.6 科学问题

本书要解决的科学问题是揭示对外直接投资影响中国全球价值链分工地位的机理和效果。

解决这个科学问题需要解决两个子问题：

第一，从理论层面探寻对外直接投资影响全球价值链分工地位的机理，包括对外直接投资影响全球价值链分工地位的路径分析、不同投资动机的对外直接投资沿不同路径影响全球价值链分工地位的机理。

第二，从投资规模、投资产业、投资行业、投资东道国等角度实证分析对外直接投资影响中国全球价值链分工地位的程度以及效果。

1.7 创新点

本书的创新点主要体现在以下两个方面：

第一，从理论上揭示了对外直接投资的规模、动机、领域、政策和东道国情况等会影响中国的全球价值链分工地位。对外直接投资通过影响一国及产业的生产工艺流程、投入产出效率、产品质量、产品更新换代、技术水平、市场营销能力、产业转换等渠道，从而影响该国的全球价值链分工地位。不同投资动机对外直接投资通过发挥要素优化配置效应、生产要素补缺效应、逆向技术溢出效应、技术研发成果反馈效应、产品升级效应、打破相关产业对于资源需求的瓶颈、“投资—出口”带动效应、竞争效应、品牌溢出效应等效应，影响母国产业的工艺流程升级、产品升级、功能升级、链条升级等，从而影响母国的全球价值链分工地位。

第二，相比前人的研究，本书对中国整体、三大产业以及制造业的全球价值链分工地位比较全面地进行了测算与分析；在实证分析对外直接投资对中国全球价值链分工地位影响的基础上，本书采用门槛模型进一步考察了东道国对 OFDI 影响中国全球价值链分工地位的门槛效应，在模型估计上考虑了对外直接投资的内生性问题，使得回归的结果更具稳健性。

第2章

中国在全球价值链中的分工地位

一国（或地区）在全球价值链中的分工地位取决于两方面：一是该国或地区及其产业为其他国家或地区的产业提供原材料和中间产品所包含的国内增加值；二是该国或地区及其产业从国外进口原材料和中间产品所包含的国外增加值。

本章首先介绍全球价值链分工地位的测量方法及指标，然后依据该测量方法和指标分别测量中国整体、三大产业以及制造业的全球价值链分工地位指数，并统计中国各层面的全球价值链分工地位指数在其各层面全球价值链分工中的排名，进而判断中国各层面在全球价值链中所处的位置。

2.1　全球价值链分工地位测量方法

目前，众多学者和研究机构关于全球价值链分工地位的说法不一，对于全球价值链分工地位的定义还比较抽象，而关于如何衡量一国（或地区）在全球价值链中的分工地位，大家莫衷一是。

国内外学者采用多种方法来测量一国的全球价值链分工地位，例如基于传统贸易中的出口产品价格方法测算和按照出口产品技术含量方法测算、"上游度"指数、贸易增加值以及基于增加值贸易核算方法构建指标测算等。由于众多学者对于全球价值链分工地位采用的测算方法不一致，导致所测算的一国全球价值链分工地位有所不同。其中，基于传统贸易统计不能真实地反映一国在国际贸易中所获得的收益，无法消除"重复计算"可能带来的影响，不能准确衡量一国的全球价值链分工地位，甚至导致出现截然相反的观点，而上游度指数虽然能有效衡量一国在全球价值链中所处的分工环节，但该指数无法衡量价值增值能力以及分工地位。

随着国际贸易统计方式的不断丰富与日渐成熟，依据增加值贸易核算方法测算全球价值链分工地位成为主流趋势，学者们据此构建了一系列指标去衡量一国在全球价值链中的地位。其中，最具代表的是 Koopman et al.（2010）所提出的"全球价值链分工地位"指数。该指标不仅能衡量分工地位，而且对增加值增值能力有一定解释能力。因此，越来越多的国内外学者采用该指标来衡量中国在全球价值链中的地位。

本书借鉴 Koopman et al.（2010）所提出的"全球价值链分工地位"指数测算中国的全球价值链分工地位。该"全球价值链分工地位"指数的构建主要基于增加值贸易核算法。

2.1.1　总出口增加值分解方法

一国（或地区）全球价值链分工地位的测算主要基于非竞争型投

入产出表的总出口增加值核算。Wang 等（2013）和王直等（2015）将一国总出口按出口产品的价值来源地和最终消费地进行分解，并将分解后的每一部分并带入增加值系数，可以将总出口分解成 16 个增加值以及重复计算部分。总出口具体分解方法如下：

假设世界上有 M 个国家，且每个国家有 N 个产业部门，则 M 国家 N 部门的国家间的投入产出表如表 2－1 所示。

表 2－1　　国家间投入产出表

投入 \ 产出		中间使用							最终需求							总产出
		1	…	c	…	w	…	M	1	…	c	…	w	…	M	
中间投入	1	Z_{11}	…	Z_{1c}	…	Z_{1w}	…	Z_{1m}	Y_{11}	…	Y_{1c}	…	Y_{1w}	…	Y_{1m}	X_1
	⋮	⋮	⋱	⋮	⋱	⋮	⋱	⋮	⋮	⋱	⋮	⋱	⋮	⋱	⋮	⋮
	c	Z_{c1}	…	Z_{cc}	…	Z_{cw}	…	Z_{cm}	Y_{c1}	…	Y_{cc}	…	Y_{cw}	…	Y_{cm}	X_c
	⋮	⋮	⋱	⋮	⋱	⋮	⋱	⋮	⋮	⋱	⋮	⋱	⋮	⋱	⋮	⋮
	w	Z_{w1}	…	Z_{wc}	…	Z_{ww}	…	Z_{wm}	Y_{w1}	…	Y_{wc}	…	Y_{ww}	…	Y_{wm}	X_w
	⋮	⋮	⋱	⋮	⋱	⋮	⋱	⋮	⋮	⋱	⋮	⋱	⋮	⋱	⋮	⋮
	M	Z_{m1}	…	Z_{mc}	…	Z_{mw}	…	Z_{mm}	Y_{m1}	…	Y_{mc}	…	Y_{mw}	…	Y_{mm}	X_m
增加值		Va_1	…	Va_c	…	Va_w	…	Va_m								
总投入		$(X_1)^T$	…	$(X_c)^T$	…	$(X_w)^T$	…	$(X_m)^T$								

记 MN 维列向量：

$$X = (X_{11}, \cdots, X_{ci}, \cdots, X_{wj}, \cdots, X_{mn})^T$$
$$= (X_1^{\ T}, \cdots, X_c^{\ T}, \cdots, X_w^{\ T}, \cdots, X_m^{\ T})^T \qquad (2-1)$$

该向量为 M 个国家的产出向量构成的世界产出向量，该向量中的元素 X_{ci} 为 c 国 i 产业部门的产出，X_c 为 c 国的产出列向量。

记 MN 维列向量：

$$Y = (Y_{11}, \cdots, Y_{ci}, \cdots, Y_{wj}, \cdots, Y_{mn})^T = (Y_1^{\ T}, \cdots, Y_c^{\ T}, \cdots, Y_w^{\ T}, \cdots, Y_m^{\ T})^T \qquad (2-2)$$

该向量为 M 个国家最终消费品向量构成的世界消费品向量，该向量中的元素 Y_{ci} 为 c 国 i 产业部门产出作为最终产品被消费的部分，Y_c 为 c

国的最终产品列向量。

记 MN 维行向量：

$$Va = (Va_1, \cdots, Va_c, \cdots Va_w, \cdots Va_m) \tag{2-3}$$

该向量为 M 个国家增加值向量构成的世界增加值向量，该向量中的元素 V_{ac}表示 c 国直接增加值向量。

根据表 2-1 各国总产出按其流向可表示为如下形式：

$$\begin{pmatrix} Z_{11} & \cdots & Z_{1c} & \cdots & Z_{1w} & \cdots & Z_{1M} \\ \vdots & \ddots & \vdots & \ddots & \vdots & \ddots & \vdots \\ Z_{c1} & \cdots & Z_{cc} & \cdots & Z_{cw} & \cdots & Z_{cM} \\ \vdots & \ddots & \vdots & \ddots & \vdots & \ddots & \vdots \\ Z_{w1} & \cdots & Z_{wc} & \cdots & Z_{ww} & \cdots & Z_{wM} \\ \vdots & \ddots & \vdots & \ddots & \vdots & \ddots & \vdots \\ Z_{M1} & \cdots & Z_{Mc} & \cdots & Z_{Mw} & \cdots & Z_{MM} \end{pmatrix} + \begin{pmatrix} Y_1 \\ \vdots \\ Y_c \\ \vdots \\ Y_w \\ \vdots \\ Y_M \end{pmatrix} = \begin{pmatrix} X_1 \\ \vdots \\ X_c \\ \vdots \\ X_w \\ \vdots \\ X_M \end{pmatrix} \tag{2-4}$$

根据模型假设 X 和 Y 之间满足下列关系式：

$$X = AX + Y \tag{2-5}$$

由式（2-5）可得：

$$X = (1-A)^{-1}Y = BY \tag{2-6}$$

其中：$A = [a_{ci,wj}]_{MN \times MN}$为 MN 维方阵；

c、$w \in 1, 2, \cdots$；

m——国家；

i、$j \in 1, 2, \cdots$；

n——产业；

$a_{ci,wj}$——w 国的 j 产业部门对中国的 i 产业的直接消耗系数，即在 w 国 j 产业部门中 c 国 i 产业部门产品所占的比重；

A——世界各国各产业间的直接消耗系数矩阵。

$B = 1 - A^{-1} = [b_{ci,wj}]_{MN \times MN}$——世界完全消耗系数矩阵。其中，$b_{ci,wj}$——$w$ 国的 j 产业部门对 c 国的 i 产业的产出直接和间接需求的总

和，即 w 国的 j 产业部门对 c 国的 i 产业完全消耗系数。

将式（2-5）和式（2-6）按国家分别展开，如式（2-7）和式（2-8）所示：

$$\begin{pmatrix} X_1 \\ \vdots \\ X_c \\ \vdots \\ X_w \\ \vdots \\ X_M \end{pmatrix} = \begin{pmatrix} A_{11} & \cdots & A_{1c} & \cdots & A_{1w} & \cdots & A_{1M} \\ \vdots & \ddots & \vdots & \ddots & \vdots & \ddots & \vdots \\ A_{c1} & \cdots & A_{cc} & \cdots & A_{cw} & \cdots & A_{cM} \\ \vdots & \ddots & \vdots & \ddots & \vdots & \ddots & \vdots \\ A_{w1} & \cdots & A_{wc} & \cdots & A_{ww} & \cdots & A_{wM} \\ \vdots & \ddots & \vdots & \ddots & \vdots & \ddots & \vdots \\ A_{M1} & \cdots & A_{Mc} & \cdots & A_{Mw} & \cdots & A_{MM} \end{pmatrix} \begin{pmatrix} X_1 \\ \vdots \\ X_c \\ \vdots \\ X_w \\ \vdots \\ X_M \end{pmatrix} + \begin{pmatrix} Y_1 \\ \vdots \\ Y_c \\ \vdots \\ Y_w \\ \vdots \\ Y_M \end{pmatrix} \quad (2-7)$$

其中，$A_{cw} = [a_{ci,wj}]_{M\times M}$，为 w 国对 c 国的直接消耗系数矩阵。

$$\begin{pmatrix} X_1 \\ \vdots \\ X_c \\ \vdots \\ X_w \\ \vdots \\ X_M \end{pmatrix} = \begin{pmatrix} B_{11} & \cdots & B_{1c} & \cdots & B_{1w} & \cdots & B_{1M} \\ \vdots & \ddots & \vdots & \ddots & \vdots & \ddots & \vdots \\ B_{c1} & \cdots & B_{cc} & \cdots & B_{cw} & \cdots & B_{cM} \\ \vdots & \ddots & \vdots & \ddots & \vdots & \ddots & \vdots \\ B_{w1} & \cdots & B_{wc} & \cdots & B_{ww} & \cdots & B_{wM} \\ \vdots & \ddots & \vdots & \ddots & \vdots & \ddots & \vdots \\ B_{M1} & \cdots & B_{Mc} & \cdots & B_{Mw} & \cdots & B_{MM} \end{pmatrix} \begin{pmatrix} Y_1 \\ \vdots \\ Y_c \\ \vdots \\ Y_w \\ \vdots \\ Y_M \end{pmatrix} \quad (2-8)$$

其中，$B_{cw} = [b_{ci,wj}]_{M\times M}$，为 w 国对 c 国的完全消耗系数矩阵。

将式（2-8）右端展开，可将 w 国总产出 X_w 分解为：

$$\begin{aligned} X_w &= \sum_t^M X_{wt} \\ &= \sum_t^M \sum_u^M B_{wt} Y_{tu} \\ &= B_{ww} Y_{ww} + \sum_{t\neq c,w}^M B_{wt} Y_{tt} + B_{ww} \sum_{t\neq c,w}^M Y_{wt} + \sum_{t\neq c,w}^M B_{wt} \sum_{u\neq c,t}^M Y_{tu} + B_{ww} Y_{wc} + \\ &\quad \sum_{t\neq c,w}^M B_{wt} Y_{tc} + B_{wc} Y_{cc} + \sum_{t\neq c}^M B_{wc} Y_{ct} \end{aligned} \quad (2-9)$$

因此，c 国向 w 国的中间产品出口可以分解为以下 8 个部分：

$$
\begin{aligned}
Z_{cw} &= A_{cw}X_{w} \\
&= A_{cw}B_{ww}Y_{ww} + A_{cw}\sum_{t\neq c,w}^{M}B_{wt}Y_{tt} + A_{cw}B_{ww}\sum_{t\neq c,w}^{M}Y_{wt} + A_{cw}\sum_{t\neq c,w}^{M}B_{wt}\sum_{u\neq c,t}^{M}Y_{tu} + \\
&\quad A_{cw}B_{ww}Y_{wc} + A_{cw}\sum_{t\neq c,w}^{M}B_{wt}Y_{tc} + A_{cw}B_{wc}Y_{cc} + A_{cw}\sum_{t\neq c}^{M}B_{wc}Y_{ct} \qquad (2-10)
\end{aligned}
$$

定义增加值系数 $V_c = Va_c(X_c)^{-1}$。

V_c表示为 c 国增加值系数向量，则完全增加值系数矩阵 VB 为：

$$
VB = \begin{pmatrix}
V_1 & \cdots & 0 & \cdots & 0 & \cdots & 0 \\
\vdots & \ddots & \vdots & \ddots & \vdots & \ddots & \vdots \\
0 & \cdots & V_c & \cdots & 0 & \cdots & 0 \\
\vdots & \ddots & \vdots & \ddots & \vdots & \ddots & \vdots \\
0 & \cdots & 0 & \cdots & V_w & \cdots & 0 \\
\vdots & \ddots & \vdots & \ddots & \vdots & \ddots & \vdots \\
0 & \cdots & 0 & \cdots & 0 & \cdots & V_m
\end{pmatrix}
\begin{pmatrix}
B_{11} & \cdots & B_{1c} & \cdots & B_{1w} & \cdots & B_{1m} \\
\vdots & \ddots & \vdots & \ddots & \vdots & \ddots & \vdots \\
B_{c1} & \cdots & B_{cc} & \cdots & B_{cw} & \cdots & B_{cm} \\
\vdots & \ddots & \vdots & \ddots & \vdots & \ddots & \vdots \\
B_{w1} & \cdots & B_{wc} & \cdots & B_{ww} & \cdots & B_{wm} \\
\vdots & \ddots & \vdots & \ddots & \vdots & \ddots & \vdots \\
B_{m1} & \cdots & B_{mc} & \cdots & B_{mw} & \cdots & B_{mm}
\end{pmatrix}
$$

$$
= \begin{pmatrix}
V_1B_{11} & \cdots & V_1B_{1c} & \cdots & V_1B_{1w} & \cdots & V_1B_{1m} \\
\vdots & \ddots & \vdots & \ddots & \vdots & \ddots & \vdots \\
V_cB_{c1} & \cdots & V_cB_{cc} & \cdots & V_cB_{cw} & \cdots & V_cB_{cm} \\
\vdots & \ddots & \vdots & \ddots & \vdots & \ddots & \vdots \\
V_wB_{w1} & \cdots & V_wB_{wc} & \cdots & V_wB_{ww} & \cdots & V_wB_{wm} \\
\vdots & \ddots & \vdots & \ddots & \vdots & \ddots & \vdots \\
V_mB_{m1} & \cdots & V_mB_{mc} & \cdots & V_mB_{mw} & \cdots & V_mB_{mm}
\end{pmatrix} \qquad (2-11)
$$

c 国生产中来自所有国家的增加值的份额之和为 1，即：

$$\sum_{t}^{M} V_tB_{tc} = \mu$$

c 国出口到 w 国的总出口中，包括有中间产品出口以及最终产品出口两部分，即：

$$E_{cw} = Y_{cw} + A_{cw}X_{w} \qquad (2-12)$$

从行方向看，一国的总产出和使用保持平衡，即：

$$\begin{aligned} X_w &= A_{wc}X_c + A_{ww}X_w + \sum_{t\neq c,w}^{M} A_{wt}X_t + Y_{wc} + Y_{ww} + \sum_{t\neq c,w}^{M} Y_{wt} \\ &= A_{ww}X_w + Y_{ww} + E_{wc} + \sum_{t\neq c,w}^{M} E_{wt} \\ &= A_{ww}X_w + Y_{ww} + E_{w*} \end{aligned} \tag{2-13}$$

将式（2－13）重新组合可得：

$$X_w = (1 - A_{ww})^{-1}Y_{ww} + (1 - A_{ww})^{-1}E_{w*} \tag{2-14}$$

其中，$L_{ww} = (1 - A_{ww})^{-1}$。

根据总产出的供给与使用平衡条件，我们可以将 c 国出口到 w 国的中间产品分解成两部分：

$$A_{cw}X_w = A_{cw}L_{ww}Y_{ww} + A_{cw}L_{ww}E_{w*} \tag{2-15}$$

其中，$E_{w*} = \sum_{t\neq w}^{M} E_{wt}$。

$$\begin{aligned} A_{cw}X_w &= (V_cL_{cc})^T\#(A_{cw}X_w) + (V_cB_{cc} - V_cL_{cc})^T\#(A_{cw}X_w) \\ &\quad + (V_wB_{wc})^T\#(A_{cw}X_w) + (\sum_{t\neq c,w}^{M} V_tB_{tc})^T\#(A_{cw}X_w) \end{aligned} \tag{2-16}$$

将式（2－10）和式（2－15）代入式（2－16）中，可得：

$$\begin{aligned} A_{cw}X_w &= (V_cL_{cc})^T\#(A_{cw}B_{ww}Y_{ww}) + (V_cL_{cc})^T\#(A_{cw}\sum_{t\neq c,w}^{M} B_{wt}Y_{tt}) \\ &\quad + (V_cL_{cc})^T\#(A_{cw}B_{ww}\sum_{t\neq c,w}^{M} Y_{wt}) + (V_cL_{cc})^T\#(A_{cw}\sum_{t\neq c,w}^{M}\sum_{u\neq c,t}^{M} B_{wt}Y_{tu}) \\ &\quad + (V_cL_{cc})^T\#(A_{cw}B_{ww}Y_{wc}) + (V_cL_{cc})^T\#(A_{cw}\sum_{t\neq c,w}^{M} B_{wt}Y_{tc}) \\ &\quad + (V_cL_{cc})^T\#(A_{cw}B_{wc}Y_{cc}) + (V_cL_{cc})^T\#(A_{cw}\sum_{t\neq c}^{M} B_{wc}Y_{ct}) \\ &\quad + (V_cB_{cc} - V_cL_{cc})^T\#(A_{cw}X_w) + (V_wB_{wc})^T\#(A_{cw}L_{ww}Y_{ww}) \\ &\quad + (V_wB_{wc})^T\#(A_{cw}L_{ww}E_{w*}) + (\sum_{t\neq c,w}^{M} V_tB_{tc})^T\#(A_{cw}L_{ww}Y_{ww}) \\ &\quad + (\sum_{t\neq c,w}^{M} V_tB_{tc})^T\#(A_{cw}L_{ww}E_{w*}) \end{aligned} \tag{2-17}$$

c 国出口到 w 国的最终产品可以分解到国内增加值和国外增加值中去，即：

$$Y_{cw} = (V_cL_{cc})^T\#Y_{cw} + (V_wB_{wc})^T\#Y_{cw} + (\sum_{t\neq c,w}^{M} V_tB_{tc})^T\#Y_{cw} \tag{2-18}$$

将式（2-17）和式（2-18）加总起来，可以得到 c 国出口到 w 国总出口的分解式，即：

$$\begin{aligned}
E_{cw} = & \underbrace{(V_cL_{cc})^T\#Y_{cw}}_{1} + \underbrace{(V_cL_{cc})^T\#(A_{cw}B_{ww}Y_{ww})}_{2} + \underbrace{(V_cL_{cc})^T\#(A_{cw}\sum_{t\neq c,w}^{M}B_{wt}Y_{tt})}_{3} \\
& + \underbrace{(V_cL_{cc})^T\#(A_{cw}B_{ww}\sum_{t\neq c,w}^{M}Y_{wt})}_{4} + \underbrace{(V_cL_{cc})^T\#(A_{cw}\sum_{t\neq c,w}^{M}\sum_{u\neq c,t}^{M}B_{wt}Y_{tu})}_{5} \\
& + \underbrace{(V_cL_{cc})^T\#(A_{cw}B_{ww}Y_{wc})}_{6} + \underbrace{(V_cL_{cc})^T\#(A_{cw}\sum_{t\neq c,w}^{M}B_{wt}Y_{tc})}_{7} + \underbrace{(V_cL_{cc})^T\#(A_{cw}B_{wc}Y_{cc})}_{8} \\
& + \underbrace{(V_cL_{cc})^T\#(A_{cw}\sum_{t\neq c}^{M}B_{wc}Y_{ct})}_{9} + \underbrace{(V_cB_{cc} - V_cL_{cc})^T\#(A_{cw}X_w)}_{10} + \underbrace{(V_wB_{wc})^T\#Y_{cw}}_{11} \\
& + \underbrace{(V_wB_{wc})^T\#(A_{cw}L_{ww}Y_{ww})}_{12} + \underbrace{(V_wB_{wc})^T\#(A_{cw}L_{ww}E_{w*})}_{13} + \underbrace{(\sum_{t\neq c,w}^{M}V_tB_{tc})^T\#Y_{cw}}_{14} \\
& + \underbrace{(\sum_{t\neq c,w}^{M}V_tB_{tc})^T\#(A_{cw}L_{ww}Y_{ww})}_{15} + \underbrace{(\sum_{t\neq c,w}^{M}V_tB_{tc})^T\#(A_{cw}L_{ww}E_{w*})}_{16}
\end{aligned} \tag{2-19}$$

将 c 国出口到所有的贸易伙伴的出口额加总，可以得到 c 国出口到世界总出口的分解式：

$$\begin{aligned}
E_{c*} = & \sum_{w\neq c}^{M} E_{cw} \\
= & \underbrace{(V_cL_{cc})^T\#\sum_{w\neq c}^{M}Y_{cw}}_{1} + \underbrace{(V_cL_{cc})^T\#(\sum^{M}A_{cw}B_{ww}Y_{ww})}_{2} + \underbrace{(V_cL_{cc})^T\#(\sum^{M}A_{cw}\sum_{t\neq c,w}^{M}B_{wt}Y_{tt})}_{3}
\end{aligned}$$

$$
\begin{aligned}
&+\underbrace{(V_cL_{cc})^T\#(\sum_{w\neq c}^{M}A_{cw}B_{ww}\sum_{t\neq c,w}^{M}Y_{wt})}_{4}+\underbrace{(V_cL_{cc})^T\#(\sum_{w\neq c}^{M}A_{cw}\sum_{t\neq c,w}^{M}\sum_{u\neq c,t}^{M}B_{wt}Y_{tu})}_{5}\\
&+\underbrace{(V_cL_{cc})^T\#(\sum_{w\neq c}^{M}A_{cw}B_{ww}Y_{wc})}_{6}+\underbrace{(V_cL_{cc})^T\#(\sum_{w\neq c}^{M}A_{cw}\sum_{t\neq c,w}^{M}B_{wt}Y_{tc})}_{7}+\underbrace{(V_cL_{cc})^T\#(\sum_{w\neq c}^{M}A_{cw}B_{wc}Y_{cc})}_{8}\\
&+\underbrace{(V_cL_{cc})^T\#(\sum_{w\neq c}^{M}A_{cw}\sum_{t\neq c}^{M}B_{wc}Y_{ct})}_{9}+\underbrace{(V_cB_{cc}-V_cL_{cc})^T\#(\sum_{w\neq c}^{M}A_{cw}X_{w})}_{10}+\underbrace{(\sum_{w\neq c}^{M}V_wB_{wc})^T\#Y_{cw}}_{11}\\
&+\underbrace{(\sum_{w\neq c}^{M}V_wB_{wc})^T\#(A_{cw}L_{ww}Y_{ww})}_{12}+\underbrace{\sum_{w\neq c}^{M}(V_wB_{wc})^T\#(A_{cw}L_{ww}E_{w*})}_{13}+\underbrace{(\sum_{t\neq c,w}^{M}V_tB_{tc})^T\#Y_{cw}}_{14}\\
&+\underbrace{(\sum_{t\neq c,w}^{M}V_tB_{tc})^T\#(A_{cw}L_{ww}Y_{ww})}_{15}+\underbrace{(\sum_{t\neq c,w}^{M}V_tB_{tc})^T\#(A_{cw}L_{ww}E_{w*})}_{16}
\end{aligned}
\tag{2-20}
$$

一国（或地区）总出口分解后的 **16** 个增加值以及重复部分的具体说明见表 **2-2**。

2.1.2 全球价值链分工地位指标构建

基于对总出口分解，**Koopman et al.**（**2010**）提出了“全球价值链参与度”指数和“全球价值链分工地位”指数，分别用于衡量一国（或地区）在全球价值链中的参与程度和分工地位。他们认为：

- 全球价值链的参与程度可以用一国出口国外的中间品份额（用于其他国家生产和出口“最终产品”）与该国从国外进口的中间品份额（用于生产本国生产和出口“最终产品”）之和来衡量。

- 全球价值链的分工地位可以通过比较一国出口国外的中间品份额（用于其他国家生产和出口“最终产品”）与该国从国外进口的中间品份额（用于生产本国生产和出口“最终产品”）的大小来判断。

如果一国在全球价值链中的参与程度很高，说明该国对其他国家的中间品依赖程度高，并且其他国家对该国或地区及其产业的中间品的依赖程度也高。如果一国的全球价值链分工地位较高，它主要通过向其他国家提供原材料或者中间品来参与全球价值链分工，其出口的中间品价值所包含的国内增加值占总增加值出口额的比重，就会高于本国出口中从外国进口的中间品所包含国外增加值占总增加值出口额的比重。

表 2－2　总出口分解框架

汇总	第一层级	第二层级	第三层级	项目说明
E 总出口(货物与服务) $\sum(T_1 - T_{16})$	国内价值部分 $(DVA + RDV)$ $\sum(T_1 - T_8)$	(Ⅰ)*DVA* 被国外吸收的国内增加值 $\sum(T_1 - T_5)$	$DVA\_FIN(T_1)$	最终出口的国内增加值
			$DVA\_INT(T_2)$	被直接进口国吸收的中间品出口
			$DVA\_INTrex \sum(T_3 - T_5)$	被直接进口国生产向第三国出口所吸收的中间品出口
		(Ⅱ)*RDV* 返回并被本国吸收的国内增加值 $\sum(T_6 - T_8)$	$RDV \sum(T_6 - T_8)$	返回并被本国吸收的国内增加值
	垂直专业化(*VS*) $\sum(T_9 - T_{16})$	(Ⅲ)*FVA* 国外增加值 $(T_{11} + T_{14}) + (T_{12} + T_{15})$	$FVA\_FIN(T_{11} + T_{14})$	以最终产品出口的国外增加值(包括直接进口国和第三国)
			$FVA\_INT(T_{12} + T_{15})$	以中间产品出口的国外增加值(包括直接进口国和第三国)
		(Ⅳ)*PDC* 纯重复计算部分 $(T_9 + T_{10}) + (T_{13} + T_{16})$	$DDC(T_9 + T_{10})$	来自国内账户纯重复计算
			$FDC(T_{13} + T_{16})$	来自国外账户纯重复计算

注：E 适用于任何层级的总贸易数据，包括国家/部门层面、国家汇总层面、双边/部门层面或双边汇总层面。

基于这种思想，可以构建如下的全球价值链参与度指数和全球价值链分工地位指数：

$$GVC\_Participation = \frac{FV + IV}{E} \quad (2-21)$$

$$GVC\_Position = Ln(1 + \frac{IV}{E}) - Ln\left(1 + \frac{FV}{E}\right) \quad (2-22)$$

其中：

GVC_Participation——一国的全球价值链参与度指数；

GVC_Position——一国的全球价值链分工地位指数；

IV——用于进口国生产第三国所需一国出口中间产品所包含的国内增加值，即表 2 -2 中的项目 *DVA_INTrex*；

FV——一国出口最终产品中所包含的从国外进口中间产品所包含的国外增加值，即表 2 -2 中的项目 *FVA_FIN*；

E——一国以增加值视角核算的总出口，即表 2 -2 中的项目 *E*。

因此，式（2 -21）和式（2 -22）可以改写为：

$$GVC\_Participation = \frac{DVA\_INTrex + FVA\_FIN}{E} \quad (2-23)$$

$$GVC\_Position = Ln\left(1 + \frac{DVA\_INTrex}{E}\right) - Ln\left(1 + \frac{FVA\_FIN}{E}\right) \quad (2-24)$$

2.1.3 关于全球价值链分工地位指标的分析说明

本书采用 Koopman et al.（2010）所构建的“全球价值链参与度”指数和“全球价值链分工地位”指数，更多测量的是以增加值核算的一国（或地区）在中间产品贸易中所体现的该国在全球价值链中的参与程度和分工地位，并不是一国在全部贸易中所体现的该国在全球价值链中的参与程度和分工地位。

根据式（2 -23）和式（2 -24）可以看出，无论是“全球价值链参与度”指数还是“全球价值链分工地位”指数，衡量的都是一个相对数的概念，涉及一国（或地区）中间产品出口被直接进口国加工后又出口给第三国所包含的国内增加值（*IV*）占以增加值核算的总出口（*E*）的比例，即间接增加值占总出口中的比例（*IV/E*），和一国（或地区）最终产品出口中所包含的国外增加值（*FV*）占以增加值核算的总出口（*E*）的比例，即国外增加值占总出口中的比例（*FV/E*）。

尤其是在“全球价值链分工地位”指数的计算公式中，是两个相对数大小的比较，而不是两个绝对数大小的比较。

其中：

- 一国（或地区）的中间产品出口被直接进口国加工后又出口给第三国所包含的国内增加值（*IV*）占以增加值核算的总出口（*E*）的比例，即 *IV/E*，表示该国在全球价值链中对处在全球价值链下游国家的相对增值能力。该比值越大，表明该国在全球价值链中的分工地位就越靠近上游位置。
- 一国（或地区）最终产品出口中所包含的国外增加值（*FV*）占以增加值核算的总出口（*E*）的比例，即 *FV/E*，表示该国在全球价值链中对处在全球价值链上游国家的相对依赖能力。该比值越大，表明该国在全球价值链中的分工地位就越靠近下游位置。

例如，当某国属于资源型国家时，其处在产业链的上游，主要是向处在产业链中下游的国家或地区提供原材料和初级产品，此时该国中间产品贸易中中间产品出口被直接进口国加工后又出口给第三国所包含的国内增加值（*IV*）占以增加值核算的总出口（*E*）的比例就比较大。此外，由于处在产业链上游的资源型国家主要以提供原材料和初级产品为主，而出口的最终产品比重比较小，使得该国最终产品出口中所包含的国外增加值（*FV*）在以增加值核算的总出口（*E*）的比重比较小，表明该国在全球价值链中对处在全球价值链下游国家的相对增值能力比较强，而对处在全球价值链上游国家的相对依赖能力比较弱，从而导致用该“全球价值链分工地位”指数的计算公式所测算的该国全球价值链分工地位指数就比较大，导致资源型国家在全球价值链中的分工地位很高，处在全球价值链的上游。

例如，绝对数很小的间接增加值和总出口额、国外增加值和总出口额的比值有可能与绝对数很大的间接增加值和总出口额、国外增加值和总出口额的比值相同，从而与通过“全球价值链分工地位”指数计算出来的分工地位指数一样，表明二者所处的全球价值链分工地位一样，但与人们通常直观感觉的全球价值链分工地位有所不同。原因在于该“全球价值链分工地位”指数，是两个相对数大小的比较，一国在全球价值链中的分工地位取决于一国在全球价值链中对处在全球价值链下游国家的相对增值能力大小，以及对处在全球价值链上游国家的相对依赖能力的大小，并不是绝对数值的大小。因此，当两国在全球价值链中对全球价值链中下游国家的相对增值能力大小和对全球价值链中上游国家的相对依赖能力大小一样时，表明两者在全球价值链分工中所处的位置一样。

2.1.4 数据来源

目前关于国家间的投入产出表（ICIO）的来源有五种，分别是：

- 欧盟发布的2013年版和2016年版世界投入产出数据库（World Input - Output Database，WIOD）；
- 经济合作与发展组织（OECD）发布的2017年版OECD国家间投入产出表（Inter - Country Input - Output，ICIO）；
- 全球贸易分析模型（GTAP）的国家间投入产出表；
- 亚洲发展银行（Asia Development Bank，ADB）发布的国家间投入产出表；
- Eroa数据库发布的全球多区域投入产出数据库。

每个ICIO数据库所涉及的国家（地区）数量、行业/部门数量以及时间跨度如表2-3所示。

表2-3 不同国家间投入产出表数据库介绍

ICIO表	国家或地区（个）	部门（个）	时间跨度（年）
WIOD2013	40	35	1995～2011
WIOD2016	43	56	2000～2014
OECD - ICIO2017	64	34	1995～2014
GTAP - ICIO	121	43	2004、2007、2011
ADB - WIOD	47	35	2000、2005～2008、2011、2015
ADB - MRIO2018	62	35	2010～2017
Eroa	190	26	1990～2015

资料来源：http：//rigvc. uibe. edu. cn/sjzlk/sjk/62923. htm.

本书所使用的数据来源于对外经济贸易大学全球价值链研究院构建

的数据库（UIBE GVC Index）中的 WIOD2016 数据库和 ADB - MRIO2018 数据库。其中，WIOD2016 数据库涵盖了 2000 ~ 2014 年 43 个经济体 56 个行业部门的数据；ADB - MRIO2018 数据库库涵盖了 2010 ~ 2017 年 62 个经济体 35 个行业部门的数据。

2.2　中国整体的全球价值链分工地位

2.2.1　中国整体 GVC 参与度与 GVC 分工地位指数

由于 WIOD2016 数据库的时间范围是 2000 ~ 2014 年，ADB_MRIO2018 数据库的时间范围是 2010 ~ 2017 年，若只采用 WIOD2016 数据库进行研究将不能得到 2015 ~ 2017 年中国全球价值链分工情况，若只采用 ADB_MRIO2018 数据库进行研究将不能得到 2000 ~ 2009 年中国全球价值链分工情况。因此，仅采用一个数据库进行研究不能兼顾长时间范围以及当前中国的全球价值链分工情况。鉴于此，本书将两个数据库结合起来研究 2000 ~ 2017 年中国的全球价值链分工情况。

根据 UIBE GVC Index 数据库数据并结合式（2 -20）、式（2 -23）和式（2 -24）测算的中国整体全球价值链分工情况（下同）如表 2 -4 所示。

表 2 -4　　中国整体全球价值链分工情况

数据库	年份	总出口（E）（百万美元）	间接增加值（IV）（百万美元）	国外增加值（FV）（百万美元）	GVC 参与度指数	GVC 分工地位指数
WIOD2016	2000	261 938.11	32 414.79	25 241.22	0.220	0.025
	2001	280 419.80	34 604.88	25 719.50	0.215	0.029
	2002	345 007.30	42 375.26	34 298.01	0.222	0.021
	2003	461 968.43	53 655.89	55 063.93	0.235	-0.003
	2004	632 557.46	73 086.29	84 299.73	0.249	-0.016
	2005	804 345.85	89 906.11	109 300.87	0.248	-0.021
	2006	1 027 619.29	117 607.91	137 228.41	0.248	-0.017

续表

数据库	年份	总出口（E）（百万美元）	间接增加值（IV）（百万美元）	国外增加值（FV）（百万美元）	GVC参与度指数	GVC分工地位指数
WIOD2016	2007	1 304 801.82	146 493.25	173 414.24	0.245	-0.018
	2008	1 540 785.17	183 006.72	182 542.25	0.237	0.000
	2009	1 293 516.02	141 270.68	130 641.63	0.210	0.007
	2010	1 697 752.15	193 643.38	181 546.56	0.221	0.006
	2011	2 037 785.36	245 064.72	206 399.86	0.222	0.017
	2012	2 156 117.38	249 494.27	205 391.03	0.211	0.019
	2013	2 293 013.56	267 938.74	206 712.09	0.207	0.024
	2014	2 425 463.65	294 015.43	193 291.80	0.201	0.038
ADB_MRIO2018	2010	1 697 752.15	214 579.85	172 324.02	0.228	0.022
	2011	2 037 792.95	274 853.89	197 916.84	0.232	0.034
	2012	2 156 119.86	277 445.62	196 293.17	0.220	0.034
	2013	2 293 013.56	297 723.77	197 760.97	0.216	0.039
	2014	2 425 472.60	326 154.26	185 322.32	0.211	0.053
	2015	2 324 276.69	313 821.87	154 117.21	0.201	0.062
	2016	2 164 512.70	298 053.23	141 064.95	0.203	0.066
	2017	2 335 901.08	331 918.87	150 386.27	0.206	0.070

在表2-4中，由WIOD2016数据库计算可知，2000年中国以增加值贸易核算的总出口额为2 619.38亿美元，2008年达到15 407.85亿美元。2009年受金融危机影响，总出口额小幅下滑，2010年恢复至16 977.52亿美元，2011～2014年总出口额连续增长。由ADB_MRIO2018数据库计算可知，2010～2014年总出口额同样连续数年增长，2014年增长至24 254.72亿美元，2015～2016年受到外部市场需求低迷的影响，总出口额连续两年回落，2017年受全球产能复苏及各国增加支出的带动，总出口额回升至23 359.01亿美元。

间接增加值的增减变化趋势同总出口额的变化趋势保持一致。由WIOD2016数据库计算可知，2000年间接增加值为324.14亿美元，2008年达到1 830.06亿美元，2009年受金融危机影响，间接增加值回落至 1 412.70 亿美元，2010 ~ 2014 年间接增加值连续数年增长。由 ADB_MRIO2018 数据库计算可知，2010 ~ 2014 年间接增加值变动情况同 WIOD2016 数据库计算结果一样，连续数年增长，2015 ~ 2016 年受到外部市场需求低迷的影响，间接增加值连续两年回落，2017 年受全球产能复苏及各国增加支出的带动，恢复到 3 319.18 亿美元。

由 WIOD2016 数据库计算可知，2000 年国外增加值为 252.41 亿美元，2008 年达到 1 825.42 亿美元，2009 年受金融危机影响，回落至 1 306.41 亿美元，2010 ~ 2011 年连续两年增长，2011 年增长至 2 063.99 亿美元，2012 ~ 2013 年国外增加值基本维持 2011 年水平，增减变动幅度不大。由 ADB_MRIO2018 数据库计算可知，2010 ~ 2013 年国外增加值的变动情况同 WIOD2016 数据库计算的国外增加值变动情况一致。由 ADB_MRIO2018 数据库计算可知，2014 ~ 2016 年受到国内市场需求低迷的影响，国外增加值连续三年回落，2017 年受国内产能复苏及国内增加支出的带动，国外增加值恢复到 1 503.86 亿美元。

从表 2 -4 可以看出，由于统计范围的不一致，两个数据库中所包含的国家（地区）数和行业部门数不一样，导致在对一国（地区）出口按价值来源地和最终消费地分解时，并带入增加值系数，所得到总出口额、间接增加值以及国外增加值统计存在差异。但通过对比两个数据中时间重叠部分 2010 ~ 2014 年总出口额、间接增加值以及国外增加值的数值，发现两个数据中 2010 ~ 2014 年的数据增减变动保持一致，从而不影响利用该数值所测算的 GVC 分工地位指数的增减变动趋势。

此外，对比分别采用 WIOD2016 数据库和 ADB_MRIO2018 数据库所测算的 2010 ~ 2014 年的 GVC 分工地位指数，发现由两个数据数所测算的 2010 ~ 2014 年的 GVC 分工地位指数增减变动趋势一致，印证了上述观点。

因此，可以推断，虽然由于统计范围的不一致使得两个数据库的数据统计存在差异，但对由两个数据库所计算的 GVC 分工地位指数的增减变动趋势不会产生太大的影响，即分别由两个数据库数据所计算的中国 GVC 分工地位指数变化趋势应保持一致。

为了在相关较长的一个时间跨度范围内能对目前中国整体 GVC 参与度指数与分工地位指数进行分析说明，本书利用 WIOD2016 数据库测算的 2000～2014 年中国整体 GVC 参与度指数与分工地位指数，利用 ADB_MRIO2018 数据库测算的 2010～2017 年中国整体 GVC 参与度指数与分工地位指数，形成相关示意图（见图 2－1）。

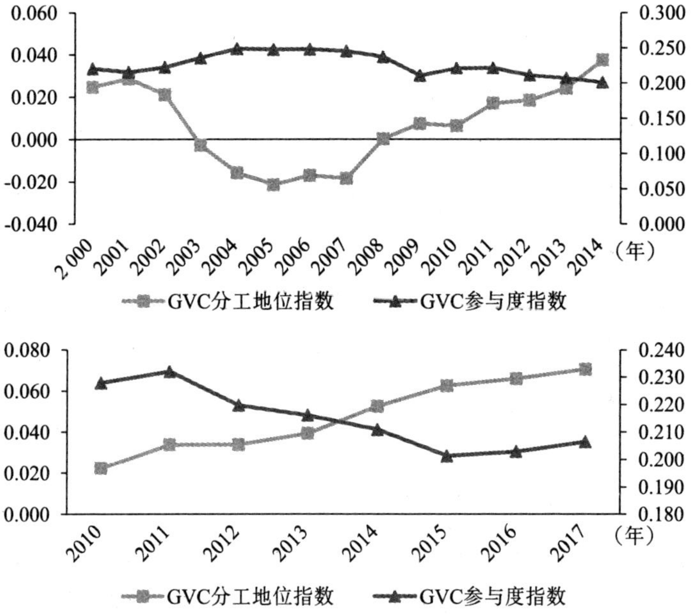

图 2－1　中国整体 GVC 参与度与 GVC 分工地位指数

从图 2－1 可以看出，在由 WIOD2016 数据库测算的 2000～2014 年中国整体 GVC 参与度指数与分工地位指数中，2000～2005 年中国整体 GVC 参与度指数从 0.220 上升至 0.248，而中国整体 GVC 分工地位指数大致呈下降趋势，2003 年 GVC 分工地位指数由正变负，2005 年 GVC 分工地位指数降到最低点 －0.021，说明在此期间中国参与全球价值链的程度逐渐加深，但分工地位逐步降低。主要是因为中国通过大量进口零部件不断加深全球价值链的参与程度。但由于中国从事的是简单的加工组装等生产活动，所获得的间接增加值在总出口额中的份额较低，因此在全球价值链中地位不高。2006～2014 年中国 GVC 参与度指数从 0.248 下降至 0.201，而 GVC 分工地位指数大致呈上升趋势，2008 年 GVC 分工地位指数由负变正，主要是由于间接增加值在总出口中的比重超过了国外增加值在总出口中的比重，2014 年 GVC 分工地位指数达到 0.038。

在由 ADB_MRIO2018 数据库测算的 2010～2017 年中国整体 GVC 参与度指数与分工地位指数中，中国整体 GVC 参与度指数经历了“上升——下降——上升”的过程。2010 年中国整体 GVC 参与度指数为 0.228，2011 年增加并达到最大值 0.232，此后连续数年下降，2015 年降到最低点 0.201，2016～2017 年连续两年上升，2017 年中国整体 GVC 参与度指数为 0.206；而 2010～2017 年中国整体 GVC 分工地位指数呈上升趋势，分工地位指数从 2010 年的 0.022 上升至 2017 年的 0.070。

2006～2015 年中国参与全球价值链的程度有所减弱，但在 2015～2017 年有所加深。经过长时间的发展，中国在全球价值链中的地位有所改善，GVC 分工地位指数由负变正，主要是因为中国从依赖自然资源以及劳动力等低成本优势从事的传统加工贸易方式，开始向依靠创新驱动、提高出口产品质量、获取高增加值的一般贸易方式转变，使得间接增加值在总出口额中的比重超过了国外增加值在总出口额中的比重。

2.2.2　中国整体 GVC 分工地位排名

为了合理地反映由世界主要国家及地区所主导的全球价值链分工地位情况以及中国大陆在全球价值链中分工的位置，本书需要对参与全球价值链分工地位排名的国家及地区进行筛选。

筛选方法如下：首先将 2017 年 GDP 总量排名前 30 位（占世界 GDP 总量的 88%）、货物出口总额排名前 30 位（占世界货物出口总额的 84%）、对外直接投资存量排名前 30 位（占世界对外直接投资存量的 97%）以及总增加值出口额排名前 30 位（占世界总增加值出口额的

77%）都在列的国家或地区一一列出，分别是美国、中国大陆、日本、德国、英国、法国、意大利、巴西、加拿大、韩国、西班牙、澳大利亚、俄罗斯、墨西哥、荷兰、瑞士、中国台湾以和奥地利，然后将只有某一项指标未进入前 30 位但排名也在 30 位附近的国家及地区筛选进来，包括印度尼西亚、土耳其、波兰、瑞典和比利时。

这些国家和地区，无论是从单个国家/地区的 GDP、出口总额、对外直接投资存量以及总增加值出口额还是从所有国家/地区的 GDP 总量、出口总额、对外直接投资存量以及总增加值出口额上在世界范围内都具有说服力。因此，通过对以上国家/地区的 GVC 分工地位指数测算并排名，可以反映全球价值链分工地位情况，从而反映中国大陆在全球价值链中分工的位置。

2000 年、2005 年、2010 年以及 2015 ~2017 年，世界主要国家及地区 GVC 分工地位指数及排名如表 2 -5 所示。

表 2 -5　世界主要国家及地区 GVC 分工地位指数及排名

国家/地区	2000 年	2005 年	2010 年	2015 年	2016 年	2017 年
俄罗斯	0.247 (1)	0.285 (1)	0.299 (1)	0.287 (1)	0.297 (1)	0.297 (1)
澳大利亚	0.148 (2)	0.162 (2)	0.198 (2)	0.176 (2)	0.184 (2)	0.189 (2)
印度尼西亚	0.076 (8)	0.120 (3)	0.150 (4)	0.139 (3)	0.156 (3)	0.152 (3)
巴西	0.117 (4)	0.116 (4)	0.155 (3)	0.132 (4)	0.128 (5)	0.145 (4)
美国	0.093 (6)	0.104 (7)	0.117 (5)	0.129 (5)	0.134 (4)	0.133 (5)
英国	0.092 (7)	0.106 (6)	0.099 (7)	0.120 (6)	0.117 (6)	0.118 (6)
日本	0.123 (3)	0.110 (5)	0.108 (6)	0.090 (7)	0.107 (7)	0.102 (7)
印度	0.099 (5)	0.096 (8)	0.086 (8)	0.089 (9)	0.106 (8)	0.095 (8)

续表

国家/地区	2000 年	2005 年	2010 年	2015 年	2016 年	2017 年
中国台湾	0.002 (22)	0.047 (13)	0.051 (13)	0.089 (8)	0.094 (9)	0.093 (9)
荷兰	0.074 (9)	0.069 (11)	0.023 (19)	0.080 (11)	0.081 (10)	0.080 (10)
瑞典	0.037 (16)	0.042 (16)	0.077 (9)	0.084 (10)	0.070 (11)	0.073 (11)
中国大陆	0.025 (19)	−0.021 (22)	0.006 (22)	0.062 (12)	0.066 (12)	0.070 (12)
意大利	0.062 (12)	0.074 (10)	0.047 (14)	0.053 (15)	0.056 (14)	0.067 (13)
奥地利	0.058 (13)	0.040 (17)	0.060 (10)	0.057 (14)	0.056 (13)	0.051 (14)
波兰	0.068 (10)	0.078 (9)	0.058 (11)	0.058 (13)	0.050 (15)	0.045 (15)
德国	0.044 (15)	0.046 (14)	0.036 (17)	0.038 (18)	0.047 (16)	0.044 (16)
瑞士	0.066 (11)	0.049 (12)	0.053 (12)	0.052 (16)	0.031 (20)	0.040 (17)
法国	0.030 (18)	0.030 (20)	0.043 (15)	0.040 (17)	0.036 (17)	0.037 (18)
韩国	0.033 (17)	0.034 (18)	−0.003 (23)	0.018 (20)	0.032 (18)	0.030 (19)
土耳其	0.050 (14)	0.018 (21)	0.041 (16)	0.028 (19)	0.032 (19)	0.017 (20)
加拿大	−0.047 (23)	−0.023 (23)	0.019 (20)	0.014 (21)	0.014 (21)	0.017 (21)
西班牙	0.015 (20)	0.042 (15)	0.023 (18)	0.011 (22)	0.013 (22)	0.004 (22)
比利时	0.004 (21)	0.030 (19)	0.017 (21)	−0.011 (23)	−0.012 (23)	−0.021 (23)
墨西哥	−0.132 (24)	−0.118 (24)	−0.126 (24)	−0.095 (24)	−0.138 (24)	−0.127 (24)

注：括号内数字为 GVC 分工地位指数排名。

从表 2 -5 可以看出：

（1）2000 年、2005 年和 2010 年中国大陆 GVC 分工地位分别排名第 19 位、第 22 位和第 22 位，处在全球价值链的下游位置，而俄罗斯、澳大利亚、印度尼西亚和巴西等资源型国家以及美国、英国和日本等发达国家的 GVC 分工地位排名都位于前 7 名，处在全球价值链的上游位置。中国大陆 GVC 分工地位指数与这些资源型国家和发达国家相比存在差距。

（2）2015 ~ 2017 年，中国大陆 GVC 分工地位排名第 12 位，在全球价值链中的分工位置有所提升，处在全球价值链的中游位置。而俄罗斯、澳大利亚、印度尼西亚和巴西等资源型国家以及美国、英国和日本等发达国家的 GVC 分工地位排名仍位于前 7 位，处在全球价值链的上游位置，但中国大陆 GVC 分工地位排名与这些资源型国家/地区和发达国家/地区的差距在逐渐缩小。

总体来看，2000 ~ 2017 年中国大陆 GVC 分工地位排名有所提升，中国大陆从全球价值链下游位置攀升至全球价值链的中游位置。

2010 年前中国大陆 GVC 分工地位较低主要表现在：一方面，中国大陆出口中的间接增加值（IV）占总出口（E）的比重较低；另一方面，境外增加值（FV）占总出口（E）的比重较高，甚至境外增加值占总出口的比重超过了间接增加值占总出口的比重。

主要原因在于中国大陆依靠劳动力的低成本优势，从境外大量进口中间产品从事加工、组装等增加值低的生产，使得中国大陆对全球价值链上游中间产品进口依赖大，出口的中间产品所包含的间接增加值较少，而出口的最终产品中所包含从境外进口中间产品所包含的境外增加值较高，从而使得境外增加值占总出口的比重较高，而间接增加值占总出口的比重较低。例如，2005 年中国大陆出口的间接增加值占总出口额比重为 11.18%，而境外增加值占总出口额比重为 13.59%，境外增加值占总出口的比重甚至超过了间接增加值占总出口的比重，因此中国大陆在全球价值链中的分工地位较低。

但随着产业转型升级、技术水平的不断提高，中国大陆出口中所包含的间接增加值在总出口中的比重逐渐上升，而境外增加值在总出口中的比重逐步下降。例如 2017 年中国大陆出口中间接增加值占总出口的比重为 14.21%，而境外增加值占总出口的比重为 6.44%，表明中国大陆在全球价值链中对处在全球价值链下游国家/地区的相对增值能力有所增强，对处在全球价值链上游国家/地区的相对依赖能力有所减弱，因此使得中国大陆 GVC 分工地位有所提升。

美国、英国和日本等发达国家之所以在全球价值链中的分工地位较高，处在全球价值链的上游位置，主要原因在于这些发达国家依靠自身科技研发能力、创新能力以及市场营销能力，在向其他国家/地区出口中间产品时，中间产品中所包含的间接增加值很高，使得其出口的间接增加值占总出口的比重远远高于国外增加值占总出口的比重。例如，2017 年，美国出口的间接增加值占总出口额比重为 18.52%，而国外增加值占总出口额比重仅为 3.72%，间接增加值占总出口的比重远远超过了国外增加值占总出口的比重，说明美国在全球价值链分工中对全球价值链下游国家/地区的相对增值能力很强，且对全球价值链分工中的上游国家/地区的相对依赖能力较弱，从而在全球价值链中的分工地位较高。

俄罗斯、澳大利亚、印度尼西亚和巴西等资源型国家在全球价值链中的分工地位很高，甚至高于美国、英国和日本等发达国家，主要原因在于俄罗斯、澳大利亚、印度尼西亚和巴西等资源型国家处在产业链的上游环节，主要向其他国家提供资源和初级产品，而从国外进口的中间产品很少，其他国家/地区对这些资源型国家的依赖较大，使得这些资源型国家在全球价值链中影响力很大，从而使得这些国家在全球价值链中对处在全球价值链下游国家/地区的相对增值能力极强，对处在全球价值链上游国家/地区的相对依赖能力极弱，表现在其出口中所包含的间接增加值在总出口中的比例很大，而国外增加值在总出口中的比例很小。例如，2017 年，俄罗斯出口的间接增加值占总出口额比重为

35.89%，而国外增加值占总出口额比重仅为 0.94%，间接增加值占总出口的比重远远超过了国外增加值占总出口的比重，从而占据着全球价值链的上游位置。

另外，2017 年中国大陆以增加值核算的总出口额为 23 359.01 亿美元，而印度的总出口额为 3 835.91 亿美元，中国大陆的出口额远远高于印度。但从表 2 -5 可以看出，2017 年印度 GVC 分工地位排名要高于中国大陆。原因在于虽然印度的总出口额不及中国大陆总出口额的 20%，但印度出口中的间接增加值占总出口的比重为 16.48%，大于中国大陆出口中的间接增加值占总出口的比重 14.21%，并且印度出口中国外增加值占总出口的比重为 5.88% 小于中国大陆出口中的境外增加值占总出口的比重 6.44%，说明印度在全球价值链中对处在全球价值链下游国家/地区的相对增值能力强于中国大陆，而对处在全球价值链上游国家/地区的相对依赖能力弱于中国大陆，从而印度在全球价值链中的分工地位排名高于中国大陆。

2.3 中国三大产业的全球价值链分工地位

依据《国民经济行业分类》（GB/T 4754—2017）的三次产业范围划分标准，第一产业包括农、林、牧、渔业（不含农、林、牧、渔服务业）；第二产业包括采矿业（不含开采辅助活动），制造业（不含金属制品、机械和设备修理业），电力、热力、燃气及水生产和供应业，建筑业；第三产业即服务业，是指除第一产业、第二产业以外的其他行业，包括批发和零售业，交通运输、仓储和邮政业，住宿和餐饮业，信息传输、软件和信息技术服务业，金融业，房地产业，租赁和商务服务业，科学研究和技术服务业，水利、环境和公共设施管理业，居民服务、修理和其他服务业，教育，卫生和社会工作，文化、体育和娱乐业，公共管理、社会保障和社会组织，国际组织，以及农、林、牧、渔业中的农、林、牧、渔服务业，采矿业中的开采辅助活动，制造业中的金属制品、机械和设备修理业。

- 在 WIOD2016 数据库中，第一产业包括行业部门 C01 ~ C03，第二产业包括行业部门 C04 ~ C27，第三产业包括行业部门 C28 ~ C56；
- 在 ADB - MROI2018 数据库中，第一产业包括行业部门 C01，第二产业包括行业部门 C02 ~ C18，第三产业包括行业部门 C19 ~ C35。

2.3.1　中国三大产业 GVC 参与度与 GVC 分工地位指数

（1）第一产业 GVC 参与度与 GVC 分工地位指数

表 2 -6 显示的是中国第一产业全球价值链分工情况。

表 2 -6　　中国第一产业全球价值链分工情况

数据库	年份	总出口（E）（百万美元）	间接增加值（IV）（百万美元）	国外增加值（FV）（百万美元）	GVC 参与度指数	GVC 分工地位指数
WIOD2016	2000	4 215.99	397.84	89.70	0.116	0.069
	2001	4 057.80	370.88	98.26	0.116	0.064
	2002	5 370.90	495.86	131.06	0.117	0.064
	2003	7 527.54	761.80	201.11	0.128	0.070
	2004	6 655.63	546.77	256.24	0.121	0.041
	2005	8 582.43	719.69	289.92	0.118	0.047
	2006	8 895.33	661.47	369.55	0.116	0.031
	2007	11 166.12	949.65	367.28	0.118	0.049
	2008	10 252.70	807.69	385.56	0.116	0.039
	2009	10 266.02	764.49	346.40	0.108	0.039
	2010	12 754.29	998.05	489.90	0.117	0.038
	2011	13 687.44	1 031.42	581.12	0.118	0.031
	2012	12 608.76	1 015.87	463.64	0.117	0.041
	2013	13 571.39	980.99	504.08	0.109	0.033
	2014	13 836.91	1 166.11	421.57	0.115	0.051

续表

数据库	年份	总出口（E）（百万美元）	间接增加值（IV）（百万美元）	国外增加值（FV）（百万美元）	GVC 参与度指数	GVC 分工地位指数
ADB_MRIO2018	2010	12 984.75	2 060.61	344.58	0.185	0.121
	2011	13 687.44	2 393.28	388.30	0.203	0.133
	2012	12 608.76	2 424.46	280.43	0.215	0.154
	2013	13 571.39	2 709.62	279.06	0.220	0.162
	2014	14 157.99	2 899.97	300.11	0.226	0.165
	2015	13 863.35	3 011.64	251.31	0.235	0.179
	2016	12 376.78	2 837.71	219.33	0.247	0.189
	2017	12 251.23	2 991.79	193.38	0.260	0.203

- 由 WIOD2016 数据库计算可知，2000～2014 年第一产业总出口额与间接增加值的变化趋势基本保持一致，大致呈增长趋势。其中，2000 年总出口额为 42.15 亿美元，2014 年增长至 138.36 亿美元，是 2000 年的 2.28 倍；2000 年间接增加值为 3.97 亿美元，2014 年增长至 11.66 亿美元，是 2000 年的 1.93 倍。2000～2014 年国外增加值呈现“先增长后下降”的变化趋势，2000 年国外增加值为 8 970 万美元，此后呈增长趋势，在 2011 年达到最大值 5.81 亿美元，此后有所下降，2014 年下降至 4.21 亿美元。
- 由 ADB_MRIO2018 数据库计算可知，2010～2017 年第一产业总出口额呈现“先增长后下降”的变化趋势，其中 2010～2014 年呈增长趋势，2014 年达到最大值为 141.57 亿美元，此后呈下降趋势，2017 年下降至 122.51 亿美元；2010～2017 年间接增加值大致呈增长趋势，2017 年增长至 29.91 亿美元；2010～2017 年国外增加值大致呈下降趋势，2017 年下降至 1.93 亿美元。

本书利用 WIOD2016 数据库测算的 2000～2014 年中国第一产业 GVC 参与度指数与分工地位指数，利用 ADB_MRIO2018 数据库测算的 2010～2017 年中国第一产业 GVC 参与度指数与分工地位指数，形成

GVC 参与度与分工地位指数示意图（见图 2 -2）。

从图 2 -2 可以看出，在由 WIOD2016 数据库测算的 2000 ~2014 年中国第一产业 GVC 参与度指数与分工地位指数中，除 2010 ~2012 年 GVC 分工地位指数与 GVC 参与度指数呈反向变动外，第一产业的 GVC 参与度指数与分工地位指数呈同向变动，即随着第一产业参与全球价值链的程度加深，第一产业的 GVC 分工地位随之提升；反之亦然。2000 ~2006 年 GVC 分工地位指数呈下降趋势，分工地位指数从 0. 069 降到 0. 031；2007 年 GVC 分工地位指数上升至 0. 049，主要是由于第一产业包含间接增加值的中间产品大量出口，使得间接增加值占总出口的比重提高。2007 ~2010 年 GVC 分工地位指数呈下降趋势，分工地位指数从 0. 049 降至 0. 038，是因为包含国外增加值的中间产品大量进口，国外增加值占总出口的比重提高造成的。2010 ~2014 年 GVC 分工地位指数呈上升趋势，分工地位指数从 0. 038 上升至 0. 051，是因为包含国外增加值的中间产品进口的减少，国外增加值占总出口的比重降低引起的。

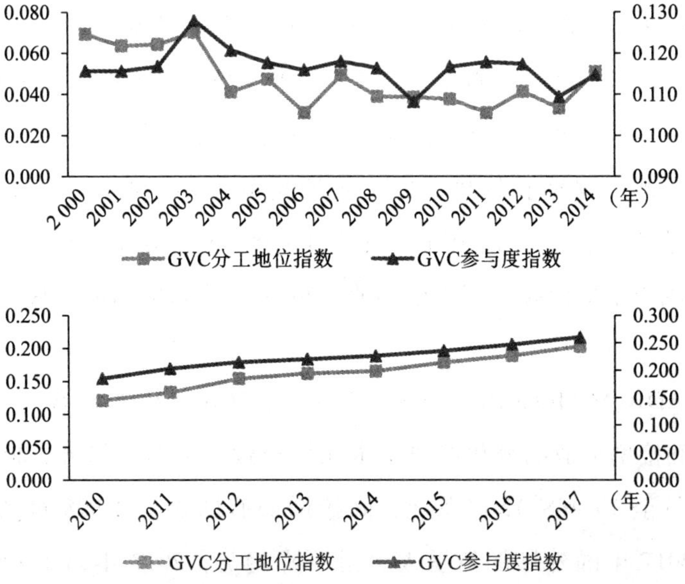

图 2 -2　第一产业 GVC 参与度与 GVC 分工地位指数

在由 ADB_MRIO2018 数据库测算的 2010～2017 年中国第一产业 GVC 参与度指数与分工地位指数中，第一产业的 GVC 参与度指数与分工地位指数呈同向变动，即随着第一产业参与全球价值链的程度加深，第一产业的 GVC 分工地位随之提升。2010～2017 年第一产业的分工地位指数呈上升趋势，分工地位指数从 2010 年的 0.121 上升至 0.203，是因为包含间接增加值的中间产品出口的增加，间接增加值占总出口的比重增加引起的。

（2）第二产业 GVC 参与度与 GVC 分工地位指数

表 2－7 显示的是中国第二产业全球价值链分工情况。由 WIOD2016 数据库计算可知，2000～2014 年第二产业总出口与间接增加值的变化趋势基本保持一致。其中，2000 年总出口额为 2 065.75 亿美元，2008 年增长至 12 817.05 亿美元，2009 年受金融危机影响，降至 10 517.96 亿美元，此后呈增长趋势，2014 年增长至 20 266.91 亿美元；2000 年间接增加值为 236.26 亿美元，2008 年增长至 1 424.11 亿美元，2009 年受金融危机影响，降至 1 060.36 亿美元，此后呈增长趋势，2014 年增长至 2 345.21 亿美元。2000～2013 年国外增加值呈现“上升——下降——上升——保持”的变化趋势。其中，2000～2008 年呈增长趋势，2008 年达 1 726.29 亿美元；2009 年受金融危机影响，下降至 1 235.79 亿美元；此后呈增长趋势，2011 年增长至 1 950.60 亿美元，2012～2013 年基本保持不变，2014 下降至 1 838.50 亿美元。此外，2000～2012 年国外增加值高于间接增加值，2013 年后间接增加值超过国外增加值。

由 ADB_MRIO2018 数据库计算可知，2010～2017 年第二产业总出口额与间接增加值的变化趋势基本保持一致，呈增长趋势。2017 年总出口增长至 19 468.32 亿美元，间接增加值增长至 2 598.68 亿美元。2010～2017 年国外增加值呈大致呈下降趋势，2017 年为 1 429.12 亿美元。

表 2－7　　中国第二产业全球价值链分工情况

数据库	年份	总出口（E）（百万美元）	间接增加值（IV）（百万美元）	国外增加值（FV）（百万美元）	GVC参与度指数	GVC分工地位指数
WIOD2016	2000	206 575.59	23 626.37	23 276.34	0.227	0.002
	2001	218 874.17	24 785.05	23 734.39	0.222	0.004
	2002	268 496.84	29 960.30	31 874.18	0.230	−0.006
	2003	376 364.96	39 727.44	52 242.49	0.244	−0.030
	2004	530 256.88	56 487.79	80 305.49	0.258	−0.040
	2005	683 481.39	70 014.90	104 748.65	0.256	−0.045
	2006	877 172.49	93 299.59	131 163.72	0.256	−0.038
	2007	1 103 414.24	114 406.49	165 345.45	0.254	−0.041
	2008	1 281 705.09	142 411.68	172 629.00	0.246	−0.021
	2009	1 051 796.23	106 036.11	123 579.51	0.218	−0.015
	2010	1 396 454.08	148 131.71	172 329.68	0.229	−0.016
	2011	1 666 491.48	187 559.41	195 060.99	0.230	−0.004
	2012	1 756 495.08	189 297.04	194 417.75	0.218	−0.003
	2013	1 909 123.82	211 294.36	196 297.00	0.213	0.007
	2014	2 026 691.57	234 521.65	183 850.30	0.206	0.023
ADB_MRIO2018	2010	1 395 933.37	158 894.18	163 416.79	0.231	−0.003
	2011	1 666 102.19	202 973.89	186 737.00	0.234	0.009
	2012	1 755 018.74	203 582.55	185 547.46	0.222	0.009
	2013	1 907 677.67	227 478.71	187 786.67	0.218	0.019
	2014	2 025 233.35	253 788.49	175 854.78	0.212	0.035
	2015	1 918 133.51	243 488.60	145 754.67	0.203	0.046
	2016	1 796 293.06	231 792.71	133 855.78	0.204	0.049
	2017	1 946 832.45	259 868.32	142 912.35	0.207	0.054

本书利用 WIOD2016 数据库测算的 2000～2014 年中国第二产业 GVC 参与度指数与分工地位指数，利用 ADB_MRIO2018 数据库测算的 2010～2017 年中国第二产业 GVC 参与度指数与分工地位指数，形成 GVC 参与度与分工地位指数示意图（见图 2－3）。

从图 2 -3 可以看出，在由 WIOD2016 数据库数据测算的 2000 ~ 2014 年中国第二产业 GVC 参与度指数与分工地位指数中，2000 ~2014 年第二产业的 GVC 分工地位指数与 GVC 参与度指数呈反向变动趋势，即随着第二产业参与全球价值链的程度加深，第二产业的 GVC 分工地位降低；反之亦然。2000 ~2014 年第二产业的 GVC 分工地位指数大致经历了“下降——上升”的变动趋势。2000 ~2005 年 GVC 参与度指数从 0. 227 上升至 0. 256，而 GVC 分工地位指数大致呈下降趋势，2002 年 GVC 分工地位指数由正变负，2005 年 GVC 分工地位指数降到最低点 -0. 045。说明在此期间第二产业参与全球价值链的程度在逐渐加深，但主要依赖大量进口中间产品来参与全球价值链分工获得较低的增加值，国外增加值占总出口的比重大于间接增加值占总出口的比重，从而 GVC 分工地位较低。2006 ~2014 年第二产业 GVC 参与度指数从 0. 256 下降至 0. 206，而 GVC 分工地位指数大致呈上升趋势，2013 年 GVC 分

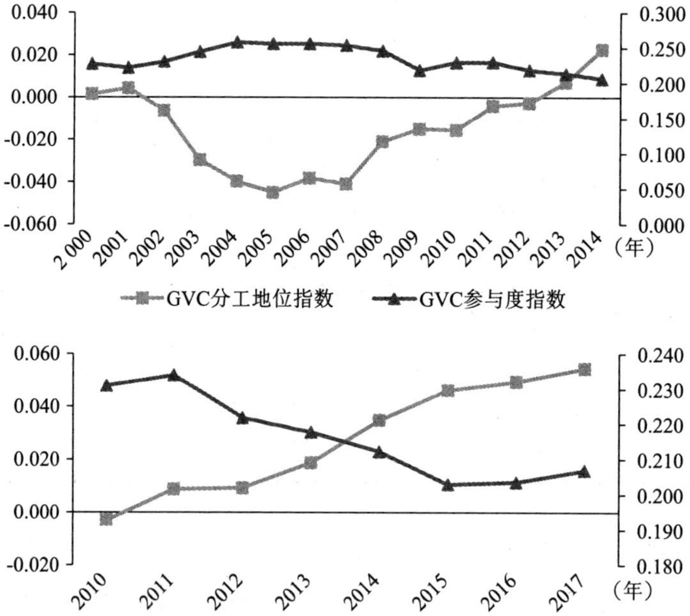

图 2 -3　第二产业 GVC 参与度与 GVC 分工地位指数

工地位指数由负变正，2014 年 GVC 分工地位指数达到 0.023，说明间接增加值占总出口的比重逐渐提升，并在 2013 年超过了国外增加值占总出口的比重。

在由 ADB_MRIO2018 数据库测算的 2010 ~ 2017 年中国第二产业 GVC 参与度指数与分工地位指数中，第二产业 GVC 参与度指数经历了"上升——下降——上升"的过程。2010 年第二产业 GVC 参与度指数为 0.231，2011 年增加并达到最大值 0.234，此后连续数年下降，2015 年降到最低点 0.203，2016 ~ 2017 年连续两年上升，2017 年第二产业 GVC 参与度指数为 0.207；2010 ~ 2017 年第二产业 GVC 分工地位指数呈上升趋势，分工地位指数从 2010 年的 -0.003 上升至 2017 年的 0.054，主要是因为在此期间间接增加值占总出口的比重逐渐提升，而国外增加值占总出口的比重逐渐减少。

2006 ~ 2014 年第二产业参与全球价值链的程度有所减弱，但在 2015 ~ 2017 年有所加深，经过长时间的发展，第二产业在全球价值链中的地位有所改善，GVC 分工地位指数由负变正，主要是由于第二产业的间接增加值占总出口比重大于国外增加值占总出口比重。

（3）第三产业 GVC 参与度与 GVC 分工地位指数

表 2 - 8 显示的是中国第三产业全球价值链分工情况。由 WIOD2016 数据库计算可知，2000 ~ 2014 年第三产业总出口额与间接增加值的变化趋势基本保持一致。其中，2000 年总出口额为 511.46 亿美元，2008 年增长至 2 488.27 亿美元，2009 年受金融危机影响降至 2 314.53 亿美元；此后呈增长趋势，2014 年增长至 3 849.35 亿美元，是 2000 年的 7.53 倍；2000 年间接增加值为 83.90 亿美元，2008 年增长至 397.87 亿美元，2009 年受金融危机影响降至 344.70 亿美元，此后呈增长趋势，2014 年增长至 583.27 亿美元，是 2000 年的 5.95 倍。2000 ~ 2008 年国外增加值呈增长趋势，2009 年受金融危机影响，下降至 67.15 亿美元，此后呈增长趋势，2011 年增长至 107.57 亿美元，2012 ~ 2014 年呈下降趋势，2014 年下降至 90.19 亿美元。

表 2-8　　中国第三产业全球价值链分工情况

数据库	年份	总出口（E）（百万美元）	间接增加值（IV）（百万美元）	国外增加值（FV）（百万美元）	GVC 参与度指数	GVC 分工地位指数
WIOD2016	2000	51 146.53	8 390.58	1 875.19	0.201	0.116
	2001	57 487.84	9 448.95	1 886.86	0.197	0.120
	2002	71 139.56	11 919.10	2 292.76	0.200	0.123
	2003	78 075.93	13 166.65	2 620.32	0.202	0.123
	2004	95 644.95	16 051.72	3 738.00	0.207	0.117
	2005	112 282.03	19 171.51	4 262.31	0.209	0.120
	2006	141 551.48	23 646.85	5 695.13	0.207	0.115
	2007	190 221.46	31 137.10	7 701.50	0.204	0.112
	2008	248 827.38	39 787.34	9 527.69	0.198	0.111
	2009	231 453.78	34 470.07	6 715.72	0.178	0.110
	2010	288 543.79	44 513.62	8 726.98	0.185	0.114
	2011	357 606.44	56 473.89	10 757.75	0.188	0.117
	2012	387 013.54	59 181.36	10 509.64	0.180	0.116
	2013	370 318.35	55 663.39	9 911.01	0.177	0.114
	2014	384 935.16	58 327.66	9 019.92	0.175	0.118
ADB_MRIO2018	2010	288 834.04	53 625.06	8 562.65	0.215	0.141
	2011	358 003.31	69 486.72	10 791.55	0.224	0.148
	2012	388 492.37	71 438.61	10 465.28	0.211	0.142
	2013	371 764.50	67 535.44	9 695.24	0.208	0.141
	2014	386 081.26	69 465.80	9 167.43	0.204	0.142
	2015	392 279.83	67 321.63	8 111.23	0.192	0.138
	2016	355 842.86	63 422.81	6 989.84	0.198	0.145
	2017	376 817.40	69 058.76	7 280.53	0.203	0.149

由 ADB_MRIO2018 数据库计算可知，2010～2017 年第三产业总出口额与间接增加值的变化趋势基本保持一致，大致呈增长趋势。2017 年总出口增长至 3768.17 亿美元，间接增加值增长至 690.58 亿美元。2010～2017 年国外增加值大致呈下降趋势，2017 年为 72.80 亿美元。

本书利用 WIOD2016 数据库测算的 2000～2014 年中国第三产业 GVC 参与度指数与分工地位指数，利用 ADB_MRIO2018 数据库测算的 2010～2017 年中国第三产业 GVC 参与度指数与分工地位指数，形成第三产业 GVC 参与度与分工地位指数（见图 2－4）。

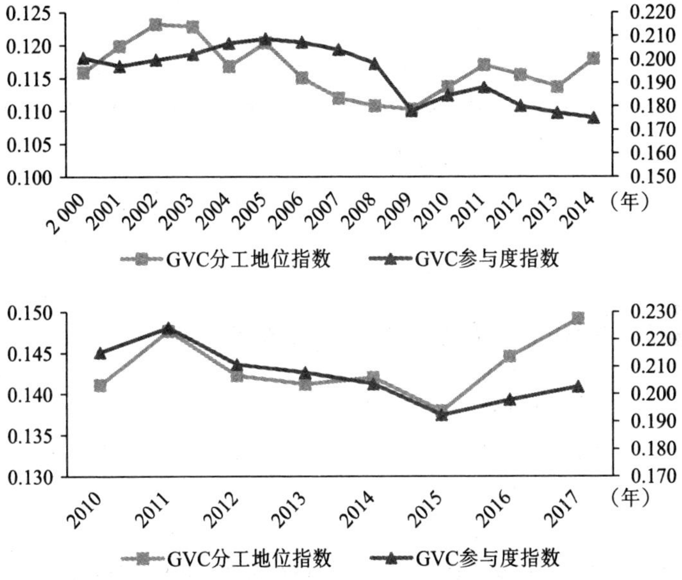

图 2－4　第三产业 GVC 参与度与 GVC 分工地位指数

从图 2－4 可以看出，在由 WIOD2016 数据库测算的 2000～2014 年中国第三产业 GVC 参与度指数与分工地位指数中，除 2001 年和 2014 年 GVC 分工地位指数与 GVC 参与度指数呈反向变动外，第三产业的 GVC 参与度指数与分工地位指数呈同向变动，即随着第三产业参与全球价值链的程度加深，第三产业的 GVC 分工地位随之提升；反之亦然。2000～2002 年 GVC 分工地位指数呈上升趋势，分工地位指数从 0.116 上升至 0.123；2002～2009 年，随着国外增加值在总出口中的比重越来越大，GVC 分工地位指数大致呈下降趋势，分工地位指数从 0.123 降至 0.110。随着间接增加值在总出口中的比重增加，2010～2011 年 GVC 分工地位指数呈上升趋势，2011 年 GVC 分工地位指数上升至 0.117，2012～2013 年 GVC 分工地位指数经历了两年回落后，2014 年 GVC 分工地位指数上升至 0.118。

在由 ADB_MRIO2018 数据库测算的 2010～2017 年中国第三产业 GVC 参与度指数与分工地位指数变动趋势中，第三产业 GVC 参与度指数与分工地位指数呈同向变动，即随着第三产业参与全球价值链的程度加深，第三产业 GVC 分工地位随之提升。第三产业 GVC 分工地位指数经历了“上升——下降——上升”的过程，2010 年第三产业 GVC 分工地位指数为 0.141，2011 年增加并达到最大值 0.148，此后连续数年下降，2015 年降到最低点 0.138。随着间接增加值在总出口中的比重逐渐增加，2016～2017 年第三产业 GVC 分工地位指数连续两年上升，2017 年第三产业 GVC 分工地位指数上升至 0.149。

2.3.2 中国三大产业 GVC 分工地位排名

（1）第一产业 GVC 分工地位排名

2000 年、2005 年、2010 年以及 2015～2017 年世界主要国家及地区第一产业 GVC 分工地位指数及排名如表 2－9 所示。

表 2－9 世界主要国家及地区第一产业 GVC 分工地位指数及排名

国家/地区	2000 年	2005 年	2010 年	2015 年	2016 年	2017 年
瑞典	0.127 (5)	0.127 (6)	0.152 (4)	0.206 (1)	0.220 (1)	0.215 (1)
中国大陆	0.069 (10)	0.047 (14)	0.038 (15)	0.179 (4)	0.189 (3)	0.203 (2)
印度尼西亚	0.083 (9)	0.132 (4)	0.136 (5)	0.187 (2)	0.184 (4)	0.190 (3)
巴西	0.184 (1)	0.205 (2)	0.200 (1)	0.187 (3)	0.192 (2)	0.190 (4)
澳大利亚	0.103 (7)	0.13 (5)	0.132 (7)	0.161 (5)	0.158 (5)	0.161 (5)

续表

国家/地区	2000 年	2005 年	2010 年	2015 年	2016 年	2017 年
德国	0.132 (4)	0.127 (7)	0.164 (3)	0.145 (7)	0.155 (6)	0.149 (6)
英国	0.108 (6)	0.084 (9)	0.136 (6)	0.146 (6)	0.128 (8)	0.143 (7)
印度	0.065 (11)	0.088 (8)	0.127 (8)	0.140 (8)	0.140 (7)	0.142 (8)
法国	0.063 (13)	0.068 (11)	0.121 (9)	0.119 (9)	0.107 (10)	0.134 (9)
瑞士	0.156 (3)	0.178 (3)	0.172 (2)	0.117 (10)	0.082 (13)	0.122 (10)
俄罗斯	0.169 (2)	0.218 (1)	0.118 (10)	0.090 (12)	0.093 (11)	0.111 (11)
日本	0.064 (12)	0.048 (13)	0.043 (14)	0.085 (13)	0.114 (9)	0.100 (12)
美国	0.087 (8)	0.079 (10)	0.087 (12)	0.093 (11)	0.090 (12)	0.093 (13)
波兰	0.022 (17)	0.055 (12)	0.095 (11)	0.083 (14)	0.060 (15)	0.073 (14)
加拿大	0.033 (16)	0.022 (16)	0.043 (13)	0.042 (16)	0.037 (16)	0.051 (15)
奥地利	0.044 (14)	0.024 (15)	0.035 (16)	0.050 (15)	0.064 (14)	0.046 (16)
韩国	−0.031 (21)	−0.001 (18)	−0.031 (20)	0.023 (17)	0.027 (17)	0.032 (17)
中国台湾	−0.142 (24)	−0.179 (24)	−0.180 (24)	0.007 (19)	0.014 (18)	0.011 (18)
比利时	−0.018 (19)	−0.069 (22)	0.001 (18)	0.020 (18)	0.004 (19)	0.009 (19)
意大利	−0.031 (20)	−0.026 (19)	−0.029 (19)	−0.016 (21)	−0.023 (21)	−0.014 (20)
土耳其	0.038 (15)	0.009 (17)	0.010 (17)	−0.013 (20)	−0.016 (20)	−0.018 (21)
西班牙	−0.072 (22)	−0.062 (21)	−0.050 (21)	−0.058 (23)	−0.057 (22)	−0.060 (22)
墨西哥	−0.014 (18)	−0.041 (20)	−0.051 (22)	−0.058 (22)	−0.085 (23)	−0.074 (23)
荷兰	−0.076 (23)	−0.078 (23)	−0.115 (23)	−0.084 (24)	−0.092 (24)	−0.08 (24)

注：括号内数字为 GVC 分工地位指数排名。

从表 2 -9 可以看出，2000 年、2005 年和 2010 年中国大陆第一产业 GVC 分工地位分别排名第 10 位、第 14 位和第 15 位，处在全球价值链的中游位置。2015 ~ 2017 年中国大陆第一产业的 GVC 分工地位指数逐年上升，其对应的 GVC 分工地位排名从 2015 年的第 4 位上升至 2017 年的第 2 位，仅次于瑞典。2017 年中国大陆第一产业 GVC 分工地位处在全球价值链的上游位置。总体来看，2000 ~ 2017 年中国大陆第一产业 GVC 分工地位排名有所提升，中国大陆第一产业从全球价值链中游位置攀升至全球价值链的上游位置。

2017 年，美国、巴西和加拿大第一产业以增加值核算的总出口额分别为 447.62 亿美元、322.60 亿美元和 192.99 亿美元，其第一产业出口额位列世界前 3 位，而中国大陆第一产业的总出口额为 122.51 亿美元，却不及美国第一产业出口额的 30% 。但从表 2 -9 中可以看出，2017 年中国大陆第一产业的全球价值链分工地位排名却高于美国、巴西和加拿大。其中，巴西第一产业 GVC 分工地位排名第 4 位，处在全球价值链的上游位置外；美国和加拿大第一产业 GVC 分工地位排名分列第 13 位和第 15 位，处在全球价值链的中游位置，在全球价值链中的分工地位并不高。

原因在于，虽然中国大陆第一产业的出口额相比于美国、巴西和加拿大来说存在差距，但中国大陆第一产业对全球价值链下游国家/地区的相对增值能力要强于美国、巴西和加拿大，其中中国大陆第一产业出口中间接增加值占总出口的比重为 24.42% ，而美国、巴西和加拿大第一产业出口中间接增加值占总出口的比重分别为 12.05% 、21.39% 和 10.87% 。并且，中国大陆第一产业对全球价值链上游国家/地区的相对依赖能力要小于美国、巴西和加拿大，其中中国大陆第一产业出口中境外增加值占总出口的比重为 1.58% ，而美国、巴西和加拿大第一产业出口中国外增加值占总出口的比重分别为 2.14% 、6.45% 和 5.40% 。全球价值链分工地位衡量的是对全球价值链下游国家/地区的相对增值能力大小和对全球价值链上游国家/地区的相对依赖能力大小，从而中国大陆第一产业 GVC 分工地位排名要高于美国、巴西和加拿大。

同样的，瑞典第一产业的总增加值出口额仅为 12.60 亿美元，但其第一产业 GVC 分工地位排名第 1 位，远远高于美国和加拿大第一产业 GVC 分工地位排名。原因在于瑞典第一产业对全球价值链下游国家/地区的相对增值能力很强，甚至高于中国大陆第一产业，出口中间接增加值占总出口的比例高达 27.86%，远远高于美国和加拿大出口中间接增加值占总出口的比重，并且瑞典第一产业对全球价值链上游国家/地区的相对依赖能力与美国和加拿大相差不大，出口中国外增加值占总出口的比例仅有 3.08%。全球价值链分工地位衡量的是对全球价值链下游国家的相对增值能力大小和对全球价值链上游国家的相对依赖能力大小，通过 GVC 分工地位指数测算得出的瑞典第一产业 GVC 分工地位指数远高于美国和加拿大等国家/地区第一产业的 GVC 分工地位指数，从而瑞典的全球价值链分工地位排名较高。

（2）第二产业 GVC 分工地位排名

2000 年、2005 年、2010 年以及 2015～2017 年世界主要国家及地区第二产业 GVC 分工地位指数及排名如表 2－10 所示。

表 2－10　世界主要国家及地区第二产业 GVC 分工地位指数及排名

国家/地区	2000 年	2005 年	2010 年	2015 年	2016 年	2017 年
俄罗斯	0.246 (1)	0.290 (1)	0.310 (1)	0.296 (1)	0.310 (1)	0.314 (1)
澳大利亚	0.160 (2)	0.175 (2)	0.214 (2)	0.186 (2)	0.195 (2)	0.201 (2)
印度尼西亚	0.075 (6)	0.125 (3)	0.154 (3)	0.139 (3)	0.155 (3)	0.152 (3)
巴西	0.104 (4)	0.104 (5)	0.148 (4)	0.113 (4)	0.104 (4)	0.128 (4)
日本	0.121 (3)	0.107 (4)	0.107 (5)	0.082 (6)	0.100 (5)	0.093 (5)
中国台湾	-0.018 (20)	0.035 (12)	0.043 (9)	0.085 (5)	0.090 (7)	0.087 (6)

续表

国家/地区	2000 年	2005 年	2010 年	2015 年	2016 年	2017 年
美国	0.071 (8)	0.074 (8)	0.087 (6)	0.079 (7)	0.084 (8)	0.081 (7)
印度	0.084 (5)	0.086 (6)	0.059 (7)	0.069 (8)	0.097 (6)	0.076 (8)
中国大陆	0.002 (18)	−0.045 (23)	−0.016 (21)	0.046 (10)	0.049 (10)	0.054 (9)
英国	0.072 (7)	0.079 (7)	0.052 (8)	0.058 (9)	0.052 (9)	0.052 (10)
意大利	0.043 (11)	0.053 (11)	0.028 (12)	0.032 (12)	0.033 (11)	0.047 (11)
瑞典	0.013 (16)	0.013 (16)	0.037 (10)	0.045 (11)	0.031 (12)	0.032 (12)
奥地利	0.036 (12)	0.013 (15)	0.034 (11)	0.029 (13)	0.025 (14)	0.021 (13)
德国	0.030 (13)	0.029 (13)	0.016 (14)	0.014 (15)	0.027 (13)	0.020 (14)
韩国	0.024 (14)	0.022 (14)	−0.013 (20)	0.002 (18)	0.017 (15)	0.014 (15)
波兰	0.051 (10)	0.064 (9)	0.018 (13)	0.016 (14)	0.008 (17)	0.002 (16)
加拿大	−0.067 (23)	−0.043 (22)	−0.001 (17)	−0.001 (19)	−0.001 (18)	0.001 (17)
土耳其	0.024 (15)	−0.027 (21)	0.010 (15)	0.010 (16)	0.013 (16)	−0.002 (18)
荷兰	0.060 (9)	0.058 (10)	−0.017 (22)	0.004 (17)	−0.004 (19)	−0.013 (19)
瑞士	0.009 (17)	−0.003 (19)	0.000 (16)	−0.005 (20)	−0.025 (21)	−0.025 (20)
法国	0.000 (19)	−0.003 (20)	−0.008 (18)	−0.019 (21)	−0.027 (22)	−0.027 (21)
西班牙	−0.031 (22)	0.001 (18)	−0.009 (19)	−0.023 (22)	−0.022 (20)	−0.033 (22)
比利时	−0.024 (21)	0.001 (17)	−0.034 (23)	−0.074 (23)	−0.077 (23)	−0.092 (23)
墨西哥	−0.154 (24)	−0.131 (24)	−0.139 (24)	−0.106 (24)	−0.151 (24)	−0.141 (24)

注：括号内数字为 GVC 分工地位指数排名。

从表 2 -10 可以看出，2000 年、2005 年和 2010 年中国大陆第二产业的 GVC 分工地位分别排名第 18 位、第 23 位和第 21 位，处在全球价值链的下游位置，而俄罗斯、澳大利亚、印度尼西亚和巴西等资源型国家以及美国和日本等发达国家第二产业 GVC 分工地位排名都位于前 7 名，处在全球价值链的上游位置。中国大陆第二产业的 GVC 分工地位排名与这些国家相比存在差距。

2015～2017 年，中国大陆第二产业 GVC 分工地位排名相比 2010 年前的排名有所上升。2017 年中国大陆第二产业 GVC 分工地位排名第 9 位，处在全球价值链的中上游位置；而俄罗斯、澳大利亚、印度尼西亚和巴西等资源型国家以及美国和日本等发达国家第二产业 GVC 分工地位排名仍位于前 7 名，处在全球价值链的上游位置。中国大陆第二产业的 GVC 分工地位排名与这些国家及地区的差距在逐渐缩小。

总体来看，2000～2017 年中国大陆第二产业 GVC 分工地位排名有所提升，中国大陆第二产业从全球价值链下游位置攀升至全球价值链的中上游位置。

2010 年前，中国大陆第二产业 GVC 分工地位处在全球价值链的下游位置，主要是因为中国大陆第二产业依靠劳动力的低成本优势，从境外大量进口中间产品从事加工、组装等增加值低的生产，使得中国大陆第二产业对全球价值链上游国家/地区的中间产品进口依赖大。因此，中国大陆第二产业出口的中间产品所包含的境内增加值较少，而出口的最终产品中所包含从境外进口中间产品中所包含的境外增加值较高，使得境外增加值占总出口的比重较高，而间接增加值占总出口的比重较低，从而中国大陆第二产业在全球价值链中对全球价值链上游国家/地区的相对依赖能力较大，对全球价值链下游国家/地区的相对增值能力较小，导致在全球价值链中分工地位较低。例如，2005 年中国大陆第二产业出口的间接增加值占总出口的比重为 10.24%，而境外增加值占总出口的比重为 15.33%，境外增加值占总出口的比重甚至超过了间接增加值占总出口的比重，因此中国大陆第二产业 GVC 分工地位较低。

但随着中国大陆产业转型升级和技术水平不断提高，中国大陆第二产业出口中所包含的间接增加值在总出口中的比重逐渐上升，而境外增加值在总出口中的比重逐步下降。例如，2017 年中国大陆第二产业出口的间接增加值占总出口额比重为 13.35%，而境外增加值占总出口额比重为 7.34%，从而导致中国大陆第二产业在全球价值链中对全球价值链下游国家/地区的相对增值能力增强，对全球价值链上游国家/地区的相对依赖能力减弱，使得中国大陆第二产业 GVC 分工地位有所提升。

美国和日本等发达国家第二产业之所以在全球价值链中的分工地位较高，处在全球价值链的上游位置，主要原因在于这些发达国家第二产业依靠自身科技研发能力、创新能力以及市场营销能力，在全球价值链分工中对全球价值链下游国家/地区的相对增值能力很强；同时，对全球价值链分工中的上游国家/地区的相对依赖能力较弱，使得其出口中的间接增加值很高而国外增加值很少，从而其出口的间接增加值占总出口的比重远远高于国外增加值占总出口的比重。例如，2017 年美国第二产业出口的间接增加值占总出口的比重为 14.39%，而国外增加值占总出口的比重仅为 5.50%，间接增加值占总出口的比重远远超过了国外增加值占总出口的比重，从而在全球价值链中的分工地位较高。

俄罗斯、澳大利亚、印度尼西亚和巴西等资源型国家第二产业在全球价值链中的分工地位很高，甚至高于美国和日本等发达国家，处在全球价值链的上游位置，主要原因在于俄罗斯、澳大利亚、印度尼西亚和巴西等资源型国家第二产业中出口主要以采矿业和采矿业相关的制造业为主，主要是向其他国家/地区提供资源和初级产品，而从国外进口的中间产品很少。其他国家/地区包括美国和日本等国家对这些资源型国家/地区的依赖较大，使得这些资源型国家/地区在全球价值链中影响力很大，从而使得其在全球价值链中对全球价值链下游国家/地区的相对增值能力极强，而对全球价值链上游国家/地区的相对依赖能力极弱，因而使得其出口中所包含的间接增加值在总出口中的比重极大，而国外增加值在总出口中的比重极小。例如，2017 年俄罗斯第二产业出口的间接增加值占总出口的比重为

38.44%，而国外增加值占总出口的比重仅为 1.13%，间接增加值占总出口的比重远远超过了国外增加值占总出口的比重，从而分工地位排名会高于美国和日本等发达国家，占据着全球价值链的上游位置。

另外，2017 年中国大陆第二产业以增加值核算的出口额为 19 468.32 亿美元，而印度第二产业的出口额为 2 510.62 亿美元，中国大陆第二产业的出口额远远高于印度。但从表 2-10 可以看出，2017 年印度第二产业 GVC 分工地位排名要高于中国大陆。原因在于虽然印度第二产业的总出口额不及中国大陆总出口额的 15%，但印度第二产业出口中的间接增加值占总出口的比重为 16.47%，大于中国大陆第二产业出口中间接增加值占总出口的比重（13.35%），且印度第二产业出口中国外增加值占总出口的比重为 7.91%，和中国大陆第二产业出口中境外增加值占总出口的比重（7.34%）相差无几，即印度第二产业在全球价值链中对全球价值链下游国家/地区的相对增值能力强于中国大陆，但二者在全球价值链中对全球价值链上游国家/地区的相对依赖能力相差无几，因此印度在全球价值链中的分工地位排名高于中国大陆。

（3）第三产业 GVC 分工地位排名

2000 年、2005 年、2010 年以及 2015～2017 年世界主要国家及地区第三产业 GVC 分工地位指数及排名如表 2-11 所示。

表 2-11　世界主要国家及地区第三产业 GVC 分工地位指数及排名

国家/地区	2000 年	2005 年	2010 年	2015 年	2016 年	2017 年
俄罗斯	0.253 (1)	0.279 (1)	0.285 (1)	0.276 (1)	0.281 (1)	0.271 (1)
美国	0.136 (5)	0.152 (5)	0.163 (3)	0.200 (2)	0.204 (2)	0.207 (2)
荷兰	0.131 (11)	0.129 (12)	0.116 (16)	0.182 (3)	0.188 (3)	0.194 (3)
巴西	0.153 (2)	0.163 (3)	0.164 (2)	0.179 (5)	0.174 (5)	0.185 (4)
土耳其	0.106 (20)	0.136 (9)	0.160 (5)	0.180 (4)	0.185 (4)	0.179 (5)

续表

国家/地区	2000 年	2005 年	2010 年	2015 年	2016 年	2017 年
英国	0.136 (6)	0.148 (6)	0.149 (9)	0.171 (7)	0.171 (7)	0.178 (6)
奥地利	0.132 (9)	0.129 (11)	0.148 (10)	0.171 (6)	0.173 (6)	0.17 (7)
意大利	0.143 (3)	0.163 (2)	0.152 (7)	0.161 (9)	0.165 (8)	0.167 (8)
澳大利亚	0.133 (7)	0.133 (10)	0.150 (8)	0.154 (10)	0.158 (9)	0.161 (9)
瑞典	0.118 (14)	0.124 (15)	0.163 (4)	0.153 (11)	0.143 (13)	0.152 (10)
波兰	0.137 (4)	0.157 (4)	0.156 (6)	0.164 (8)	0.155 (10)	0.152 (11)
中国大陆	0.116 (17)	0.120 (16)	0.114 (18)	0.138 (14)	0.145 (12)	0.149 (12)
法国	0.117 (16)	0.125 (14)	0.140 (11)	0.141 (12)	0.141 (14)	0.143 (13)
德国	0.114 (18)	0.127 (13)	0.123 (14)	0.140 (13)	0.129 (16)	0.141 (14)
日本	0.132 (10)	0.118 (18)	0.113 (19)	0.128 (15)	0.139 (15)	0.139 (15)
印度尼西亚	0.085 (22)	0.071 (22)	0.105 (20)	0.128 (17)	0.145 (11)	0.136 (16)
印度	0.130 (12)	0.111 (21)	0.115 (17)	0.128 (16)	0.123 (19)	0.132 (17)
韩国	0.100 (21)	0.118 (17)	0.082 (22)	0.115 (20)	0.126 (18)	0.128 (18)
西班牙	0.125 (13)	0.139 (8)	0.123 (13)	0.12 (18)	0.128 (17)	0.127 (19)
中国台湾	0.118 (15)	0.114 (20)	0.100 (21)	0.109 (21)	0.114 (20)	0.114 (20)
瑞士	0.132 (8)	0.117 (19)	0.124 (12)	0.117 (19)	0.095 (22)	0.114 (21)
比利时	0.111 (19)	0.141 (7)	0.118 (15)	0.103 (22)	0.106 (21)	0.102 (22)
加拿大	0.030 (24)	0.038 (24)	0.070 (24)	0.055 (24)	0.056 (23)	0.063 (23)
墨西哥	0.046 (23)	0.065 (23)	0.073 (23)	0.060 (23)	0.053 (24)	0.050 (24)

注：括号内数字为 GVC 分工地位指数排名。

从表 2 −11 可以看出，2000 年、2005 年和 2010 年中国大陆第三产业 GVC 分工地位分别排名第 17 位、第 16 位和第 18 位，处在全球价值链的中下游位置。而 2015 ~2017 年中国大陆第三产业的 GVC 分工地位指数逐年上升，其对应的 GVC 分工地位排名也随之上升。2017 年中国大陆第三产业的 GVC 分工地位排名第 12 位，处在全球价值链的中游位置。总体来看，2000 ~2017 年中国大陆第三产业 GVC 分工地位排名有所提升，中国大陆第三产业从全球价值链中下游位置攀升至全球价值链的中游位置。

原因在于中国大陆第三产业出口中间接增加值不断增加而境外增加值逐步降低，表现为 2010 年中国大陆第三产业出口中间接增加值在总出口中的比重为 15.43%，增加至 2017 年的 18.33%。2010 年中国大陆第三产业出口中境外增加值在总出口中的比重为 3.02%，降低至 2017 年的 1.93%，表明中国大陆第三产业在全球价值链中对全球价值链下游国家/地区的相对增值能力在增强，而对全球价值链上游国家/地区的相对依赖能力在减弱，从而使得中国大陆第三产业的全球价值链分工地位提升。

此外，从表 2 −11 可以看出，2000 ~2017 年世界主要国家/地区第三产业在全球价值链中的分工地位排名变动巨大。例如，波兰第三产业 GVC 分工地位排名从 2000 年的第 4 位下降至 2017 年第 11 位，从全球价值链的上游位置降至全球价值链的中游位置；荷兰第三产业 GVC 分工地位排名从 2000 年的第 11 位上升至 2017 年第 3 位，从全球价值链的中游位置攀升至全球价值链的上游位置。而俄罗斯、美国、巴西和英国等国家第三产业 GVC 分工地位排名都位于前 7 位，变动不大，仍都处于全球价值链的上游位置。

2017 年，美国、中国大陆和英国第三产业以增加值核算的总出口额分别为 7 695 亿美元、3 768 亿美元和 3 689 亿美元，分列世界各国/地区第三产业总出口额的前三位。美国和英国第三产业 GVC 分工地位分列第 2 位和第 6 位，处在全球价值链的上游位置；而中国大陆第三产业的 GVC 分工地位排名第 12 位，处在全球价值链的中游位置。

从表 2 -11 还可以看出，第三产业总出口额远远低于中国大陆的国家及地区，其第三产业 GVC 分工地位排名高于中国大陆。例如，俄罗斯和巴西，其第三产业总出口额分别为 1 166.87 亿美元和 294.08 亿美元，远远小于中国大陆第三产业总出口额，其第三产业 GVC 分工地位排名分列第 1 位和第 4 位，高于中国大陆第三产业 GVC 分工地位排名。原因在于俄罗斯和巴西虽然第三产业总出口额不及中国大陆，但其第三产业出口中间接增加值占总出口的比例很大，分别为 31.62% 和 21.01%，大于中国大陆第三产业出口中间接增加值占总出口的比例（18.33%）。此外，俄罗斯和巴西第三产业出口中国外增加值占总出口的比例分别很小，分别为 0.42% 和 1.42%，小于中国大陆第三产业出口中境外增加值占总出口的比例（1.93%），说明俄罗斯和巴西第三产业在全球价值链中对全球价值链下游国家/地区的相对增值能力强于中国大陆，而对全球价值链上游国家/地区的相对依赖能力弱于中国大陆，从而使得俄罗斯和巴西第三产业 GVC 分工地位排名高于中国大陆。

2.4 中国制造业的全球价值链分工地位

依据《国民经济行业分类》（GB/T4754～2017）关于制造业的划分标准，中国制造业包含 18 个大类。本书参照经济合作与发展组织（OECD）对于制造业技术类别的划分方法，将中国 18 个制造业划分为低等技术制造业、中等技术制造业以及高等技术制造业。

其中：

- 低等技术制造业包括食品、饮料和烟草制品制造业、纺织品、服装、皮革和相关产品制品制造业、木材、木材制品和软木制品的制造

(家具除外)、草编制品及编织材料物品的制造、纸和纸制品制造业、记录媒介物的印制及复制业、家具制造业及其他制造业等。

- 中等技术制造业包括焦炭和精炼石油产品制造业、橡胶和塑料制品制造业、其他非金属矿物制品制造业、基本金属制造业、金属制品制造业（机械和设备除外）等。

- 高等技术制造业包括化学品及化学制品制造业、药品、药用化学品及植物药材制造业、计算机、电子和光学产品制造业、电力设备制造业、未另分类的机械和设备制造业、汽车、挂车和半挂车制造业、其他运输设备制造业等。

另外:

在 WIOD2016 数据库中，制造业包括部门 C05 ~ C22，低等技术类别制造业包括部门 C05 ~ C09 和 C22，中等技术类别制造业包括部门 C10 和 C13 ~ C16，高等技术类别制造业包括部门 C11 ~ C12 和 C17 ~ C21;

在 ADB - MRIO2018 数据库中，制造业包括部门 C03 ~ C15，低等技术类别制造业包括部门 C03 ~ C07，中等技术类别制造业包括部门 C08 和 C10 ~ C12，高等技术类别制造业包括部门 C09 和 C13 ~ C15。

2.4.1 中国制造业 GVC 参与度与 GVC 分工地位指数

(1) 制造业整体 GVC 参与度与 GVC 分工地位指数

表 2 -12 显示的是中国制造业整体全球价值链分工情况。

由 WIOD2016 数据库计算可知，2000 ~ 2014 年制造业整体总出口额与间接增加值的变化趋势基本保持一致。其中，2000 年总出口额为 1 991.93 亿美元，2008 年增长至 12 590.32 亿美元，2009 年受金融危机影响，降至 10 363.04 亿美元，此后呈增长趋势，2014 年增长至 19 946.88 亿美元；2000 年间接增加值为 216.14 亿美元，2008 年增长至 1 378.85 亿美元，2009 年受金融危机影响，降至 1 033.95 亿美元，此后呈增长趋势，2014 年增长至 2 298.18 亿美元。2000 ~ 2013 年国外

表 2-12 中国制造业整体全球价值链分工情况

数据库	年份	总出口（E）（百万美元）	间接增加值（IV）（百万美元）	国外增加值（FV）（百万美元）	GVC参与度指数	GVC分工地位指数
WIOD2016	2000	199 193.12	21 614.97	23 250.81	0.225	-0.007
	2001	210 482.99	22 651.84	23 706.52	0.220	-0.005
	2002	259 322.09	27 661.78	31 842.84	0.229	-0.014
	2003	366 199.11	37 363.54	52 192.86	0.245	-0.036
	2004	517 983.63	53 634.71	80 213.22	0.258	-0.045
	2005	669 115.66	66 477.59	104 614.22	0.256	-0.051
	2006	862 701.93	90 023.29	130 811.73	0.256	-0.042
	2007	1 087 794.46	111 080.62	165 154.60	0.254	-0.044
	2008	1 259 032.87	137 885.74	171 900.43	0.246	-0.024
	2009	1 036 304.39	103 395.56	123 163.62	0.219	-0.017
	2010	1 375 947.86	144 644.05	171 810.77	0.230	-0.018
	2011	1 639 057.42	182 823.70	194 453.59	0.230	-0.006
	2012	1 727 752.56	184 633.13	193 743.76	0.219	-0.005
	2013	1 876 134.62	206 579.02	195 557.34	0.214	0.005
	2014	1 994 688.77	229 818.59	183 149.56	0.207	0.021
ADB_MRIO2018	2010	1 375 717.40	153 718.45	158 147.76	0.227	-0.003
	2011	1 639 063.01	195 774.88	180 301.29	0.229	0.008
	2012	1 727 752.56	195 584.71	178 083.39	0.216	0.009
	2013	1 876 134.62	218 707.90	179 299.71	0.212	0.019
	2014	1 995 096.83	244 026.39	167 583.03	0.206	0.035
	2015	1 799 238.82	234 202.93	138 961.88	0.207	0.048
	2016	1 685 234.62	222 896.36	127 687.14	0.208	0.051
	2017	1 826 918.61	250 173.26	136 326.69	0.212	0.056

增加值呈现“上升——下降——上升——保持”的变化趋势，其中2000～2008年呈增长趋势，2008年达1 719.00亿美元；2009年受金融危机影响，下降至1 231.63亿美元；此后呈增长趋势，2011年增长至1 944.53亿美元，2012～2013年基本保持不变，2014年下降至1 831.49亿美元。

由 ADB_MRIO2018 数据库计算可知，2010～2017 年制造业整体总出口额与间接增加值的变化趋势基本保持一致，呈增长趋势。2017 年总出口增长至 18 269.18 亿美元，间接增加值增长至 2 501.73 亿美元。2010～2017 年国外增加值大致呈下降趋势，2017 年下降至 1 363.26 亿美元。

本书利用 WIOD2016 数据库测算的 2000～2014 年中国制造业整体 GVC 参与度指数与分工地位指数，利用 ADB_MRIO2018 数据库测算的 2010～2017 年中国制造业整体 GVC 参与度指数与分工地位指数，形成中国制造业整体 GVC 参与度和分工地位指数示意图（见图 2－5）。

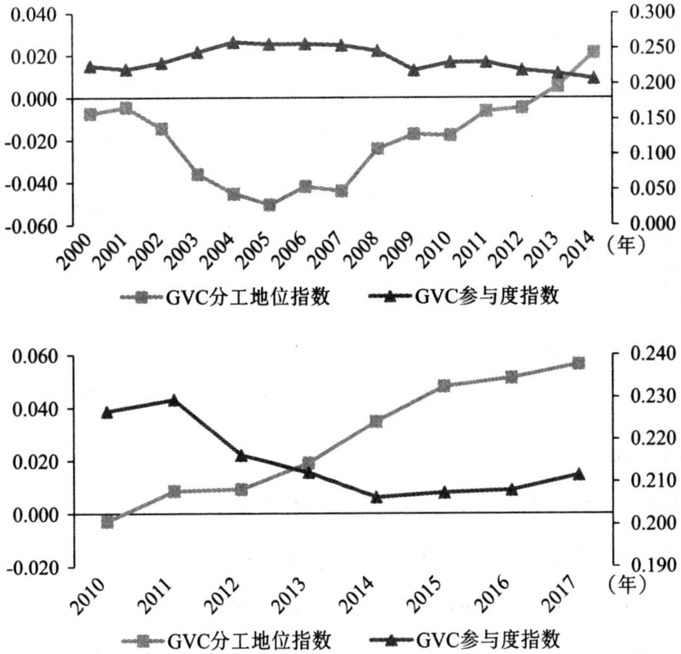

图 2－5　中国制造业整体 GVC 参与度与 GVC 分工地位指数

从图 2－5 可以看出，在由 WIOD2016 数据库测算的 2000～2014 年中国制造业整体的 GVC 参与度指数与分工地位指数中，2000～2014 年中国制造业整体的 GVC 分工地位指数与 GVC 参与度指数呈反向变动趋势，即随着制造业整体参与全球价值链的程度加深，制造业整体的

GVC 分工地位降低；反之亦然。2000～2005 年制造业整体 GVC 参与度指数从 0.225 上升至 0.256，GVC 分工地位指数大致呈下降趋势，2005 年 GVC 分工地位指数降到最低点 -0.051。说明在此期间中国制造业参与全球价值链的程度在逐渐加深，但主要是因为中国制造业长期依赖进口零部件从事增加值低的加工贸易，位于全球价值链的低端生产环节，出口中间产品中的国外增加值占总出口的比重大于间接增加值占总出口的比重，从而制造业整体 GVC 分工地位较低。2005～2014 年制造业整体 GVC 参与度指数从 0.256 下降至 0.207，GVC 分工地位指数大致呈上升趋势，2013 年 GVC 分工地位指数由负变正，2014 年 GVC 分工地位指数达到 0.021，说明间接增加值占总出口的比重在逐渐提升，并在 2013 年超过了国外增加值占总出口的比重。

在由 ADB_MRIO2018 数据库测算的 2010～2017 年中国制造业整体的 GVC 参与度指数与分工地位指数中，制造业整体 GVC 参与度指数经历了“上升——下降——上升”的过程，2010 年制造业整体 GVC 参与度指数为 0.227，2011 年增加并达到最大值 0.229，此后连续数年下降，2014 年降到最低点 0.206；2015～2017 年连续三年上升，2017 年制造业整体 GVC 参与度指数为 0.212；2010～2017 年制造业整体 GVC 分工地位指数呈上升趋势，分工地位指数从 2010 年的 -0.003 上升至 2017 年的 0.056。

2006～2014 年中国制造业参与全球价值链的程度有所减弱，而在 2015～2017 年有所加深。经过长时间的发展，中国制造业在全球价值链中的地位有所改善，GVC 分工地位指数由负变正，主要是因为中国制造业从依赖自然资源以及劳动力等低成本优势从事的传统加工贸易方式，开始向依靠创新驱动、提高出口产品质量、获取高增加值的一般贸易方式转变，使得制造业整体的间接增加值占总出口比重超过了国外增加值占总出口比重，从而中国制造业的分工地位不断提升。

（2）高等技术制造业 GVC 参与度与 GVC 分工地位指数

表 2-13 显示的是高等技术制造业全球价值链分工情况。

表 2-13　　　中国高等技术制造业全球价值链分工情况

数据库	年份	总出口（E）（百万美元）	间接增加值（IV）（百万美元）	国外增加值（FV）（百万美元）	GVC 参与度指数	GVC 分工地位指数
WIOD2016	2000	89 801.18	11 383.83	13 051.25	0.272	-0.016
	2001	96 791.00	12 477.48	13 276.99	0.266	-0.007
	2002	125 581.35	15 254.58	19 135.97	0.274	-0.027
	2003	190 874.51	20 965.54	34 377.20	0.290	-0.061
	2004	285 092.63	29 567.01	56 278.99	0.301	-0.081
	2005	376 441.30	39 056.58	74 347.57	0.301	-0.082
	2006	491 292.00	52 830.73	94 913.33	0.301	-0.074
	2007	636 354.23	66 936.02	123 073.21	0.299	-0.077
	2008	753 718.56	83 733.50	130 410.07	0.284	-0.054
	2009	629 599.50	67 565.44	94 437.56	0.257	-0.038
	2010	867 618.77	96 554.02	132 327.22	0.264	-0.036
	2011	1 012 830.97	117 648.94	147 595.98	0.262	-0.026
	2012	1 052 815.48	117 417.02	148 061.61	0.252	-0.026
	2013	1 130 130.61	132 199.18	146 663.81	0.247	-0.011
	2014	1 203 275.22	147 257.49	137 391.50	0.237	0.007
ADB_MRIO2018	2010	867 618.77	102 011.26	123 998.65	0.260	-0.022
	2011	1 012 831.48	126 311.41	138 913.53	0.262	-0.011
	2012	1 052 815.48	124 444.14	138 780.57	0.250	-0.012
	2013	1 130 130.61	140 006.92	137 716.59	0.246	0.002
	2014	1 203 469.62	156 280.85	129 543.10	0.237	0.020
	2015	1 139 828.11	150 775.11	107 756.46	0.227	0.034
	2016	1 066 687.61	144 019.33	98 994.26	0.228	0.038
	2017	1 156 368.03	160 395.11	105 652.67	0.230	0.042

由 WIOD2016 数据库计算可知，2000～2014 年高等技术制造业总出口额与间接增加值的变化趋势基本保持一致。其中，2000 年总出口额为 898.01 亿美元，2008 年增长至 7 537.18 亿美元，2009 年受金融危机影响，降至 6 295.99 亿美元，此后呈增长趋势，2014 年增长至 12 032.75 亿美元；2000 年间接增加值为 113.83 亿美元，2008 年增长至 837.33 亿美元，2009 年受金融危机影响，降至 675.65 亿美元，此后

呈增长趋势，2014 年增长至 1 472.57 亿美元。2000～2013 年国外增加值呈现“上升——下降——上升——保持”的变化趋势，其中 2000～2008 年呈增长趋势，2008 年达 1 304.10 亿美元，2009 年受金融危机影响，下降至 944.37 亿美元，此后呈增长趋势，2011 年增长至 1 475.95 亿美元，2012～2013 年基本保持不变，2014 年下降至 1 373.91 亿美元。

由 ADB_MRIO2018 数据库计算可知，2010～2017 年高等技术制造业总出口额与间接增加值的变化趋势基本保持一致，呈增长趋势。2017 年总出口增长至 11 563.68 亿美元，间接增加值增长至 1 603.95 亿美元。2010～2017 年国外增加值大致呈下降趋势，2017 年国外增加值为 1 056.52 亿美元。

本书利用 WIOD2016 数据库测算的 2000～2014 年高等技术制造业 GVC 参与度指数与分工地位指数，利用 ADB_MRIO2018 数据库测算的 2010～2017 年高等技术制造业 GVC 参与度指数与分工地位指数，形成高等技术制造业 GVC 参与度与 GVC 分工地位指数示意图（见图 2－6）。

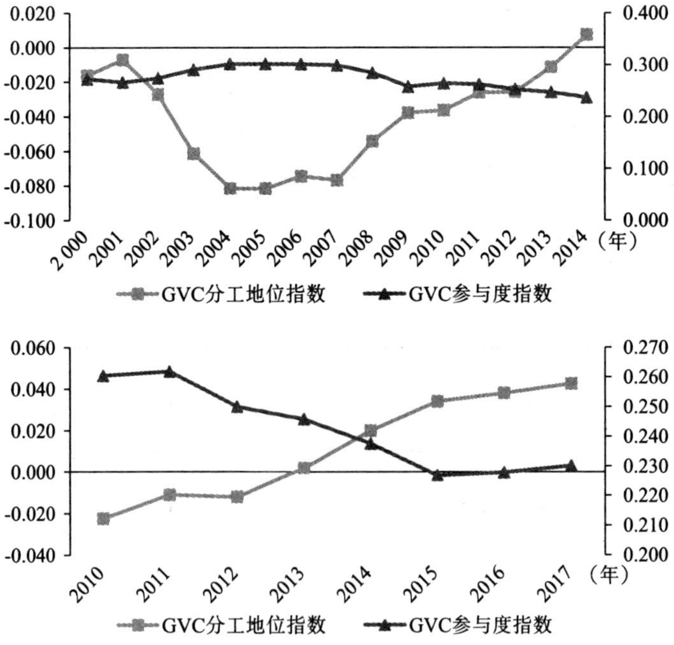

图 2－6　高等技术制造业 GVC 参与度与 GVC 分工地位指数

从图2－6可以看出，在由WIOD2016数据库测算的2000～2014年高等技术制造业GVC参与度指数与分工地位指数中，2000～2014年高等技术制造业的GVC分工地位指数与GVC参与度指数呈反向变动趋势，即随着高等技术制造业参与全球价值链的程度加深，高等技术制造业的GVC分工地位降低；反之亦然。2000～2005年高等技术制造业GVC参与度指数从0.272上升至0.301，GVC分工地位指数大致呈下降趋势，2005年GVC分工地位指数降到最低点－0.082，说明在此期间中国高等技术制造业参与全球价值链的程度在逐渐加深，但主要是因为高等技术制造业长期依赖进口零部件从事增加值低的加工贸易，国外增加值占总出口的比重大于间接增加值占总出口的比重，从而高等技术制造业GVC分工地位较低；2005～2014年高等技术制造业GVC参与度指数从0.301下降至0.237，GVC分工地位指数大致呈上升趋势，2014年GVC分工地位指数由负变正，2014年GVC分工地位指数达到0.007，说明在此期间中国高等技术制造业中间品出口中间接增加值占总出口的比重在逐渐提升，但仍低于国外增加值占总出口的比重，但2014年间接增加值占总出口的比重超过了国外增加值占总出口的比重。

在由ADB_MRIO2018数据库测算的2010～2017年高等技术制造业GVC参与度指数与分工地位指数中，高等技术制造业GVC参与度指数经历了“上升——下降——上升”的过程，2010年高等技术制造业GVC参与度指数为0.260，2011年增加并达到最大值0.262，此后连续数年下降，2015年降到最低点0.227，2016～2017年连续两年上升，2017年高等技术制造业GVC参与度指数为0.230；2010～2017年高等技术制造业GVC分工地位指数呈上升趋势，分工地位指数从2010年的－0.022上升至2017年的0.044。

（3）中等技术制造业GVC参与度与GVC分工地位

表2－14报告的是中等技术制造业全球价值链分工情况。

由WIOD2016数据库计算可知示，2000～2014年中等技术制造业总出口额与间接增加值的变化趋势基本保持一致。其中，2000年总出口额为 309.50 亿美元，2008 年增长至 1 905.25 亿美元，2009 年受金融危机影响，降至 1 332.55 亿美元，此后呈增长趋势，2014 年增长至 3 081.01 亿美元；2000 年间接增加值为 60.82 亿美元，2008 年增长至 369.28 亿美元，2009 年受金融危机影响，降至 215.21 亿美元，此后呈增长趋势，2014 年增长至 501.27 亿美元。2000 ~ 2014 年国外增加值呈现“上升——下降——上升——下降”的变化趋势，其中 2000 ~ 2008 年呈增长趋势，2008 年达 71.70 亿美元，2009 年受金融危机影响，下降至 52.28 亿美元，此后呈增长趋势，2013 年增长至 118.53 亿美元，2014 年下降至 109.26 亿美元。

表 2 - 14　　中国中等技术制造业全球价值链分工情况

数据库	年份	总出口（E）（百万美元）	间接增加值（IV）（百万美元）	国外增加值（FV）（百万美元）	GVC 参与度指数	GVC 分工地位指数
WIOD2016	2000	30 950.67	6 082.64	1 200.32	0.235	0.141
	2001	31 618.12	5 938.12	1 197.71	0.226	0.135
	2002	39 179.68	7 199.45	1 520.00	0.223	0.131
	2003	53 597.22	9 751.70	2 241.21	0.224	0.126
	2004	81 250.19	15 179.35	3 510.19	0.230	0.129
	2005	94 935.98	16 982.29	4 367.55	0.225	0.120
	2006	125 159.08	23 945.88	5 080.17	0.232	0.135
	2007	152 308.10	29 102.66	5 845.46	0.229	0.137
	2008	190 525.58	36 928.55	7 170.24	0.231	0.140
	2009	133 255.81	21 521.97	5 228.43	0.201	0.111
	2010	184 497.80	29 817.96	8 201.72	0.206	0.106
	2011	239 078.27	40 532.79	10 539.42	0.214	0.113
	2012	262 801.77	41 761.17	11 437.58	0.202	0.105
	2013	287 014.69	45 010.25	11 853.10	0.198	0.105
	2014	308 101.20	50 127.80	10 926.32	0.198	0.116

续表

数据库	年份	总出口（E）（百万美元）	间接增加值（IV）（百万美元）	国外增加值（FV）（百万美元）	GVC参与度指数	GVC分工地位指数
ADB_MRIO2018	2010	184 497. 80	32 893. 28	8 622. 37	0. 225	0. 118
	2011	239 084. 59	45 140. 93	11 545. 64	0. 237	0. 126
	2012	262 801. 77	46 839. 53	12 686. 77	0. 227	0. 117
	2013	287 014. 69	50 638. 95	13 179. 76	0. 222	0. 118
	2014	308 296. 83	57 649. 00	11 712. 81	0. 225	0. 134
	2015	291 993. 62	55 277. 77	9 717. 15	0. 223	0. 141
	2016	274 336. 96	52 437. 48	8 948. 68	0. 224	0. 143
	2017	297 401. 50	58 691. 74	9 568. 29	0. 230	0. 148

由 ADB_MRIO2018 数据库计算可知，2010～2017 年中等技术制造业总出口额与间接增加值的变化趋势基本保持一致，大致呈增长趋势。2017 年总出口增长至 2 974. 01 亿美元，间接增加值增长至 586. 91 亿美元。2010～2017 年国外增加值大致呈“先上升后下降”变化趋势，2010～2013 年呈上升趋势，2013 年达 131. 79 亿美元，2014～2017 年呈下降趋势，2017 年为 95. 68 亿美元。

本书利用 WIOD2016 数据库测算的 2000～2014 年中等技术制造业 GVC 参与度指数与分工地位指数，利用 ADB_MRIO2018 数据库测算的 2010～2017 年中等技术制造业 GVC 参与度指数与分工地位指数，形成中等技术类别制造业 GVC 参与度与 GVC 分工地位指数示意图（见图 2 -7）。

从图 2 -7 可以看出，在由 WIOD2016 数据库测算的 2000～2014 年中等技术制造业 GVC 参与度指数与分工地位指数中，除 2003 年、2010 年和 2012 年外，2000～2014 年中等技术制造业的 GVC 分工地位指数与 GVC 参与度指数呈同向变动趋势，即随着中等技术制造业参与全球价值链的程度加深，中等技术制造业的 GVC 分工地位随之提高；反之亦然。2000～2005 年，中等技术制造业 GVC 参与度指数从 0. 235 下降至 0. 225，GVC 分工地位指数也呈下降趋势，2005 年 GVC 分工地位指数降至 0.120。2005～2008 年，中等技术制造业 GVC 参与度指数从 0.225 上升至 0.231，中等技术制造业 GVC 分工地位指数也呈上升趋势，2008 年 GVC 分工地位指数上升至 0.140。2008～2014 年中等技术制造业 GVC 参与度指数从 0.231 下降至 0.198，中等技术制造业 GVC 分工地位指数也呈下降趋势，2014 年 GVC 分工地位指数降至 0.116。

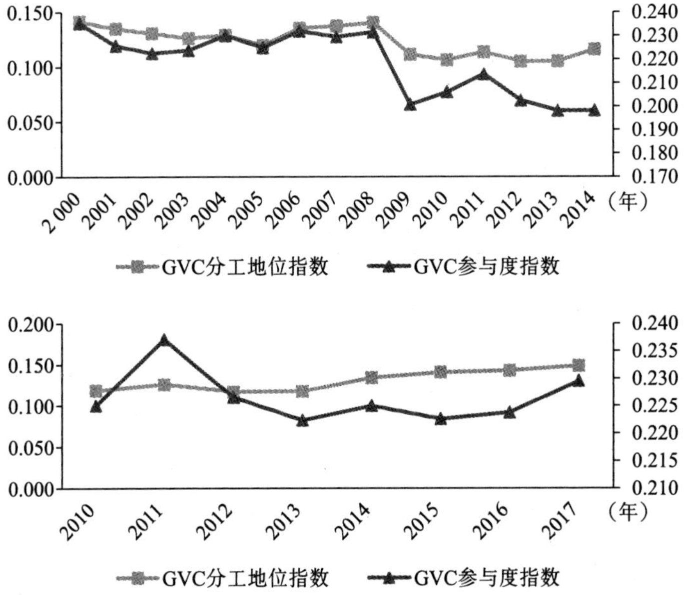

图 2-7 中等技术类别制造业 GVC 参与度与 GVC 分工地位指数

在由 ADB_MRIO2018 数据库测算的 2010～2017 年中等技术制造业 GVC 参与度指数与分工地位指数中，中等技术制造业 GVC 参与度指数经历了“上升——下降——上升”的过程。2010 年第二产业 GVC 参与度指数为 0.225，2011 年增加并达到最大值 0.237，此后 2012～2013 年连续两年下降，2013 年降到最低点 0.222，2014～2017 年呈上升趋势，2017 年中等技术制造业 GVC 参与度指数升至 0.230。2010～2017 年中等技术制造业 GVC 分工地位指数呈上升趋势，分工地位指数从 2010 年的 0.118 上升至 2017 年的 0.148。

（4）低等技术制造业 GVC 参与度与 GVC 分工地位指数

表 2-15 是低等技术制造业全球价值链分工情况。

由 WIOD2016 数据库计算可知，2000～2014 年低等技术制造业总出口额与间接增加值的变化趋势基本保持一致。其中：

- 2000 年总出口额为 784.41 亿美元；
- 2008 年增长至 3 147.88 亿美元；
- 2009 年受金融危机影响，降至 2 734.49 亿美元，此后呈增长趋势；
- 2014 年增长至 4 833.12 亿美元；2000 年间接增加值为 41.48 亿美元，2008 年增长至 172.23 亿美元，2009 年受金融危机影响，降至 143.08 亿美元，此后呈增长趋势，2014 年增长至 324.33 亿美元。2000～2014 年国外增加值呈现"上升——下降——上升——保持"的变化趋势，其中 2000～2007 年呈增长趋势，2007 年达 362.35 亿美元，2008～2009 年受金融危机影响，2009 年下降至 234.97 亿美元，此后呈增长趋势，2011 年增长至 363.18 亿美元，2012～2014 年国外增加值基本保持不变。

表 2-15　　中国低等技术制造业全球价值链分工情况

数据库	年份	总出口（E）（百万美元）	间接增加值（IV）（百万美元）	国外增加值（FV）（百万美元）	GVC 参与度指数	GVC 分工地位指数
WIOD2016	2000	78 441.28	4 148.50	8 999.23	0.168	−0.057
	2001	82 073.87	4 236.24	9 231.82	0.164	−0.056
	2002	94 561.06	5 207.75	11 186.87	0.173	−0.058
	2003	121 727.39	6 646.29	15 574.46	0.183	−0.067
	2004	151 640.81	8 888.36	20 424.03	0.193	−0.069
	2005	197 738.38	10 438.71	25 899.10	0.184	−0.072
	2006	246 250.86	13 246.68	30 818.22	0.179	−0.066
	2007	299 132.13	15 041.95	36 235.93	0.171	−0.065
	2008	314 788.73	17 223.69	34 320.11	0.164	−0.050
	2009	273 449.08	14 308.15	23 497.62	0.138	−0.031
	2010	323 831.30	18 272.07	31 281.84	0.153	−0.037
	2011	387 148.18	24 641.97	36 318.18	0.157	−0.028
	2012	412 135.30	25 454.94	34 244.57	0.145	−0.020
	2013	458 989.32	29 369.58	37 040.42	0.145	−0.016
	2014	483 312.36	32 433.30	34 831.73	0.139	−0.005

续表

数据库	年份	总出口（E）（百万美元）	间接增加值（IV）（百万美元）	国外增加值（FV）（百万美元）	GVC 参与度指数	GVC 分工地位指数
ADB_MRIO2018	2010	323 600.84	18 813.91	25 526.74	0.137	-0.019
	2011	387 146.94	24 322.55	29 842.12	0.140	-0.013
	2012	412 135.30	24 301.05	26 616.06	0.124	-0.005
	2013	458 989.32	28 062.03	28 403.35	0.123	-0.001
	2014	483 330.38	30 096.55	26 327.11	0.117	0.007
	2015	367 417.09	28 150.05	21 488.27	0.135	0.017
	2016	344 210.05	26 439.55	19 744.20	0.134	0.018
	2017	373 149.08	31 086.41	21 105.72	0.140	0.025

由 ADB_MRIO2018 数据库计算可知，2010～2017 年低等技术制造业总出口额大致呈“上升——下降”变化趋势，2010～2014 呈上升趋势，2014 年达 4 833.30 亿美元，2014～2017 呈下降趋势，2017 年为 3 731.49 亿美元；2010～2017 年间接增加值大致呈增长趋势。2017 年间接增加值增长至 310.86 亿美元。2010～2017 年国外增加值大致呈下降趋势，2017 年国外增加值为 211.05 亿美元。

本书利用 WIOD2016 数据库测算的 2000～2014 年低等技术制造业 GVC 参与度指数与分工地位指数，利用 ADB_MRIO2018 数据库测算的 2010～2017 年低等技术制造业 GVC 参与度指数与分工地位指数，形成低等技术类别制造业 GVC 参与度与 GVC 分工地位指数的示意图（见图 2-8）。

从图 2-8 可以看出，在由 WIOD2016 数据库测算的 2000～2014 年中国低等技术制造业 GVC 参与度指数与分工地位指数变动趋势中，2000～2014 年低等技术制造业的 GVC 分工地位指数与 GVC 参与度指数呈反向变动趋势，即随着低等技术制造业参与全球价值链的程度加深，低等技术制造业的 GVC 分工地位降低；反之亦然。2000～2005

年，低等技术制造业 GVC 参与度指数从 0.168 上升至 0.184，而 GVC 分工地位指数大致呈下降趋势，2005 年 GVC 分工地位指数降到最低点 -0.072，说明在此期间低等技术制造业参与全球价值链的程度在逐渐加深，但主要是因为低等技术制造业长期依赖进口零部件从事增加值低的加工贸易，出口的中间产品所包含的国外增加值占总出口的比重大于间接增加值占总出口的比重，从而低等技术制造业 GVC 分工地位较低。2005～2014 年，低等技术制造业 GVC 参与度指数从 0.184 下降至 0.139，而 GVC 分工地位指数大致呈上升趋势，2014 年 GVC 分工地位指数达到 -0.005，说明间接增加值占总出口的比重在逐渐提升，但仍低于国外增加值占总出口的比重。

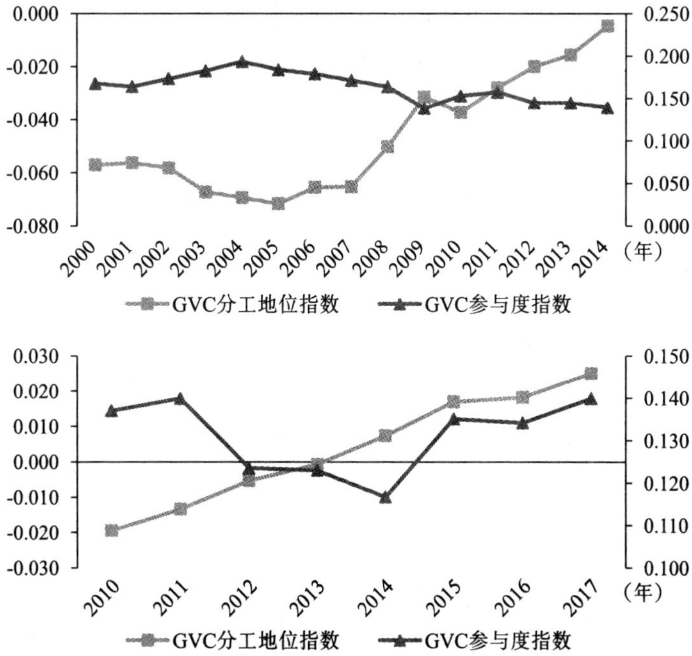

图 2－8　低等技术类别制造业 GVC 参与度与 GVC 分工地位指数

在由 ADB_MRIO2018 数据库测算的 2010～2017 年中国低等技术制造业 GVC 参与度指数与分工地位指数变动趋势中，低等技术制造业 GVC 参与度指数经历了“上升——下降——上升”的过程，2010 年低等技术制造业GVC参与度指数为0.137，2011年增加并达到最大值0.140，此后连续数年下降，2014年降到最低点0.117，2015～2017年连续两年上升，2017年低等技术制造业GVC参与度指数为0.140；2010～2017年低等技术制造业GVC分工地位指数呈上升趋势，分工地位指数从2010年的-0.019上升至2017年的0.025。

2.4.2 中国制造业GVC分工地位排名

（1）制造业整体GVC分工地位排名

2000年、2005年、2010年以及2015～2017年世界主要国家及地区制造业整体GVC分工地位指数及排名如表2-16所示。

表2-16 世界主要国家/地区制造业整体GVC分工地位指数及排名

国家/地区	2000年	2005年	2010年	2015年	2016年	2017年
俄罗斯	0.204 (1)	0.229 (1)	0.252 (1)	0.231 (1)	0.25 (1)	0.248 (1)
印度尼西亚	0.040 (8)	0.077 (5)	0.087 (5)	0.101 (2)	0.123 (2)	0.111 (2)
巴西	0.089 (4)	0.078 (4)	0.102 (4)	0.086 (5)	0.095 (5)	0.104 (3)
澳大利亚	0.110 (3)	0.092 (3)	0.108 (2)	0.090 (3)	0.093 (6)	0.097 (4)
日本	0.121 (2)	0.107 (2)	0.107 (3)	0.083 (6)	0.101 (3)	0.094 (5)
中国台湾	-0.020 (20)	0.033 (11)	0.042 (7)	0.086 (4)	0.091 (7)	0.089 (6)
美国	0.069 (6)	0.070 (6)	0.079 (6)	0.079 (7)	0.084 (8)	0.081 (7)
印度	0.076 (5)	0.058 (8)	0.042 (8)	0.069 (8)	0.100 (4)	0.077 (8)
中国大陆	-0.007 (19)	-0.050 (22)	-0.018 (20)	0.048 (9)	0.051 (9)	0.056 (9)

续表

国家/地区	2000 年	2005 年	2010 年	2015 年	2016 年	2017 年
意大利	0.040 (9)	0.049 (9)	0.026 (11)	0.037 (12)	0.039 (10)	0.053 (10)
英国	0.058 (7)	0.062 (7)	0.021 (12)	0.040 (11)	0.034 (11)	0.034 (11)
瑞典	0.010 (16)	0.007 (15)	0.028 (9)	0.042 (10)	0.030 (12)	0.028 (12)
德国	0.025 (13)	0.022 (13)	0.011 (13)	0.013 (15)	0.026 (14)	0.019 (13)
奥地利	0.031 (11)	0.007 (16)	0.028 (10)	0.028 (13)	0.024 (15)	0.019 (14)
韩国	0.024 (14)	0.022 (14)	−0.013 (17)	0.002 (17)	0.017 (16)	0.014 (15)
土耳其	0.017 (15)	−0.035 (21)	0.002 (14)	0.024 (14)	0.028 (13)	0.013 (16)
波兰	0.028 (12)	0.046 (10)	−0.004 (15)	0.010 (16)	0.001 (17)	−0.005 (17)
法国	−0.004 (18)	−0.009 (19)	−0.014 (18)	−0.019 (19)	−0.027 (18)	−0.028 (18)
瑞士	−0.001 (17)	−0.011 (20)	−0.006 (16)	−0.009 (18)	−0.029 (19)	−0.030 (19)
西班牙	−0.036 (22)	−0.005 (17)	−0.016 (19)	−0.030 (20)	−0.029 (20)	−0.041 (20)
加拿大	−0.095 (23)	−0.082 (23)	−0.05 (22)	−0.064 (22)	−0.062 (22)	−0.058 (21)
荷兰	0.031 (10)	0.026 (12)	−0.068 (23)	−0.046 (21)	−0.049 (21)	−0.059 (22)
比利时	−0.034 (21)	−0.009 (18)	−0.045 (21)	−0.080 (23)	−0.084 (23)	−0.095 (23)
墨西哥	−0.197 (24)	−0.183 (24)	−0.191 (24)	−0.141 (24)	−0.182 (24)	−0.169 (24)

注：括号内数字为 GVC 分工地位指数排名。

从表 2 −16 可以看出，2000 年、2005 年和 2010 年中国大陆制造业整体 GVC 分工地位分别排名第 19 位、第 22 位和第 20 位，处在全球价值链的下游位置。2015～2017 年中国大陆制造业整体的 GVC 分工地位指数逐年上升，2017 年中国大陆制造业整体 GVC 分工地位排名第 9 位，处在全球价值链的中上游位置。总体来看，2000～2017 年中国大陆制造业整体 GVC 分工地位排名有所提升，中国大陆制造业整体从全球价值链下游位置攀升至全球价值链的中上游位置。

2010 年前中国大陆制造业 GVC 分工地位处在全球价值链的下游位置，主要是因为中国大陆制造业依靠劳动力的低成本优势，从境外大量进口中间产品从事加工、组装等增加值低的生产，使得中国大陆制造业对全球价值链上游国家/地区的中间产品出口依赖大，而对全球价值链下游国家/地区的相对增值能力较小，对全球价值链上游国家/地区的相对依赖能力较大，因此中国大陆制造业出口的中间产品所包含的境内增加值较少，而出口的最终产品中从境外进口的中间产品所包含的境外增加值较高，使得境外增加值占总出口的比重较高，而间接增加值占总出口的比重较低。例如，2005 年中国大陆制造业出口的间接增加值占总出口额的比重为 9.94%，而境外增加值占总出口的比重为 15.63%，境外增加值占总出口额比重甚至超过了间接增加值占总出口额比重，因此中国大陆制造业在全球价值链中的分工地位较低。

但随着中国产业转型升级、技术水平的不断提高提高，中国大陆制造业出口中所包含的间接增加值在总出口中的比重逐渐上升，而境外增加值在总出口中的比重逐步下降。例如，2017 年，中国大陆制造业出口的间接增加值占总出口的比重为 13.63%，而境外增加值占总出口的比重为 7.46%，从而中国大陆制造业在全球价值链中对全球价值链下游国家/地区的相对增值能力增强，对全球价值链上游国家/地区的相对依赖能力减弱，使得中国大陆制造业全球价值链中的分工地位有所提升。

2017 年，中国大陆、美国、德国、日本和韩国的制造业以增加值核算的出口额分列世界制造业出口额的前 5 位。但从表 2－22 中可以看出，美国和日本制造业整体 GVC 分工地位排名分列第 7 位和第 5 位，处在全球价值链的上游位置；中国大陆制造业整体 GVC 分工地位排名第 9 位，处在全球价值链的中上游位置；德国和韩国制造业整体 GVC 分工地位排名分列第 13 位和第 15 位，处在全球价值链的中游位置，在全球价值链中的地位并不高，并低于中国大陆制造业 GVC 分工地位排名。

原因在于，美国、德国、日本、韩国都属于发达国家，其制造业技术水平较高、国际领先，其制造业出口中的间接增加值占总出口的比重分别为 14.16%、15.40%、18.07% 和 14.69%，并且都高于中国大陆制造业出口中的间接增加值占总出口的比重（13.69%），说明美国、德国、日本、韩国等在全球价值链中对全球价值链下游国家/地区的相对增值能力要强于中国大陆。此外，美国和日本制造业出口的国外增加值占出口的比重较小，分别为 5.58% 和 7.43%；而德国和韩国制造业出口的国外增加值占总出口的比重分别为 13.20% 和 13.15%，不仅高于美国和日本制造业，甚至高于中国大陆制造业中间产品出口的境外增加值占总出口的比重（7.46%），说明美国和日本在全球价值链中对全球价值链上游国家/地区的相对依赖能力要弱于中国大陆，而德国和韩国在全球价值链中对全球价值链上游国家/地区的相对依赖能力要远远强于中国大陆。全球价值链分工地位衡量的是在全球价值链中对全球价值链上游国家/地区的相对依赖能力大小和对全球价值链下游国家/地区的相对增值能力大小，从而使得美国和日本制造业在全球价值链中的分工地位排名高于中国大陆，而德国和韩国制造业在全球价值链中的分工地位排名低于中国大陆。

此外，从表 2-16 可以看出，俄罗斯、澳大利亚、巴西和印度尼西亚等国家制造业总出口额较低，但其制造业整体 GVC 分工地位排名分列前 4 位，高于美国和日本等发达国家制造业在全球价值链中的分工地位排名，处在全球价值链的上游位置。原因在于俄罗斯、澳大利亚、巴西和印度尼西亚等国家属于资源出口型国家，其制造业出口带有很强的资源属性，使得其他国家/地区对这些资源型国家制造业中间产品的依赖较大。这些资源型国家制造业在全球价值链中影响力很大，因而使得其出口中所包含的间接增加值在总出口中的比例很大，而国外增加值在总出口中的比例很小。例如，俄罗斯制造业整体间接增加值在总出口中的比重为 31.56%，美国和日本制造业间接增加值在总出口中的比重分别为 14.46% 和 18.07%；并且俄罗斯制造业整体国外增加值在总出口中的比重为 2.64%，美国和日本制造业国外增加值在总出口中的比重分别为 5.58% 和 7.43%。这些资源型国家制造业在全球价值链中对全球价值链下游国家/地区的相对增值能力要强于美国和日本，而对全球价值链上游国家/地区的相对依赖能力要弱于美国和日本，因此俄罗斯、澳大利亚、巴西和印度尼西亚等国家制造业整体的 GVC 分工地位排名高于美国和日本制造业的 GVC 分工地位排名。

另外，2017 年中国大陆制造业以增加值核算的总出口额为 18 269.18 亿美元，而印度制造业的总出口额为 2 218.64 亿美元，中国大陆制造业的出口额远远高于印度。但从表 2－16 可以看出，2017 年印度制造业在全球价值链的分工地位排名要高于中国大陆。原因在于虽然印度制造业的出口额不及中国大陆总出口额的 15%，但印度制造业出口中的间接增加值占总出口的比重为 16.55%，大于中国制造业出口中的间接增加值占总出口的比重（13.69%），且印度制造业出口中国外增加值占总出口的比重为 7.95%，和中国大陆制造业出口中境外增加值占总出口的比重 7.46% 相差无几，即印度制造业在全球价值链中对全球价值链下游国家/地区的相对增值能力强于中国大陆，但二者在全球价值链中对全球价值链上游国家/地区的相对依赖能力相差无几，因此印度制造业在全球价值链中的分工地位排名高于中国大陆。

（2）高等技术制造业 GVC 分工地位排名

2000 年、2005 年、2010 年以及 2015～2017 年世界主要国家及地区高等技术制造业 GVC 分工地位指数及排名如表 2－17 所示。

表 2-17　世界主要国家/地区高等技术制造业 GVC 分工地位指数及排名

国家/地区	2000 年	2005 年	2010 年	2015 年	2016 年	2017 年
俄罗斯	0.115 (2)	0.113 (1)	0.176 (1)	0.130 (1)	0.161 (1)	0.154 (1)
中国台湾	-0.045 (19)	0.029 (10)	0.048 (5)	0.089 (2)	0.093 (3)	0.090 (2)
美国	0.077 (4)	0.077 (5)	0.088 (2)	0.075 (3)	0.082 (5)	0.078 (3)
印度尼西亚	0.007 (13)	0.053 (7)	0.021 (8)	0.057 (5)	0.122 (2)	0.075 (4)
印度	0.146 (1)	0.086 (2)	0.041 (6)	0.060 (4)	0.084 (4)	0.070 (5)
日本	0.108 (3)	0.086 (3)	0.086 (3)	0.054 (6)	0.073 (6)	0.066 (6)
巴西	0.033 (8)	0.007 (11)	0.052 (4)	0.021 (10)	0.037 (9)	0.044 (7)
中国大陆	-0.016 (15)	-0.081 (21)	-0.036 (17)	0.034 (8)	0.038 (8)	0.042 (8)
澳大利亚	0.024 (9)	0.007 (12)	0.040 (7)	0.025 (9)	0.039 (7)	0.035 (9)
奥地利	-0.040 (18)	-0.057 (19)	-0.018 (13)	0.038 (7)	0.023 (10)	0.021 (10)
意大利	0.036 (7)	0.039 (8)	0.007 (9)	0.009 (11)	0.009 (11)	0.020 (11)
韩国	0.008 (12)	0.005 (13)	-0.029 (15)	-0.011 (13)	0.004 (12)	0.001 (12)
英国	0.047 (6)	0.054 (6)	0.003 (10)	0.002 (12)	-0.004 (14)	-0.004 (13)
德国	0.001 (14)	-0.002 (14)	-0.011 (11)	-0.014 (14)	0.004 (13)	-0.006 (14)
瑞典	-0.054 (20)	-0.057 (20)	-0.028 (14)	-0.016 (15)	-0.043 (17)	-0.037 (15)
瑞士	-0.023 (16)	-0.031 (16)	-0.016 (12)	-0.023 (16)	-0.042 (16)	-0.044 (16)

续表

国家/地区	2000 年	2005 年	2010 年	2015 年	2016 年	2017 年
波兰	0.021 (10)	0.036 (9)	-0.045 (19)	-0.031 (17)	-0.044 (18)	-0.049 (17)
法国	-0.035 (17)	-0.035 (17)	-0.036 (16)	-0.044 (19)	-0.054 (20)	-0.056 (18)
荷兰	0.057 (5)	0.079 (4)	-0.038 (18)	-0.044 (18)	-0.047 (19)	-0.063 (19)
土耳其	0.015 (11)	-0.112 (22)	-0.059 (21)	-0.044 (20)	-0.042 (15)	-0.065 (20)
西班牙	-0.088 (22)	-0.045 (18)	-0.060 (22)	-0.061 (21)	-0.061 (21)	-0.077 (21)
比利时	-0.062 (21)	-0.026 (15)	-0.051 (20)	-0.085 (22)	-0.090 (22)	-0.084 (22)
加拿大	-0.178 (23)	-0.173 (23)	-0.154 (23)	-0.18 (23)	-0.176 (23)	-0.174 (23)
墨西哥	-0.240 (24)	-0.233 (24)	-0.257 (24)	-0.192 (24)	-0.229 (24)	-0.215 (24)

注：括号内数字为 GVC 分工地位指数排名。

从表 2-17 可以看出，2000 年、2005 年和 2010 年中国大陆高等技术制造业 GVC 分工地位分别排名第 15 位、第 21 位和第 17 位，处在全球价值链的中游位置或下游位置。2015～2017 年，中国大陆高等技术制造业的 GVC 分工地位指数逐年上升，2017 年中国大陆高等技术制造业 GVC 分工地位排名第 8 位，处在全球价值链的上游位置。总体来看，2000～2017 年中国大陆高等技术制造业 GVC 分工地位排名有所提升，中国大陆高等技术制造业在全球价值链中攀升至全球价值链的上游位置。

原因在于中国大陆高等技术制造业出口中所包含的间接增加值在总出口中的比重逐渐上升，而境外增加值在总出口中的比重逐步下降。例如，2005 年中国大陆高等技术制造业出口的间接增加值占总出口额比重为 10.38%，而境外增加值占总出口额比重为 19.75%。2017 年，中国大陆高等技术制造业出口的间接增加值占总出口额比重为13.87%，而境外增加值占总出口额比重为9.14%，从而使得中国大陆高等技术制造业在全球价值链中对全球价值链下游国家/地区的相对增值能力增强，对全球价值链上游国家/地区的相对依赖能力减弱，进而使得中国大陆高等技术制造业全球价值链中的分工地位有所提升。

2017年，中国大陆、德国、美国、日本和韩国的高等技术制造业以增加值核算的出口额分列世界高等技术制造业出口额的前5位。但从表2-17中可以看出，中国大陆、美国和日本高等技术制造业GVC分工地位排名分列第8位、第3位和第6位，处在全球价值链的上游位置；而德国和韩国高等技术制造业GVC分工地位排名分列第14位和第12位，处在全球价值链的中游位置，未处在全球价值链的上游位置。原因在于德国和韩国高等技术制造业出口中的间接增加值占总出口的比重分别为14.27%和14.52%，虽说低于美国和日本高等技术制造业出口中的间接增加值占总出口的比重，但高于中国大陆高等技术制造业出口中的间接增加值占总出口的比重（13.87%），并且相差不大，说明德国和韩国高等技术制造业在全球价值链中对全球价值链中下游国家/地区的相对增值能力与中国大陆高等技术制造业相差无几。

而德国和韩国高等技术制造业出口中的国外增加值占总出口的比重分别为14.91%和14.92%，不仅高于中国大陆高等技术制造业出口中的境外增加值占总出口的比重9.14%，甚至高于其出口中的间接增加值占总出口的比重，说明德国和韩国高等技术制造业在全球价值链中对全球价值链上游国家/地区的相对依赖能力强于中国大陆，甚至超过了自身对全球价值链下游国家/地区的相对增值能力，从而使得德国和韩国高等技术制造业GVC分工地位不高。

此外，从表2-17可以看出，俄罗斯、印度尼西亚、印度和巴西等国家的高等技术制造业出口额低于中国大陆，但其高等技术制造业GVC分工地位排名位列前8位，要高于中国大陆高等技术制造业的GVC分工地位排名。

一方面，是因为这些国家及地区高等技术制造业出口中间接增加值占总出口的比重大于中国大陆高等技术制造业出口中间接增加值占总出口的比重。例如，俄罗斯高等技术制造业出口中间接增加值占总出口的比重为 24.34% 。另一方面，这些国家及地区高等技术制造业出口中国外增加值占总出口的比重要小于中国大陆高等技术制造业出口中境外增加值占总出口的比重。例如，俄罗斯高等技术制造业出口中国外增加值占总出口的比重为 6.62% 。说明这些国家及地区高等技术制造业在全球价值链中对全球价值链下游国家及地区的相对增值能力强于中国大陆，并且对全球价值链上游国家及地区的相对依赖能力弱于中国大陆，从而使得这些国家及地区高等技术制造业 GVC 分工地位排名高于中国大陆。

（3）中等技术制造业 GVC 分工地位排名

2000 年、2005 年、2010 年以及 2015～2017 年世界主要国家及地区中等技术制造业 GVC 分工地位指数及排名如表 2－18 所示。

表 2－18　世界主要国家及地区中等技术制造业 GVC 分工地位指数及排名

国家/地区	2000 年	2005 年	2010 年	2015 年	2016 年	2017 年
俄罗斯	0.269 (1)	0.289 (1)	0.292 (1)	0.292 (1)	0.304 (1)	0.303 (1)
印度尼西亚	0.150 (12)	0.164 (8)	0.189 (4)	0.217 (2)	0.190 (5)	0.221 (2)
巴西	0.224 (3)	0.204 (3)	0.220 (2)	0.199 (3)	0.203 (2)	0.215 (3)
澳大利亚	0.228 (2)	0.210 (2)	0.199 (3)	0.189 (5)	0.192 (3)	0.194 (4)
英国	0.178 (7)	0.161 (9)	0.130 (13)	0.195 (4)	0.191 (4)	0.186 (5)
意大利	0.127 (17)	0.132 (13)	0.133 (12)	0.166 (8)	0.175 (8)	0.183 (6)
法国	0.161 (10)	0.152 (11)	0.151 (8)	0.174 (6)	0.182 (6)	0.178 (7)

续表

国家/地区	2000 年	2005 年	2010 年	2015 年	2016 年	2017 年
日本	0.187 (5)	0.193 (4)	0.174 (5)	0.165 (9)	0.179 (7)	0.174 (8)
瑞士	0.145 (13)	0.177 (5)	0.163 (7)	0.171 (7)	0.153 (10)	0.156 (9)
中国大陆	0.141 (14)	0.119 (17)	0.106 (15)	0.141 (13)	0.143 (14)	0.148 (10)
土耳其	0.183 (6)	0.127 (15)	0.133 (11)	0.152 (10)	0.158 (9)	0.147 (11)
德国	0.164 (9)	0.156 (10)	0.146 (10)	0.147 (12)	0.146 (12)	0.146 (12)
波兰	0.174 (8)	0.176 (6)	0.150 (9)	0.147 (11)	0.146 (13)	0.136 (13)
瑞典	0.137 (15)	0.132 (12)	0.103 (17)	0.122 (14)	0.143 (15)	0.120 (14)
美国	0.084 (20)	0.089 (19)	0.093 (19)	0.114 (15)	0.115 (16)	0.110 (15)
印度	0.155 (11)	0.129 (14)	0.081 (20)	0.094 (17)	0.150 (11)	0.097 (16)
墨西哥	0.090 (19)	0.090 (18)	0.109 (14)	0.097 (16)	0.084 (20)	0.096 (17)
中国台湾	0.074 (22)	0.054 (23)	0.030 (22)	0.088 (18)	0.097 (18)	0.095 (18)
荷兰	0.133 (16)	0.069 (22)	-0.020 (24)	0.085 (20)	0.103 (17)	0.092 (19)
加拿大	0.037 (24)	0.045 (24)	0.095 (18)	0.087 (19)	0.088 (19)	0.092 (20)
西班牙	0.104 (18)	0.126 (16)	0.105 (16)	0.068 (21)	0.073 (21)	0.065 (21)
韩国	0.048 (23)	0.070 (21)	0.028 (23)	0.022 (22)	0.041 (22)	0.034 (22)
奥地利	0.188 (4)	0.175 (7)	0.167 (6)	0.020 (23)	0.026 (23)	0.018 (23)
比利时	0.083 (21)	0.083 (20)	0.049 (21)	0.001 (24)	-0.002 (24)	-0.031 (24)

注：括号内数字为 GVC 分工地位指数排名。

从表 2－18 可以看出，2000 年、2005 年和 2010 年中国大陆中等技术制造业 GVC 分工地位分别排名第 14 位、第 17 位和第 15 位，处在全球价值链的中游位置或中下游位置。2015～2017 年中国大陆中等技术制造业 GVC 分工地位指数逐年上升，相应的 GVC 分工地位排名也随之上升。2017 年中国大陆中等技术制造业 GVC 分工地位排名第 10 位，处在全球价值链的中上游位置。

总体来看，2000～2017 年中国大陆中等技术制造业 GVC 分工地位排名有所提升，中国大陆中等技术制造业在全球价值链中攀升至全球价值链的中上游位置。

原因在于中国大陆中等技术制造业出口中所包含的间接增加值在总出口中的比重逐渐上升，而境外增加值在总出口中的比重逐步下降。例如，2005 年中国大陆中等技术制造业出口的间接增加值占总出口额比重为 17.89%，而境外增加值占总出口额比重为 4.60%。2017 年，中国大陆中等技术制造业出口的间接增加值占总出口额比重为 19.73%，而境外增加值占总出口额比重为 3.22%，从而使得中国大陆中等技术制造业在全球价值链中对全球价值链下游国家/地区的相对增值能力增强，对全球价值链上游国家/地区的相对依赖能力减弱，进而使得中国大陆中等技术制造业全球价值链中的分工地位有所提升。

2017 年，中国大陆、德国、美国、日本和韩国的中等技术制造业以增加值核算的出口额分列世界中等技术制造业出口额的前 5 位。但从表 2－18 可以看出，日本中等技术制造业 GVC 分工地位排名第 8 位，处在全球价值链的上游位置；中国大陆中等技术制造业 GVC 分工地位排名第 10 位，处在全球价值链的中上游位置；而美国、德国和韩国中等技术制造业 GVC 分工地位排名分列第 15 位、第 12 位和第 22 位，处在全球价值链的中游位置、中游位置和下游位置，在全球价值链中的地位并不高。

俄罗斯、印度尼西亚、巴西和澳大利亚等国家的中等技术制造业出口额较低，但其中中等技术制造业 GVC 分工地位排名位列前 8 位，处在全球价值链的上游位置。原因在于，中等技术制造业包含矿产的冶炼和加工等行业，涉及矿产、石油等资源和初级产品的加工制造，再加上俄罗斯、印度尼西亚、巴西和澳大利亚等国家属于资源型国家，拥有丰富的矿产、石油等资源，使得这些国家的中等技术制造业中间品出口含有大量资源和初级产品增加值。

因此，这些国家的中等技术制造业的中间产品出口中间接增加值在总出口中的比重，远远大于中国大陆、德国、美国、日本和韩国中等技术制造业间接增加值在总出口中的比重。例如，俄罗斯中等技术制造业中间产品出口中间接增加值在总出口中的比重为 36.63%，而日本中等技术制造业中间产品出口中间接增加值在总出口中的比重为 22.80%。

此外，这些资源型国家中等技术制造业所需要的矿产、石油等资源和初级产品本国自身可以满足，进口得较少，使得这些国家的中等制造业出口中国外增加值在总出口中的比重远远小于中国大陆、德国、美国、日本和韩国中等技术制造业国外增加值在总出口中的比重。例如，俄罗斯中等技术制造业出口中国外增加值在总出口中的比重为 0.91%，而日本中等技术制造业出口中国外增加值在总出口中的比重为 3.21%。

因此，这些国家/地区在全球价值链中对全球价值链下游国家/地区的相对增值能力很强，对全球价值链上游国家/地区的相对依赖能力很弱，从而使得这些国家在全球价值链中的分工地位排名很靠前，甚至高于中国大陆、德国、美国、日本和韩国中等技术制造业的 GVC 分工地位排名。

（4）低等技术制造业 GVC 分工地位排名

2000 年、2005 年、2010 年以及 2015～2017 年世界主要国家及地区低等技术制造业 GVC 分工地位指数及排名如表 2－19 所示。

表 2-19 世界主要国家及地区低等技术制造业 GVC 分工地位指数及排名

国家/地区	2000 年	2005 年	2010 年	2015 年	2016 年	2017 年
俄罗斯	0.171 (1)	0.198 (1)	0.174 (1)	0.157 (1)	0.170 (1)	0.173 (1)
日本	0.134 (2)	0.125 (2)	0.104 (2)	0.148 (2)	0.158 (2)	0.158 (2)
韩国	0.062 (5)	0.081 (4)	0.063 (5)	0.092 (4)	0.102 (4)	0.109 (3)
瑞典	0.106 (3)	0.081 (3)	0.095 (3)	0.108 (3)	0.106 (3)	0.106 (4)
巴西	0.067 (4)	0.064 (5)	0.077 (4)	0.069 (5)	0.075 (6)	0.083 (5)
印度尼西亚	-0.005 (12)	0.027 (6)	0.049 (6)	0.057 (7)	0.079 (5)	0.061 (6)
美国	0.020 (9)	0.016 (8)	0.019 (7)	0.058 (6)	0.061 (7)	0.059 (7)
印度	0.021 (8)	-0.017 (13)	-0.006 (9)	0.048 (8)	0.051 (8)	0.056 (8)
中国台湾	0.024 (7)	0.025 (7)	0.006 (8)	0.046 (9)	0.045 (9)	0.047 (9)
中国大陆	-0.057 (21)	-0.072 (21)	-0.037 (15)	0.017 (12)	0.018 (11)	0.025 (10)
奥地利	0.041 (6)	-0.014 (12)	-0.013 (10)	0.026 (11)	0.017 (12)	0.016 (11)
英国	0.004 (10)	-0.007 (10)	-0.027 (12)	0.027 (10)	0.022 (10)	0.015 (12)
澳大利亚	0.003 (11)	-0.011 (11)	-0.016 (11)	0.001 (13)	-0.002 (13)	0.007 (13)
加拿大	-0.043 (17)	-0.040 (17)	-0.033 (13)	-0.009 (14)	-0.011 (14)	-0.001 (14)
意大利	-0.009 (13)	-0.001 (9)	-0.036 (14)	-0.022 (17)	-0.026 (17)	-0.005 (15)
德国	-0.009 (14)	-0.019 (14)	-0.044 (16)	-0.021 (16)	-0.016 (16)	-0.020 (16)
土耳其	-0.047 (19)	-0.067 (19)	-0.049 (17)	-0.016 (15)	-0.014 (15)	-0.023 (17)

续表

国家/地区	2000 年	2005 年	2010 年	2015 年	2016 年	2017 年
波兰	-0.050 (20)	-0.040 (16)	-0.064 (19)	-0.060 (18)	-0.070 (18)	-0.071 (18)
法国	-0.028 (15)	-0.067 (18)	-0.088 (21)	-0.084 (19)	-0.090 (20)	-0.080 (19)
西班牙	-0.042 (16)	-0.034 (15)	-0.054 (18)	-0.086 (20)	-0.086 (19)	-0.094 (20)
瑞士	-0.044 (18)	-0.067 (20)	-0.085 (20)	-0.097 (21)	-0.123 (21)	-0.118 (21)
墨西哥	-0.170 (24)	-0.164 (24)	-0.147 (22)	-0.108 (22)	-0.136 (22)	-0.133 (22)
荷兰	-0.082 (22)	-0.101 (22)	-0.170 (23)	-0.173 (23)	-0.177 (23)	-0.173 (23)
比利时	-0.110 (23)	-0.107 (23)	-0.174 (24)	-0.209 (24)	-0.209 (24)	-0.231 (24)

注：括号内数字为 GVC 分工地位指数排名。

从表 2 -19 可以看出，2000 年、2005 年和 2010 年中国大陆低等技术制造业 GVC 分工地位分别排名第 21 位、第 21 位和第 15 位，处在全球价值链的下游位置或中下游位置。2015 ~2017 年中国大陆低等技术制造业的 GVC 分工地位指数逐年上升，相应的 GVC 分工地位排名随之上升。2017 年中国大陆低等技术制造业 GVC 分工地位排名第 10 位，处在全球价值链的中上游位置。

总体来看，2000 ~2017 年中国大陆低等技术制造业 GVC 分工地位排名有所提升，中国大陆低等技术制造业在全球价值链中攀升至全球价值链的中上游位置。

原因在于：中国大陆低等技术制造业出口中所包含的间接增加值在总出口中的比重逐渐上升，而境外增加值在总出口中的比重逐步下降。例如，2005 年中国大陆低等技术制造业出口的间接增加值占总出口的比重为 5.28% ，而境外增加值占总出口的比重为 13.10% 。2017 年，中国低等技术制造业出口的间接增加值占总出口的比重为 8.33% ，而境外增加值占总出口的比重为 5.66% ，从而使得中国大陆低等技术制造业在全球价值链中对全球价值链下游国家/地区的相对增值能力增强，对全球价值链上游国家/地区的相对依赖能力减弱，进而使得中国大陆低等技术制造业全球价值链中的分工地位有所提升。

2017 年，中国大陆、美国、德国、印度尼西亚和意大利的低等技术制造业以增加值核算的出口额分列世界低等技术制造业出口额的前 5 位。但从表 2 -19 可以看出，印度尼西亚和美国低等技术制造业 GVC 分工地位排名分列第 6 位和第 7 位，处在全球价值链的上游位置；中国大陆低等技术制造业 GVC 分工地位排名第 10 位，处在全球价值链的中上游位置；德国和意大利低等技术制造业 GVC 分工地位排名分列第 15 位和第 16 位，处在全球价值链的中下游位置，在全球价值链中的地位并不高。而俄罗斯、日本和韩国等国家的低等技术制造业增加值出口额较低，但其低等技术制造业 GVC 分工地位排名分列前 3 位，处在全球价值链的上游位置。

原因在于：俄罗斯属于资源型国家，其低等技术制造业中间品出口会包含资源和初级产品的增加值，其低等技术制造业出口所包含的间接增加值占总出口的比重较高；日本和韩国属于发达国家，其低等技术制造业的生产工艺流程效率高、产品质量好，出口所包含的间接增加值占总出口的比重同样较高，即在全球价值链中对全球价值链下游国家/地区的相对增值能力强。例如，俄罗斯和日本低等技术制造业中间品出口中间接增加值在总出口中的比重分别为 21.86% 和 21.35% ，而中国大陆和美国低等技术制造业中间品出口中间接增加值在总出口中的比重分别为 8.33% 和 10.44% 。

此外，俄罗斯、日本、韩国低等技术制造业出口中，国外增加值在总出口中的比重要小于中国大陆、美国、德国、印度尼西亚和意大利低等技术制造业出口中国外增加值在总出口中的比重。例如，俄罗斯和日本低等技术制造业出口中国外增加值在总出口中的比重分别为 2.47% 和 3.62% ，而中国大陆和美国该比重分别为 5.66% 和 4.07% ，说明俄罗斯和日本在全球价值链中对全球价值链上游国家/地区的相对依赖能力要弱于中国大陆和美国。

因此，俄罗斯、日本和韩国等国家低等技术制造业的 GVC 分工地位排名高于中国大陆、美国、德国、印度尼西亚和意大利的低等技术制造业的 GVC 分工地位排名。

第3章

对外直接投资影响全球价值链分工地位的机理分析

首先，本章对影响全球价值链分工地位的因素进行分析，包括人力资本、物资资本、技术创新能力、出口规模、外商直接投资、对外直接投资以及政府政策和制度因素等；然后，对对外直接投资影响全球价值链分工地位的因素进行分析，包括投资的规模、投资的领域、投资的国家情况、投资的政策、投资的传导途径、投资的动机等方面；最后，具体对对外直接投资影响全球价值链分工地位的传导路径进行分析，并分别就效率寻求型 OFDI、技术寻求型 OFDI、资源寻求型 OFDI 和市场寻求型 OFDI 对全球价值链分工地位的影响作用机理进行分析。

3.1　全球价值链分工地位的影响因素

根据全球价值链分工地位测量方法可知，一国在全球价值链中的分工地位高低取决于两方面：一是该国中间品出口中的间接增加值占总出口的比重；二是该国最终产品出口中国外增加值占总出口的比重。因此，能够影响一国出口间接增加值、国外增加值以及总出口额的因素即是影响该国全球价值链分工地位的因素。

影响一个国家在全球价值链中分工地位的因素包括该国的人力资本水平、物资资本水平、技术创新能力、出口规模、外商直接投资、政府政策、制度环境、对外直接投资以及其他因素。

3.1.1　人力资本水平

人力资本尤其是拥有专业知识和专业技能的高质量人力资本，可以消化吸收行业前沿技术，掌握先进技术，促进一国（或地区）自主研发和技术创新能力的提升，从而影响一国的全球价值链分工地位。

唐海燕、张会清（2009）建立了反映发展中国家全球价值链提升机制的简化模型，并从中得出全球价值链地位的影响因素，以熟练劳动为代表的人力资本积累有助于中国提升其在全球价值链分工中的地位，而非熟练劳动则不利于中国全球价值链地位的提升。

3.1.2　物资资本水平

物资资本是一国经济增长的重要因素，是一国的产业结构优化的基础。利用物资资本优化产业结构，会影响一国的全球价值链分工地位。

3.1.3　技术创新能力

一国的技术创新能力是提升其在全球价值链中分工地位的积极因

素，技术创新能力的提升不仅能提高一国的技术水平，而且能带动更多新产品、新工艺、新材料得到广泛应用，优化产业结构，从而影响一国全球价值链分工地位。

以企业为例，技术创新能力是企业生存和获得持续发展的内在动力，其高低越来越成为决定企业核心竞争力的关键。一直以来，我国中小制造企业普遍存在技术水平偏低、技术创新能力较弱的情况，由此也决定了其在GVC分工体系中只能选择“低端嵌入”的方式。尽管这种融入方式为中小制造企业带来了更多的发展机遇，但也使企业面临利润微薄化以及升级自主性丧失的风险。因此，要改变GVC低端嵌入的格局，我国中小制造企业无论以何种方式实现全球价值链升级，技术创新都是基础和核心，而技术创新的效果和水平则取决于企业技术创新能力的大小。

近年来，技术创新衍生的成本红利和低成本比较优势促使发达国家制造业回流与向东南亚、非洲等地区转移并存，中国制造业面临内生动力不足与国际贸易壁垒带来的价值链分工地位“低端化”、需求结构升级与要素成本上升造成的价值链增长方式“贫困化”、价值链整体低端化与局部区域差异化引发的价值链发展路径“曲折化”、产品模块化与功能模块化的动态分离导致的价值链治理结构“复杂化”等多重困境。中国制造业亟须培育全球价值链分工新优势。

3.1.4 出口规模

一国的出口规模越大，在国际市场上面临的竞争就越激烈，要想维持并继续扩大国外市场份额，要降低成本、提高投入产出效率、提升产品质量，从而提升一国的全球价值链分工地位。

卢峰（2004）认为，同一产品不同生产环节有着不同的最佳规模，如果将所有生产环节集中到某一企业内完成，就只能按照某一环节的最佳规模安排生产。如果能将不同生产环节分散到不同国家，则可以实现所有环节的最佳规模，从而获得规模收益。

3.1.5 外商直接投资

外商直接投资（FDI）发挥人力资本溢出效应和技术溢出效应，可以提升一国的技术水平，推动一国的产业升级，从而提升全球价值链分工地位，但外商直接投资的技术溢出效应会受到其他因素的影响，比如人力资本、技术差距、教育水平等，使得对一国技术水平的提升存在不确定影响。此外，外商直接投资进入该国会使得该国低技术水平产业依赖于外商直接投资，降低自身的研发与创新能力，从而受制于外商直接投资，不利于全球价值链分工地位的提升。

引进外资是一国参与全球价值链分工的主要途径之一，外资大规模进入可以大幅度加深一国参与全球价值链的程度。但相关学者对 FDI 能否促进一国在全球价值链背景下国际分工地位的提升仍有争议。一种观点认为，FDI 对一国价值链地位提升具有显著的促进作用（姚博和魏玮，2012），FDI 带来的中间产品进口和全球价值链的嵌入可以大幅提高国内企业生产率（余淼杰和李晋，2015），有利于我国全球价值链地位的提升。周彩红（2009）分别从理论和实证的角度出发，得出 FDI 能够促进中国长三角制造业从加工装配环节延伸到研发、流通环节，在增强国际竞争力的同时也实现了向全球价值链的中高端的攀升。孙雪莹（2009）认为，我国企业可以通过 FDI 学习国外的先进技术、研发方法、管理和运营模式，从而提高我国的人力资本水平，促进我国在 GVC 中分工地位的提升。周新苗和王志斌（2016）也发现，FDI 能够显著提高我国中部地区制造业在全球价值链中的分工水平。

然而，有些学者持有不同观点，认为 FDI 可能使一国企业被锁定在代工生产模式和技术路径，从而不利于价值链国际分工地位的提升。冼国明和徐清（2013）认为，外资进入在较大程度上是因为中国的劳动力成本较低，这表明了外商投资转移的多为价值链中低附加值环节。葛顺奇和罗伟（2015）同样指出，FDI 的进入只是向我国转移了价值链的部分工序，并未转移整条价值链，并没有提升高资本、高技术工序的占比，并且不利于我国价值链分工地位的提升。邱斌等（2012）和杨高举等（2013）发现，FDI在提升制造业在全球价值链地位方面的作用并不显著。王雅玲（2017）发现，FDI对制造业价值链的升级表现出显著的负向效应。

3.1.6 政府政策

政府在一国的市场经济中扮演监督者的角色，保证一国的市场经济运行良好。政府在市场经济中的作用主要体现在弥补市场失灵和为市场机制发挥资源配置效应提供制度保障，确保市场能够自由运转，资源得到有效配置，促进一国的产业优化升级，从而影响全球价值链分工地位。

李国学、张宇燕（2010）认为，制度的健全程度和技术标准的兼容性影响着中国制造业在全球价值链分工中产业结构升级的效果，中国应该加强对领导厂商和高级供应商的专用性投资，政府应该为资产专用性投资创造良好的制度环境。

3.1.7 制度环境

制度环境对一国产业政策和贸易政策的制度有着至关重要的作用，制度环境的改进有利于降低交易成本，提高对资源的利用率，进而会提升该国在全球价值链中的分工地位。戴翔和金培（2014）通过实证研究发现，良好的制度环境可以提高一国的出口技术复杂度，进而有利于价值链分工地位的攀升。胡昭玲（2013，2015）通过实证研究发现，良好的制度环境有利于提高技术水平和产品品质，制度质量改进显著提高价值链分工地位，认为释放制度红利是中国价值链分工地位攀升的重要战略选择。李建军和孙慧（2018）通过实证研究发现，制度质量尤其是经济制度质量的提高能够显著促进"丝绸之路经济带"沿线国家及地区的经济增长，并且对沿线国家及地区在全球价值链中的参与程度和分工地位的提升也有着重大影响。李宏和陈圳（2018）研究发现，制度环境的完善与全球价值链提升之间存在显著正相关关系，并且认为中国制度环境正处于推动自身全球价值链提升的“制度红利”阶段。

3.1.8　对外直接投资

一国对外直接投资也是影响该国全球价值链分工地位的重要因素之一。对外直接投资可以通过边际产业转移效应、逆向技术溢出效应以及“投资—出口”带动效应等对一国的全球价值链分工地位产生影响。

对外直接投资的规模、领域、政策和东道国情况等会影响一国的全球价值链分工地位。对外直接投资通过影响母国产业的生产工艺流程、投入产出效率、产品质量、产品更新换代、技术水平、市场营销能力、产业升级等，从而影响母国产业的工艺流程升级、产品升级、功能升级以及链条升级，进而影响母国全球价值链分工地位；不同投资动机 OFDI 通过发挥边际产业转移效应、动态比较优势效应、要素优化配置效应、生产要素补缺效应、逆向技术溢出效应、技术研发成果反馈效应、产业间溢出效应、产品升级效应、“投资—出口”带动效应、竞争效应、品牌溢出效应等，影响母国产业的工艺流程升级、产品升级、功能升级以及链条升级，从而影响母国 GVC 分工地位。

对外直接投资对中国全球价值链分工地位的提升作用受东道国市场规模以及东道国技术水平的影响。随着东道国市场规模和东道国技术水平超过相应门槛值后，OFDI 对中国 GVC 分工地位的提升作用有所增强。但当东道国市场规模超过第二个门槛值后，OFDI 对第三产业 GVC 分工地位的提升作用有所减弱；当东道国市场规模超过门槛值后，OFDI 对高等技术制造业 GVC 分工地位的提升作用也有所减弱。当东道国技术水平超过门槛值后，OFDI 对第三产业 GVC 分工地位的提升作用有所减弱；当东道国技术水平超过第二个门槛值后，OFDI 对第二产业、制造业整体以及高等技术制造业 GVC 分工地位的提升作用有所减弱。

对外直接投资对全球价值链分工地位的影响是本书研究的内容，对外直接投资对全球价值链分工地位的影响涉及一国对外直接投资的方方面面，包括投资的规模、投资的领域、投资的东道国情况、投资的传导途径、不同的投资动机以及投资政策等。

3.1.9 其他因素

（1）生产性服务业因素

生产性服务业贯穿于价值链的各个环节，从上游的研发、设计到下游的营销、分销都属于生产性服务业的范畴。白清（2015）探索了生产性服务业促进制造业在全球价值链中分工地位提升的实现机制，认为生产性服务外包可以提升制造业的生产效率以及核心竞争力，促进制造业附加值提升和规模收益递增，从而实现制造业升级和价值链地位的攀升。仲志源、张梦等（2018）实证考察了生产性服务业对我国制造业在全球价值链地位的影响，发现运输业、信息业等四种生产性服务业对制造业价值链攀升有着正向作用。廖庆梅和刘海云（2018）从正向作用和负向作用两个方面分析了生产性服务外包对制造业价值链分工的影响机制，认为生产性服务外包可以通过比较优势效应、技术外溢效应和学习效应提升制造业分工地位，然而，生产性服务外包可能会导致生产效率的降低以及“低端锁定”效应，对制造业价值链分工地位的提升起到负面影响。

（2）规模报酬

Krugman（1979）将不完全竞争引到了国际贸易的分析框架，综合了张伯伦的竞争模型，构建的国际贸易模型中指出了规模报酬是当代贸易分工和利益的来源。新增长理论从技术创新角度把技术进步内生化，尝试通过技术内生，解释国际贸易模式和贸易利益的变化。

（3）GPNS 指标

张亚斌等（2007）基于全球生产网络（GPNS）构建衡量一国在全球价值链分工中地位的指标体系，通过因子分析法得出了贸易强国的评判标准，即贸易效益因子、贸易环境因子和贸易结构因子，并通过聚类分析得出中国是贸易大国而不是贸易强国，中国处在价值链的中低端，中国要实现在全球价值链分工中地位的改善，需要从贸易效益、贸易结构、贸易环境三个方面着手改善。其建立的二级指标包括供应商升级、总量升级、价值链升级、产品升级、利益升级和市场升级。通过这些指标来反映一国在全球价值链分工中的影响因素。

（4）基础设施

Grossman 和 Helpman（2002）认为，企业偏向于选择空间广阔的市场，因为在较大的市场环境中更能找到具备特定技术要求的中间产品，以满足最终生产的要求，企业从节省成长成本的角度，更愿意与交通通讯设施好的国家进行合作。所以基础设施的改进有利于贸易分工的发展。

3.2　对外直接投资影响全球价值链分工地位的因素

3.2.1　对外投资规模的影响

对外直接投资具有贸易创造效应（Kojima，1978）和贸易替代效应（Mundell，1957）。一国（或地区）在开展对外直接投资时，会对母国的贸易量、贸易伙伴、贸易方式以及贸易规模产生较大影响。此外，一国向东道国进行对外直接投资时，意味着该国整个或者部分环节的生产转移至国外，该国国内产业结构会发生变化，该国将释放出来的资金、技术、人才等生产要素将集中用于发展先进产业、增强创新能力，实现产业升级。一国根据自身投资目的的需要在开展对外直接投资时具有不同的投资动机，包括效率寻求型 OFDI、技术寻求型 OFDI、资源寻求型对 OFDI 以及市场寻求型 OFDI（Dunning，1977）。早期的垄断优势理论、内部化理论、国际生产折衷理论以及技术地方化理论和小规模技术理论等对发达国家或发展中国家对外直接投资的动因和区位进行了研究。Duning（1993，1998）进一步将对外直接投资划分为资源导向、市场导向、效率导向和战略资产导向四种类型。随着中国企业“走出去”步伐的加快，围绕中国 OFDI 动因和区位的研究逐步成为热点。Cai（1999）认为，中国企业 OFDI 具有资源寻求、市场需求、管理和技术寻求以及金融资本寻求的特征。Deng（2004）进一步认为，战略性资产和多元化寻求也是中国 OFDI 的动因。Buckley 等（2007）从中国国内资本市场不完全、华人网络的特定所有权优势、制度因素方面解释了中国 OFDI 动因。Cheung 和 Qian（2009）研究发现，自然资源丰裕、工资水平低、市场规模大的东道国容易吸引中国企业的 OFDI。国内研究中，鲁桐（2003）提出中国企业 OFDI 有贸易替代型、资源导向型、技术获取型和战略资产导向型四种类型。不同投资动机的对外直接投资对一国国内产业发展的影响方式和程度大小存在着差异。

（1）效率寻求型对外直接投资

母国企业通过对外直接投资将丧失比较优势的产业向外转移，利用东道国廉价的生产要素和优惠政策降低生产成本，同时有效规避国际贸易壁垒。首先，在国外建厂生产可能需要母国提供相应的技术、设备等中间产品以及相关的服务，促进了母国的全球价值链生产活动；其次，由于企业生产资源的国际布局，母国部分中间产品的生产转移到国外，对母国的全球价值生产活动具有一定的挤出效应；最后，企业生产成本的降低以及贸易壁垒的减弱使企业的利润增加，企业可以分配更多的资源用于技术研发，提高企业出口高附加值中间产品的能力，从而促进母国的全球价值链生产活动。因此，效率寻求型对外直接投资对母国全球价值链生产活动的实际影响是以上三个方面综合作用的结果。

（2）技术寻求型对外直接投资

母国企业为了获取东道国先进的技术、管理经验、品牌优势等而进行的对外直接投资，通常通过新建或并购海外研发中心等方式投资于技术密集度较高的行业。长期来看，创新资产寻求型对外直接投资可以通过逆向技术溢出效应提升母国企业的技术能力，从而提高母国企业对高附加值中间产品的供给能力和供给质量。同时，随着技术水平的提升，母国企业产品的国际竞争力和市场占有率提高，从而拉动相关产业发展，促进相关中间产品出口增加。以上两方面的作用均会促进母国全球价值链生产活动。

（3）资源寻求型对外直接投资

为降低原材料成本，弥补国内资源不足，母国通过对外直接投资的方式获得东道国相对丰裕的资源禀赋，如能源、矿产资源以及人力资源等。该类型的对外直接投资要求境外子公司在东道国进行勘探、开采、初级加工等一系列生产活动，在东道国技术水平有限的情况下，需要母国提供配套的机械设备及零部件、实用专利与技术等中间产品。一般来说，东道国的资源丰裕度越高，经济发达程度越低，资源需求型对外直接投资引致的母国相关中间产品和技术的出口规模就越大，对母国全球价值链生产活动的促进作用越明显。但也可能由于生产的海外布局导致国外资源型中间产品出口替代部分国内中间产品出口，使得母国资源型中间产品出口有所下降。以上两方面作用的综合影响，将决定资源寻求型对外直接投资是促进还是抑制母国的全球价值链生产活动。

（4）市场寻求型对外直接投资

母国企业为了规避贸易壁垒、接近境外终端市场而进行对外直接投资，通过在境外建厂的方式进行生产和销售，直接满足境外市场需求。境外建厂生产会增加母国相关设备及零部件等中间产品和服务的出口，使得母国中间品出口规模增加，促进母国的全球价值链生产活动。同时，母国企业通过在境外设立营销与服务中心，利用接近终端消费的优势，提高产品的市场占有率，有效刺激海外需求，从而拉动母国相关产业的发展，促进母国相关中间产品出口的增加，进而促进母国的全球价值链生产活动。

综上所述，对外直接投资的异质性导致其对母国全球价值链生产规模和结构的影响存在差异，而东道国投资环境、发展水平、资源禀赋等方面的差异，也会导致对外直接投资表现出不同的经济效应。同时，由于产业间的关联效应存在差异，不同行业的对外直接投资对母国全球价值链生产的影响程度也不同。一般来说，对外直接投资行业的产业关联度越高，对母国全球价值链生产活动的影响越显著。因此，一国对外直接投资是否促进其全球价值链生产规模的扩张和结构的优化，取决于不同类型、不同行业对外直接投资的规模和国别分布，并需要通过经验分析予以量化和验证。

一般来说，一国对外直接投资的规模越大，意味着该国对外投资所涉及的行业分布就越广泛，对外投资所涉及的东道国就越多，对外投资的动机就越复杂，从而对该国国内产业的国际贸易、产业发展、产业升级的影响方式和程度就越深刻，进而对该国全球价值链分工地位的影响范围就越大。

因此，一国（或地区）的全球价值链分工地位与该国对外直接投资的规模有密切关系。

3.2.2 对外投资领域的影响

一国（或地区）对外直接投资领域的大小，取决于该国对外直接投资行业的多少。一国对外直接投资所涉及的行业分布越广泛，该国的对外投资领域就越大，从而对该国全球价值链分工地位的影响就越深刻。

据中国统计局年度 OFDI 数据显示，2014 年我国 OFDI 流量最多的行业是租赁和商务服务业，年度流量为 368 亿美元，占当年 OFDI 总流量的 30% 。排名第二位的是批发和零售业，该行业年度 OFDI 流量达到 182 亿美元，占当年我国 OFDI 总流量的 15% 左右。采矿业和金融业紧随其后，其中采矿业 2014 年 OFDI 流量数据为 165 亿美元，占当年 OF-DI 总流量的 13% ，而金融业年度 OFDI 流量是 159 亿美元，占据 2014 年我国 OFDI 流量总额的 12.9% 。2014 年度我国 OFDI 流量最少的五个行业分别是：教育，卫生、社会保障和社会福利业，住宿和餐饮业，文化、体育和娱乐业以及水利、环境和公共设施管理业，这些行业年度 OFDI 流量占总流量的份额都不足 0.5% 。其中，教育行业 2014 年度 OFDI 流量仅为 1 355 万美元，占当年 OFDI 流量总额的 0.01% ；卫生、社会保障和社会福利业当年 OFDI 流量为 1.5 亿美元，占 2014 年我国 OFDI 总流量的 0.12%；住宿和餐饮业 2014 年 OFDI 流量是 2.4 亿美元，占当年我国 OFDI 流量总额的 0.2%；文化、体育和娱乐业当年 OFDI 流量为 5.2 亿美元，占我国 2014 年 OFDI 流量的 0.42%；水利、环境和公共设施管理业 2014 年 OFDI 流量为 5.5 亿美元，占我国当年 OFDI 流量总额的 0.45%。

通过以上分析可以看出，我国 OFDI 流量行业分布不均，主要集中于制造业和个别服务业，其他行业分布较少。

此外，一国（或地区）针对不同领域（行业）开展对外直接投资，对该国全球价值链分工地位的影响程度有所不同。在其他条件不变的情况下，该国全球价值链分工地位较低的行业分工地位提升的空间，大于该国全球价值链分工地位较高的行业分工地位提升的空间。因此，当该国开展对外直接投资时，将其投资于全球价值链分工地位较低的行业对该国全球价值链分工地位的影响程度，要大于将其用于投资于全球价值链分工地位较高的行业对该国全球价值链分工地位的影响程度。

另外，一国（或地区）根据自身产业的发展需要，会有针对性地选择投资领域（行业），开展对外直接投资。在其他条件不变时，开展对外直接投资行业的全球价值链分工地位受影响程度大于未开展对外直接投资行业的全球价值链分工地位受影响程度。比如该国将国内的高新技术产业作为重点发展产业，为了获取国内缺乏发展高新技术产业的生产要素，包括人才、资金和技术等，就会加大对高新技术产业的对外直接投资力度，从而影响该国高新技术产业的全球价值链分工地位。

3.2.3　对外投资东道国因素的影响

一国（或地区）对外直接投资进入东道国会受到东道国一系列因素的影响，比如东道国市场规模、东道国技术水平、东道国制度因素、东道国贸易开放度、东道国基础设施等，从而可能会影响对外直接投资对全球价值链分工地位的作用效果。

- 当一国对外直接投资进入的东道国拥有该国产业发展所需的资源时，该国通过对外直接投资可以获取该国产业发展所需的稀缺资源，降低成本，提高投入产出效率，从而影响该国全球价值链分工地位；
- 当一国通过对外直接投资，进入的东道国拥有更先进的技术水平时，对外直接投资发挥逆向技术溢出效应，获取东道国更为先进的技术，并通过反馈机制反馈给母国，并进一步提高母国产业的技术水平，从而对母国的全球价值链分工地位的影响更大；
- 当一国通过对外直接投资，进入市场规模较大的东道国时，该国面临的国际竞争就更激烈，发挥竞争效应和“投资—出口”带动效应（Kbjima，1978；Helpman，1984），能更进一步影响母国的产业升级，从而对母国的全球价值链分工地位的影响更大。

针对中国的对外直接投资，有较多学者以东道国要素禀赋为研究视角来进行分析。胡博（2008）将中国对发达国家和发展中国家直接投资的动机进行对比分析，发现发达国家吸引中国企业直接投资的优势体现在较高的科研能力和技术水平、良好的政治制度以及完善的基础设施建设，但激烈的市场竞争和高企的劳动力成本则成为阻碍中国企业对其进行进一步投资的一道壁垒。相比较而言，中国企业更青睐于发展中国家较为廉价的劳动力和丰富的自然资源。Cheung和Qian（2009）对中国对外直接投资的动机进行了分析，指出无论是何种发展程度的国家，中国对其都存在一定程度的资源寻求型投资。杨娇辉等（2015）通过对1990~2008年中国对外直接投资的面板数据进行回归，得出我国企业在进行对外直接投资时更偏好市场容量较大、自然资源丰富的国家的结论，并特别指出我国企业在对外直接投资时还倾向于政治风险较高的国家，原因可能在于拥有丰富自然资源的国家通常存在较高的政治风险。王晓颖（2018）基于制度拓展的投资引力模型，检验了中国对东南亚国家直接投资的资源寻求动机，分析了东道国自然资源禀赋与宏观、微观两个维度的“制度禀赋”之间的交互作用，得出中国对东南亚国家直接投资具有资源寻求型动机的结论。Kolstad和Wiig（2012）

在研究中国对外直接投资的实证分析模型中加入了自然资源禀赋和东道国政治制度的交互项。研究结果表明，中国企业更倾向于在自然资源丰富且政治制度较差的国家进行投资。也有学者发现，中国企业进行资源寻求型的对外直接投资时并非更加青睐政治风险较高的国家。卢进勇、闫实强（2011）在研究中发现，中国企业在进行对外直接投资时不仅考虑东道国的自然资源禀赋，还应重点关注获取东道国自然资源的难易程度，通常在政治风险较高的国家获取自然资源的难度也较大，因此中国企业青睐在政治风险相对较小的国家来获取自然资源。

在影响对外直接投资的一系列影响因素中，东道国市场规模和东道国技术水平是对全球价值链分工地位影响效果最重要的两个因素。

3.2.4 投资传导途径的影响

一国（或地区）开展对外直接投资时，对外直接投资会通过多种传导途径和作用机理影响该国的全球价值链分工地位。

对外直接投资影响一国（或地区）全球价值链分工地位的传导途径有四条，分别是工艺流程升级、产品升级、功能升级和链条升级（Humphrey & Schmitz，2002）。每条传导途径对一国的全球价值链分工地位影响的程度不一样。一般来讲，对外直接投资通过工艺流程升级对全球价值链分工地位的影响程度最小，通过链条升级对全球价值链分工地位的影响程度最大。

3.2.5 投资动机的影响

一国（或地区）在开展对外直接投资时，其对外直接投资的动机会有所不同，从而对其全球价值链分工地位的影响也不同。

对外直接投资动机包括寻求效率、寻求技术、寻求资源和寻求市场。其中，寻求效率型OFDI主要是将国内丧失比较优势的产业转移出去，释放国内生产要素，并将释放要素优化配置到国内其他产业，进行产业优化升级，从而影响母国的全球价值链分工地位。技术寻求型OF-

DI 主要是寻求东道国先进的技术，提高母国产业的技术水平，从而影响母国的全球价值链分工地位。资源寻求型 OFDI 主要是寻求母国所需的稀缺资源，降低母国生产成本，提高投入产出效率，从而影响母国的全球价值链分工地位。市场寻求型 OFDI 主要是为了开拓市场，提高母国的市场营销能力，从而影响母国的全球价值链分工地位。

英国经济学家 John Harry Dunning 整理了跨国公司在本土之外投资的目的，主要包括获取资源、占领和扩大市场、提升效率、全球战略布局。还有一些学者专家认为，虽然这是一种全球性的搜索策略，但发展中国家对外投资的目的基本离不开市场占有和扩张、向第三国出口、资源寻求、技术寻求。

随着中国加入世界贸易组织（WTO），国内外市场竞争格局发生重大改变，民营企业面临新的全球化局势。对外直接投资是企业积极参与国际分工的一个过程，以充分利用市场和内外部资源，使企业更快、更好地发展，这也是中国民营企业在海外投资的各种动因，主要体现在以下几个方面：

第一，获得或使用被投资国家的自然资源优势，以满足国内需求。各个国家的自然资源分布很不均衡，虽然中国自然资源总体储备丰富，但是人口众多，人均占有量极其不足，许多资源长期依靠进口，国内高价值资源的人均储量在世界上排名不高。为了降低企业的运营成本，实现企业经济效益的最大化，企业应利用客观差异在不同国家配置资源，实现自身的可持续发展。

第二，被投资国有相对廉价的工人和生产区域，可以降低我国对外投资企业的生产成本。一方面，与海外一些国家和地区相比，中国的劳动力已不再廉价，其他国家和地区雇用的中国劳动力较之前有所减少。但我国仍然是一个劳动力不足的国家，许多私营企业直接对外投资可以减少劳动力支出，节省生产成本。另一方面，中国的领土范围虽然很大，但是适合的商业用地并不充足，主要集中在沿海地区，导致沿海边境和几个中心城市劳动力过于集中。另外，我国户籍制度的制约力度大，导致大城市劳动力短缺和物价上涨。同样，由于商业区也集中在大城市，土地价格与几个工业化国家相比已经相差不大，一些私营企业负担不起沉重的成本，为了生存发展直接向外投资，正如一些发达国家将制造业基地转移到国外。

第三，发展或利用被投资地区的技术、品牌、流通网络等战略。中国民营企业基于高科技资源的整体技术能力相对有限，引进的技术还经常面临“橘生淮北而为枳”的问题，不能很好地被本土消化。因此，可以利用境外高新技术机构和技术开发机构，建立技术密集型研究企业和技术开发机构，接收当地信息，利用当地人员开发工业化生产具有自主知识产权的高新科技产品。如一家公司在国外兼并一家现有的公司，其可以获得该公司现有的技术、商标和销售渠道。具备市场竞争力的公司不仅能适应和优化公司的技术结构，还能从公司获得客户资源和销售渠道，从而开拓产品外部市场，增加出口。

第四，避免贸易障碍（关税和非关税）。为避免因国际条约和国家间贸易壁垒而产生的贸易摩擦（反倾销措施），有些产品不能直接从目的地国家出口或者不能以较多数量直接从目的地国家出口，一些企业把生产基地转到第三方国家。如为了避免欧盟的反倾销风险，浙江一些制鞋企业将生产区域放置到第三方国家。

一国（或地区）的对外直接投资包含的投资动机种类越多，对该国及地区全球价值链分工地位的影响程度就越深刻。

3.2.6　投资政策的影响

无论是一国（或地区）自身所制定的对外直接投资政策，还是投资东道国所制定的有关引入对外直接投资的政策，都会对该国（或地区）实施对外直接投资产生影响，进而影响对外直接投资对全球价值链分工地位的影响效果。

对外直接投资是一国发挥比较优势、利用国际市场和国际资源、增强本国经济发展动力、享受经济全球化利益的重要途径之一。为了增强本国对外投资企业在国际市场上的竞争力，各国纷纷出台各种政策为企业对外投资提供支持。税收政策作为重要的宏观调控政策手段，在帮助对外投资企业降低运营成本、应对海外投资风险等方面发挥着极其重要的作用。近年来，在“走出去”战略的大背景下，对外直接投资的相关税收问题也越来越受到重视。配合企业“走出去”的步伐，我国政府在所得税制的完善、税收协定的签订以及对“走出去”企业的税收服务等方面做出了许多完善，但还存在许多漏洞和不足，一定程度上制约了我国对外直接投资的发展步伐。

为提出促进我国 ODI 发展的税收政策建议，本书首先从税收政策促进对外直接投资发展的理论分析入手，介绍了对外直接投资及对外直接投资发展理论，并着重介绍了税收原则理论，分析了税收政策对 ODI 的影响机制和几种税收政策工具的效用。接下来，对我国对外直接投资的发展状况加以介绍，在明确我国 ODI 目前发展特点和趋势的基础上，对我国 ODI 相关税收政策进行了梳理，并分析总结我国税收政策在促进对外直接投资发展方面的不足。

在前文理论分析的基础上，文章将我国对外直接投资流量额作为被解释变量，选取税收优惠指数、税收协定累计执行数作为解释税收政策的解释变量，并结合对外直接投资有关理论选取了 GDP、汇率、利率作为其他解释变量，通过 SPSS 先对模型进行回归分析。

回归分析结果显示：税收协定年度累计执行数、税收优惠指数都与对外直接投资流量额成正向相关，并且影响显著。为了在完全消除多重共线性的条件下进一步验证回归分析的结果，又通过主成分因子分析法对回归分析结果加以检验，进一步证明了税收政策对 ODI 有显著正向影响，说明通过税收协定的签谈、税收优惠的执行等税收政策可以有效促进我国对外直接投资的发展。继而，从各种税收政策类别对几个主要国家 ODI 税收政策进行比较，并分析对我国的经验借鉴。最后，结合我国“走出去”战略发展目标，借鉴国际经验，从税收激励政策、税收协定的签谈、税收管理和服务、国际税收合作四个方面提出完善我国

ODI 税收政策的思路性建议。

当一国（或地区）鼓励对外直接投资时，通常会对全球价值链分工地位提升产生积极的效果。当一国采取政策限制该国对外直接投资，包括投资规模、投资领域、投资的东道国等，会影响对外直接投资对该国全球价值链分工地位的提升效果。当投资东道国采取限制对外直接投资的政策，往往会对全球价值链分工地位提升产生负面效果。当东道国制订宽松的引进对外直接投资政策，会增强对一国对外直接投资对母国全球价值链分工地位的提升效果。

随着外国直接投资对东道国（这里以发展中国家为研究对象）在促进资本形成、推动技术进步、扩大贸易等方面的积极作用不断加强，各国政府对 FDI 的竞争日益激烈。东道国对 FDI 的吸引力取决于该国的区位优势以及作为 FDI 主体的跨国公司的类型，其中很多因素与东道国政策相关，包括直接的激励政策以及相关的教育政策、技术政策等。东道国不仅能利用 FDI 政策保护本国产业的发展，而且能协调本国产业发展战略与跨国公司全球战略目的之间的不一致，还能在外资进入后，不断增强本国区位优势，并最小化 FDI 的消极影响。传统的外国直接投资理论以跨国公司为研究对象，尽管邓宁的折衷理论比较全面地概括了影响 FDI 的东道国因素，但这种分析局限于对东道国的静态描述，没有考虑到东道国政策制订过程中政府与跨国公司之间的互动。因此，从东道国政府的立场展开研究具有重要的理论意义和实践意义。

理论界对东道国 FDI 政策的研究在 20 世纪 80 年代之前，几乎都以限制政策为主，80 年代之后以激励政策为研究对象并采用实证研究作为政策效果的检验手段。本部分首先从理论上分析东道国政府与外国直接投资两者之间的博弈均衡、FDI 对东道国经济发展的作用机制以及其自身的演变过程，从而为后文的分析打下基础。本部分还具体分析影响 FDI 的政府政策，如财政/金融激励政策，以及提升东道国区位优势和加强跨国公司与本地企业之间关联的相关政策，如贸易政策、教育政策、技术政策等。政策有效性的判断主要依据对外国直接投资的实际收益与政策成本的比较。实证研究表明，成功的 FDI 政策是“激励政策、规制框架、加强关联”三代外资政策的综合。在当前形势下，以加强关联为特征的第三代 FDI 政策的重要性不断增强。

3.3 对外直接投资影响全球价值链分工地位的路径

对外直接投资可以通过影响一国（或地区）及产业的工艺流程升级、产品升级、功能升级和链条升级，进而影响该国的全球价值链分工地位。

对外直接投资通过影响工艺流程升级进而影响一国全球价值链分工地位，具体表现为一国（或地区）通过对外直接投资引入更加先进的新型加工工艺，或者引入先进技术更新改良现有生产工艺，提高投入产出转化效率，降低产品的生产成本，不断增强对竞争对手的竞争优势，实现工艺流程升级，从而影响该国出口中间接增加值、国外增加值以及以增加值核算的总出口额，进而影响该国全球价值链分工地位。

对外直接投资通过影响产品升级进而影响一国全球价值链分工地位，具体表现为：一国通过对外直接投资可以引入先进技术改进老产品以增加产品功能，或者直接引进新产品以扩大产品宽度，先于竞争对手引进更先进的生产线，使得单位产品或服务的增加价值得以提高，从而能够不断拓展产品的市场占有率，提升产品的对外竞争力，实现产品升级，从而影响该国出口中间接增加值、国外增加值以及总出口额，进而影响该国全球价值链分工地位。

对外直接投资通过影响功能升级进而影响一国全球价值链分工地位，具体表现为：一国通过对外直接投资模仿、学习东道国的先进生产技术和市场营销技术，增强母国产业的研发设计能力和市场营销能力，使得母国产业不断向全球价值链分工地位高的位置移动，从而实现功能升级，进而影响该国的全球价值链分工地位。

对外直接投资通过影响链条升级进而影响一国全球价值链分工地位，具体表现为：一国通过对外直接投资可以将获得的专业知识、能力及竞争优势，自主地将其从运用到另一新的产业领域，或者直接转向一个新的、更加有竞争力的价值链条，实现价值链条升级，从而影响该国出口中间接增加值、国外增加值以及总出口额，进而影响该国全球价值链分工地位。

3.3.1　产业转移效应

小岛清的“边际产业转移”理论有效证明了产业转移效应：OFDI 先发生在那些失去比较优势的产业中，这些边际产业转移过程中所释放的一些国内稀缺的生产要素，能够转移到母国具有比较优势的产业中去。刘海飞等（2015）通过将中国 OFDI 分为顺梯度和逆梯度两种类型，分析 2003～2012 年中国对 113 个国家的投资和贸易面板数据，判断得出中国 OFDI 对外产业转移效应的存在性。中国逆梯度 OFDI 主要关注通过技术的寻求，实现初级产业向发展中国家转移，目前这种转移步伐呈现加快趋势。同时也应当考虑到，OFDI 引起的产业转移效应是否会导致投资国本土产业的“空心化”问题。盛毅（2003）认为，西方部分发达国家出现的所谓“产业空心化”，实际上是传统制造业大量向外转移而产生的“制造业空心化”，在传统产业向外转移的同时，西方发达国家重点发展了信息产业和新兴服务业，由此推动了产业结构的高度化。“制造业空心化”是产业结构升级的必然结果，不能因为一些国家的新兴产业没有及时弥补传统产业转移留下的空白，并认为这种转移是不可取的。我国目前出现的“离制造业”现象是认识偏差造成的，与发达国家“制造业空心化”的性质是完全不一样的。

3.3.2　产业关联效应

包含后向关联效应、前向关联效应和旁侧关联效应的“产业关联效应”，是指一个产业的变化会对其他关联产业产生影响，影响程度在很大程度上取决于技术配套、规模配套和管理能力配套这三个方面。产业关联效应，一方面可以通过产业内部分产业的投资向境外转移。该产业的发展会对要素产生新的需求组合，从而促进要素投入产业部门的发展。即：随着可获得要素的增加，生产型产业的投入成本降低，从而为母国该产业的经济活动创造了更大范围的资源活动空间。另一方面，随着某一产业对外投资速度的加快和对外投资规模的扩大，不同产业尤其是配套产业提出了更高的要求和更多的生产需求。这既可以增强上下游企业的生产能力，还可以促进技术水平的提升，对企业的管理能力的提高也提出了新的挑战，从而促进母国产业内及产业间的升级。

不同产业或同一产业不同行业间相互融合为一体，逐步形成新产业的动态发展过程，即产业融合。高技术产业与其他产业之间的融合，有助于提高整个社会的产业生产率和竞争力，尤其在促进传统产业创新过程、改变传统产业的生产与服务方式、促使产品与服务结构的升级等方面起到重要作用。产业融合后，通过建立与现有企业之间新的联系而改变竞争范围，促进更大范围的竞争。也就是说，产业融合还可以使市场从垄断竞争转向完全竞争。不同产业内企业间的横向一体化可以加速产业融合进程，从而提高企业竞争力和产业竞争力。

3.3.3 产业内竞争效应

波特（Porter，1990）在其“钻石模型”理论中指出，产业竞争会打破一国原有的市场均衡，也正因为如此，相关企业都在不断提升和创新技术，希望在激烈的市场竞争中站稳脚跟并寻求发展，从而促进母国的产业升级。产业内竞争，一部分是源自生产要素的竞争。当一个行业内部的同质化生产现象较为严重时，生产过程以及产品的同质化，导致对生产要素和原料资源的不合理、不科学配置，极易引发产业内部的无序竞争。面对同质化的产品和生产过程，部分企业如果能从品质、包装、技术等方面突破创新，创造产品差异化，便可获得独特的竞争优势，并远离同质化下的无序竞争。与此同时，政府若能通过政策和相关倾斜培育和发展异质性产业，将有利于规避恶性竞争与经济风险，降低生产成本，提高经济效益，实现该产业的转型和升级。产业内竞争还体现在部分实力较强的企业，一方面为了规模经济的利益，扩大生产规模，导致产品大量过剩；另一方面，随着该产业市场竞争的加剧，企业为争夺获得更大的市场份额开始诉诸低价竞销的手段。伴随着低价竞争和产业内部的优胜劣汰，在竞争中发展起来的企业将更趋理性，该行业也将走入一个成熟期，进而对产业升级起到正向促进作用。

3.4　不同投资动机 OFDI 对 GVC 分工地位的影响

3.4.1　效率寻求型 OFDI 影响 GVC 分工地位作用机理

效率寻求型 OFDI 是由于母国要素价格上升而将边际产业对外转移的投资。效率寻求型 OFDI 最主要的理论支撑来源于“边际产业扩张理论”（Kbjima，1978）和动态比较优势理论（Ozawa，1992）。母国主要通过对外直接投资，发挥边际产业转移效应和动态比较优势投资效应。将国内丧失比较优势的产业和产能过剩行业转移到具有比较优势的东道国，一方面可以释放边际产业的生产要素，并进行优化配置，将其用于发展国内优势产业或者投向技术含量高、增加值高的行业，促进高新技术产业的发展；另一方面，还能获得高于国内的收益，用来改造国内传统产业，扶持新产业，带动相关产业的发展，从而促进产业结构升级，进而影响母国的全球价值链分工地位。

假设一国（或地区）处在全球价值链上某一生产环节，投入产出效率为 P，产品质量为 Q，总出口额为 E、间接增加值为 IV、国外增加值为 FV，通过全球价值链分工地位指标测算的该国的全球价值链分工地位指数为：

$GVC\_Position = ln(1 + IV/E) - ln(1 + FV/E)$。

该国通过效率寻求型 OFDI 将国内丧失比较优势的产业和产能过剩行业转移出去后，释放国内生产要素，并进行优化配置。

（1）将其用于发展国内优势产业

优化该国生产工艺流程升级，提高产品质量，使得投入产出效率从 P 上升至 P'，产品质量从 Q 上升至 Q'，或者用于发展国内优势产业的产品设计和技术研发，使得该国向全球价值链中的研发设计环节移动，从而实现功能升级。

在其他条件以及总出口额不变的情况下，投入产出效率和产品质量的提升，会使得出口中的国外增加值减少，国外增加值在总出口中的比重降低，即 FV/E 的数值会减小；而间接增加值会增加，间接增加值在总出口中的比重提高，即 IV/E 的数值会增加。该国产业移向全球价值链的研发设计环节，会使得出口中间接增加值增加，提高间接增加值在总出口中的比重，即 IV/E 的数值会增加；而国外增加值会减少，降低国外增加值在总出口中的比重，即 FV/E 的数值会减小。通过 *GVC_Position* 指标测算的全球价值链分工地位指数会增加，从而提高该国的全球价值链分工地位。

（2）将其投向技术含量高、增加值高的行业，使该国从原有产业所在全球价值链上的某一环节跃迁至其他高增加值产业所在全球价值链中的某一环节

在其他条件和总出口额不变的情况下，该国从原有产业进入某一高增加值产业，会增加间接增加值，提高间接增加值在总出口中的比重，即 IV/E 会增加；而国外增加值可能不变，可能减少，也可能增加，从而国外增加值在总出口中的比重保持不变、减少或者增加，即 FV/E 不变、减小或者增加。

- 当 FV/E 不变、减小或者增加的幅度小于 IV/E 可能增加的幅度时，通过 *GVC_Position* 指标测算的全球价值链分工地位指数会增加，从而提高该国的全球价值链分工地位。
- 当 FV/E 增加的幅度大于 IV/E 增加的幅度时，通过 *GVC_Position*

指标测算的全球价值链分工地位指数会减小，从而降低该国的全球价值链分工地位。

- 当 FV/E 增加的幅度等于 IV/E 增加的幅度时，通过 *GVC_Position* 指标测算的全球价值链分工地位指数保持不变，从而该国的全球价值链分工地位保持不变。

效率寻求型 OFDI 对全球价值链分工地位影响的作用机理如图 3－1 所示。

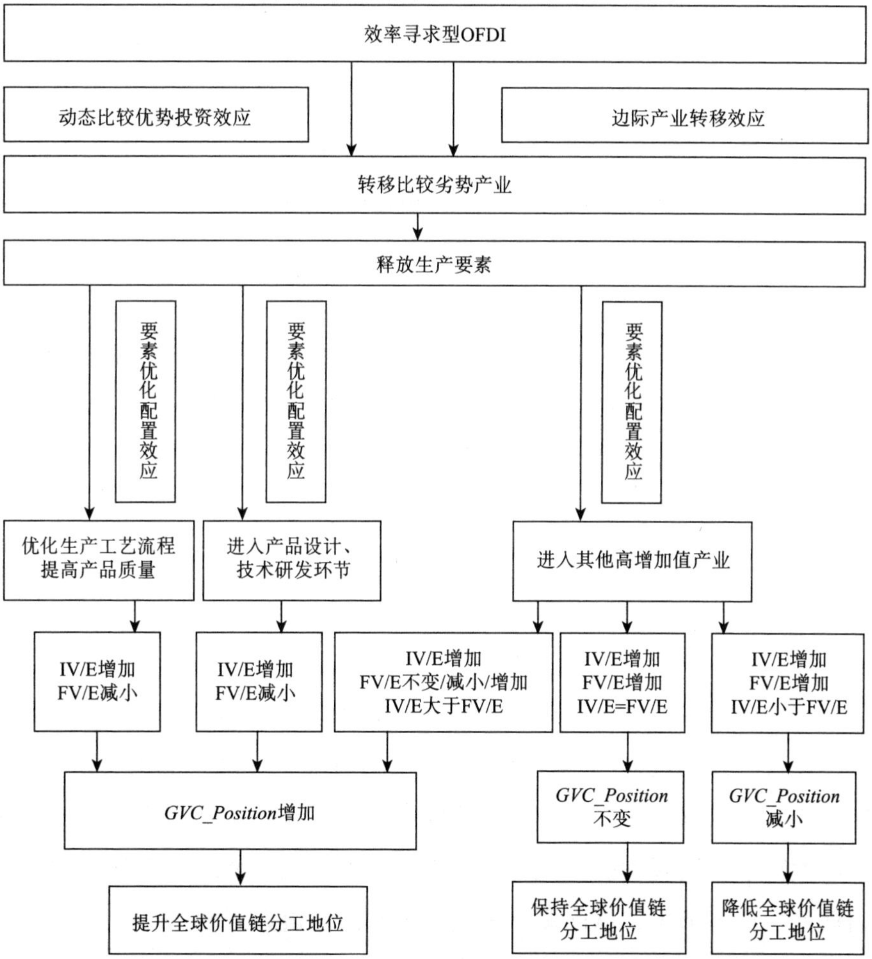

图 3－1　效率寻求型 OFDI 影响全球价值链分工地位的作用机理

3.4.2 技术寻求型 OFDI 影响 GVC 分工地位作用机理

生产技术是生产活动中不可或缺的一种高级生产要素，一国（或地区）缺乏生产技术将无法正常开展生产活动。一国通过开展技术寻求型 OFDI 不仅可以获得生产技术，最主要的是可以获取东道国先进的生产技术，以提升该国的技术水平。

获取东道国先进技术的途径大致有两条：

- 第一条是在东道国愿意进行技术交流的前提下，通过对外直接投资直接向东道国引进先进技术；
- 第二条是大多数情况下东道国对核心技术采取了保密措施，不能直接引进东道国先进技术，但可以进行绿地投资、跨国并购，发挥对外直接投资的逆向技术溢出效应（Kogut & Chang，1991），模仿、学习、吸收东道国先进技术，提升母国的技术水平。

除此之外，用于一国生产的技术，东道国也有可能缺乏，但东道国拥有丰富的技术研发人员及资金支持，一国通过对外直接投资合作建立海外研发公司，利用东道国资源，研发自身所需的新技术，并通过技术研发成果反馈机制，将研发的先进技术反馈给母国及其产业。

另外，一国可以通过对外直接投资直接引进技术含量高、产品质量好的产品，以达到获得先进技术的目的。

技术寻求型 OFDI 主要通过生产要素补缺效应、逆向技术溢出效应、技术研发成果反馈效应和产品升级效应影响母国全球价值链分工地位。具体表现为：一国通过技术寻求型 OFDI 获取先进技术以改善生产工艺流程，提高投入产出效率，降低生产成本和提高产品的技术含量，实现工艺流程升级和产品升级；获取先进技术嵌入原有全球价值链的技术研发环节，实现功能升级；获取先进技术嵌入高增加值产业的全球价值链的生产环节中，从而影响该国的全球价值链分工地位。

假设一国（或地区）处在全球价值链上某一生产环节，投入产出效率为 P，产品质量为 Q，总出口额为 E、间接增加值为 IV、国外增加

值为 *FV*，通过全球价值链分工地位指标测算的该国的全球价值链分工地位指数为：

$$GVC\_Position = ln(1 + IV/E) - ln(1 + FV/E)。$$

该国通过技术寻求型 OFDI，一方面发挥对外直接投资的生产要素补缺效应，弥补该国在生产活动中对先进技术的需求，从而提高投入产出效率，降低生产成本，实现生产工艺流程升级，使得生产工艺流程效率从 P 上升至 P'；另一方面，发挥对外直接投资的产品升级效应，引进技术含量高、产品质量好的产品，加快产品更新换代，快速实现产品升级，使得产品质量从 Q 上升至 Q'。

在其他条件以及总出口额不变的情况下，投入产出效率和产品质量的提升，一方面会使得该国出口中国外增加值减少，国外增加值在总出口中的比重降低，即 FV/E 的数值会减小；另一方面，会使得出口中间接增加值增加，间接增加值在总出口中的比重提高，即 IV/E 的数值会增加。通过 *GVC_Position* 指标测算的全球价值链分工地位指数会增加，从而提高该国的全球价值链分工地位。技术寻求型 OFDI 影响全球价值链分工地位的作用机理之一，如图 3－2 所示。

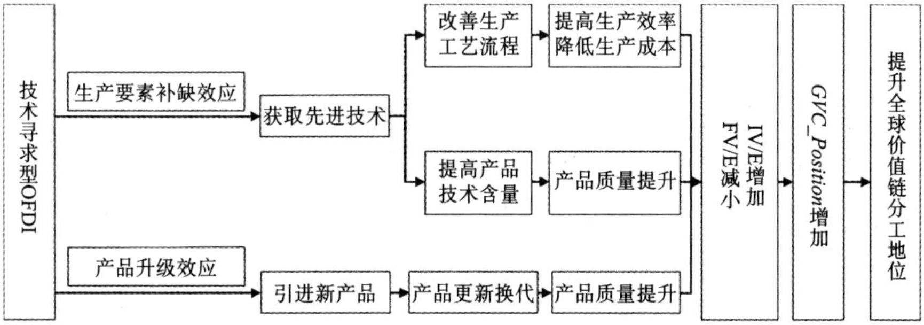

图 3－2　技术寻求型 OFDI 影响全球价值链分工地位的作用机理之一

该国通过技术寻求型 OFDI，可以发挥对外直接投资的逆向技术溢出效应提升自身的技术水平，进而进入全球价值链中的技术研发环节，从而影响该国的全球价值链分工地位。逆向技术溢出可以通过模仿示范效应、产业关联和人力资源三个途径来实现。一是企业在发达国家进行绿地投资或跨国并购，可以近距离接触当地企业的研发机构，通过模仿、吸收和创新提高自身的研发水平；二是对外直接投资企业可以更快捷地追踪发达国家的最新技术发展动态，利用产业关联效应掌握整个产业链条的市场动向，主动寻求价值链节的提升路径；三是对外直接投资企业通过雇佣当地研发人员、培训海外市场人才，提升对高新技术的吸收能力和企业的研发水平（张宏和王健，2013）。另一方面，学习吸收东道国先进的市场营销技术，并通过逆向技术溢出效应增强一国在产品营销、品牌推广和售后服务等方面的能力，以扩大产品销售市场，实现功能升级。

此外，逆向技术溢出效应提升一国技术水平往往会受到东道国因素的影响，使得逆向技术溢出效应的效果不够显著，而通过技术研发成果反馈效应可以降低这种影响。该国可以通过独资或合资的方式在东道国新建研发机构，利用东道国资源包括人力、资金和技术等与东道国共同进行技术研发，并通过研发成果反馈效应扩大该国的技术积累，弥补该国的技术劣势并逐步实现技术领先实现功能升级。

假设该国（或地区）在全球价值链上某一生产环节，技术水平为 T，市场营销能力为 S，总出口额为 E，间接增加值为 IV，国外增加值为 FV，通过全球价值链分工地位指标测算的该国的全球价值链分工地位指数为：

$$GVC\_Position = ln(1+IV/E) - ln(1+FV/E)$$

该国通过技术寻求型 OFDI，发挥对外直接投资的逆向技术溢出效应和技术研发成果反馈效应，提升了该国及其产业的技术水平和市场营销能力，实现功能升级，从而使得技术水平 T 上升至 T'，市场营销能力 S 上升至 S'。

在其他条件以及总出口额不变的情况下，该国及其产业技术水平的提升，会使得出口中间接增加值增加，提高间接增加值在总出口中的比重，即 IV/E 的数值会增加；而国外增加值会减少，降低国外增加值在总出口中的比重，即 FV/E 的数值会减小。该国及其产业市场营销能力的提升，会使得间接增加值增加，提高间接增加值在总出口中的比重，即 IV/E 的数值会增加；而国外增加值基本保持不变，国外增加值在总出口中的比重保持不变，即 FV/E 的数值不变。通过 *GVC_Position* 指标测算的全球价值链分工地位指数会增加，从而提高该国的全球价值链分工地位。

技术寻求型 OFDI 影响全球价值链分工地位的作用机理之二，如图 3 -3 所示。

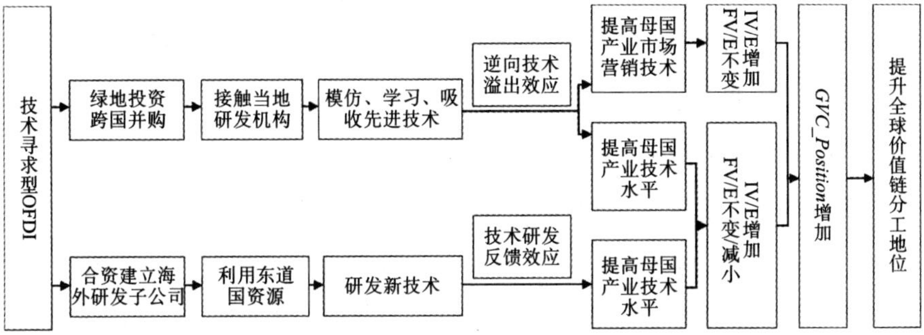

图 3 -3　技术寻求型 OFDI 影响全球价值链分工地位升级作用机理之二

该国通过技术寻求型 OFDI，通过影响跨国公司的机会识别能力和机会利用能力以发挥对外直接投资的动态能力提升效应，从而把握机会并重新配置资源对一国的产业进行整合，实现全球价值链链条跃迁，进而影响一国的全球价值链分工地位。一方面，一国通过对外直接投资可以获得最新市场信息和先进技术，准确把握国际市场需求与技术水平发展趋势，提升一国的机会识别能力；另一方面，通过对外直接投资发挥逆向技术溢出效应、技术研发成果反馈效应提高一国的技术水平，同时通过“干中学”、人才培训等方式提升一国的学习能力，提高一国的机会利用能力，从而该国从原产业的全球价值链环节跃迁至其他高增加值产业的全球价值链环节。

此外，一国对外直接投资发挥产业间技术溢出效应实现全球价值链链条跃迁，进而影响一国的全球价值链分工地位。技术寻求型 OFDI 主要通过知识型溢出效应和产业关联性溢出效应来发挥产业间技术溢出效应。知识性溢出效应与要素流动密切相关，对外直接投资可以加快技术、人才、资金等生产要素在母国与东道国之间流动，发挥产业间知识性溢出效应；对外直接投资通过逆向技术溢出效应、技术研发成果反馈效应提升母国技术水平的同时，通过产业间的模仿学习提升母国相关产业的技术水平，发挥产业间技术溢出效应，使得母国跃迁至新产业的全球价值链的某一生产环节中。

假设该国处在全球价值链上某一生产环节，总出口额为 E，间接增加值为 IV，国外增加值为 FV，通过全球价值链分工地位指标测算的该国及其原有产业的全球价值链分工地位指数为：

$$GVC\_Position = ln(1 + IV/E) - ln(1 + FV/E)$$

该国通过技术寻求型 OFDI，发挥对外直接投资的发挥动态能力，提升效应和产业间技术溢出效应，使得该国从原有产业所在的全球价值链上的某一环节跃迁至其他高增加值产业所在的全球价值链中的某一环节。

在其他条件和总出口额不变的情况下，该国从原有产业进入某一高增加值产业，会使得间接增加值增加，提高间接增加值在总出口中的比重，即 IV/E 的数值会增加；而国外增加值可能不变，可能减少，也可能增加，从而国外增加值在总出口中的比重保持不变、减少或者增加，即 FV/E 的数值不变、减小或者增加。

- 当 FV/E 不变、减小或者增加的幅度小于 IV/E 可能增加的幅度时，通过 *GVC_Position* 指标测算的全球价值链分工地位指数会增加，从而提高该国的全球价值链分工地位；
- 当 FV/E 增加的幅度大于 IV/E 可能增加的幅度时，通过 *GVC_Position* 指标测算的全球价值链分工地位指数会减小，从而降低该国的全球价值链分工地位；
- 当 FV/E 增加的幅度等于 IV/E 增加的幅度时，通过 *GVC_Position* 指标测算的全球价值链分工地位指数保持不变，从而该国的全球价值链分工地位保持不变。

技术寻求型 OFDI 影响全球价值链分工地位的作用机理之三，如图

3 -4 所示。

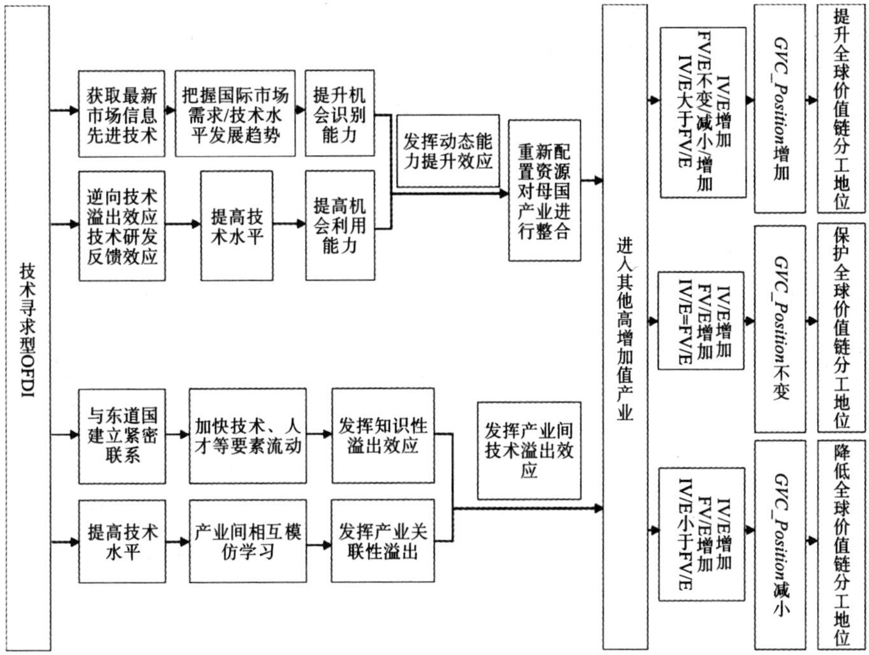

图 3 -4　技术寻求型 OFDI 影响全球价值链分工地位的作用机理之三

3.4.3　资源寻求型 OFDI 影响 GVC 分工地位作用机理

一国开展资源寻求型 OFDI 主要是为了获取东道国的矿产、石油等初级产品，弥补国内相关产业对于矿产、石油等资源的需求。资源寻求型 OFDI 主要是通过打破相关产业对于资源需求的瓶颈以及通过“投资—出口”带动效应影响一国的全球价值链分工地位。

一国通过资源寻求型 OFDI，利用东道国在资源上的比较优势，能够为该国产业的发展提供长期稳定的关键性短缺资源。一方面，可以降低该国对于资源的获取成本，提高投入产出效率，使得生产工艺流程得以改善；另一方面，也能加快产品的更新换代，提升产品质量，实现产品升级。另外，母国在利用东道国比较优势资源发展相关产业的同时，也加强了与东道国相关产业产品市场的联系，并发挥对外直接投资的

“投资——出口”带动效应，能够增加该国及其产业相关产品出口，扩大对东道国市场份额，以提升母国市场营销能力，实现功能升级。除此之外，一国通过资源寻求型 OFDI，可以获取该国国内稀缺甚至没有的资源，推动该国利用该资源进入高增加值产业。

假设该国及其原有产业处在全球价值链上某一生产环节，投入产出效率为 P，产品质量为 Q，市场营销能力为 S，总出口额为 E，间接增加值为 IV，国外增加值为 FV，通过全球价值链分工地位指标测算的该国及其原有产业的全球价值链分工地位指数为：

$$GVC\_Position = ln(1 + IV/E) - ln(1 + FV/E)$$

该国通过资源寻求型 OFDI，打破资源瓶颈，获得成本更低的资源，加快产业产品更新换代，优化相关产业的生产工艺流程，提高投入产出效率，提升产品质量，并发挥对外直接投资具有“投资——出口”带动效应，使得投入产出效率从 P 上升至 P'，产品质量从 Q 上升至 Q'，市场营销能力从 S 上升至 S'。

在其他条件以及总出口额不变的情况下，投入产出效率和产品质量的提升，一方面会使得出口中国外增加值减少，降低国外增加值在总出口中的比重，即 FV/E 的数值会减小；另一方面会使得间接增加值增加，提高间接增加值在总出口中的比重，即 IV/E 的数值会增加。市场营销能力的提升，会使得间接增加值增加，提高间接增加值在总出口中的比重，即 IV/E 的数值会增加；但国外增加值基本保持不变，使得国外增加值在总出口中的比重保持不变，即 IV/E 的数值保持不变。通过 *GVC_Position* 指标测算的全球价值链分工地位指数会增加，从而提高该国的全球价值链分工地位。

此外，一国通过资源寻求型 OFDI 将获取的资源用于能获得增加值高的其他产业，使得该国跃迁至其他高增加值产业所在的全球价值链中的某一环节。

在其他条件和总出口额不变的情况下，该国从原有产业进入某一高增加值产业，会使得出口中的间接增加值增加，提高间接增加值在总出口中的比重，即 IV/E 的数值会增加，而国外增加值可能不变，可能减少，也可能增加，从而国外增加值在总出口中的比重保持不变、减少或者增加，即 FV/E 的数值不变、减小或者增加。

- 当 FV/E 不变、减小或者增加的幅度小于 IV/E 可能增加的幅度时，通过 *GVC_Position* 指标测算的全球价值链分工地位指数会增加，从而提高该国的全球价值链分工地位；
- 当 FV/E 增加的幅度大于 IV/E 可能增加的幅度时，通过 *GVC_Position* 指标测算的全球价值链分工地位指数会减小，从而降低该国的全球价值链分工地位；
- 当 FV/E 增加的幅度等于 IV/E 可能增加的幅度时，通过 *GVC_Position* 指标测算的全球价值链分工地位指数保持不变，从而该国的全球价值链分工地位保持不变。资源寻求型 OFDI 对全球价值链分工地位影响的作用机理如图 3 -5 所示。

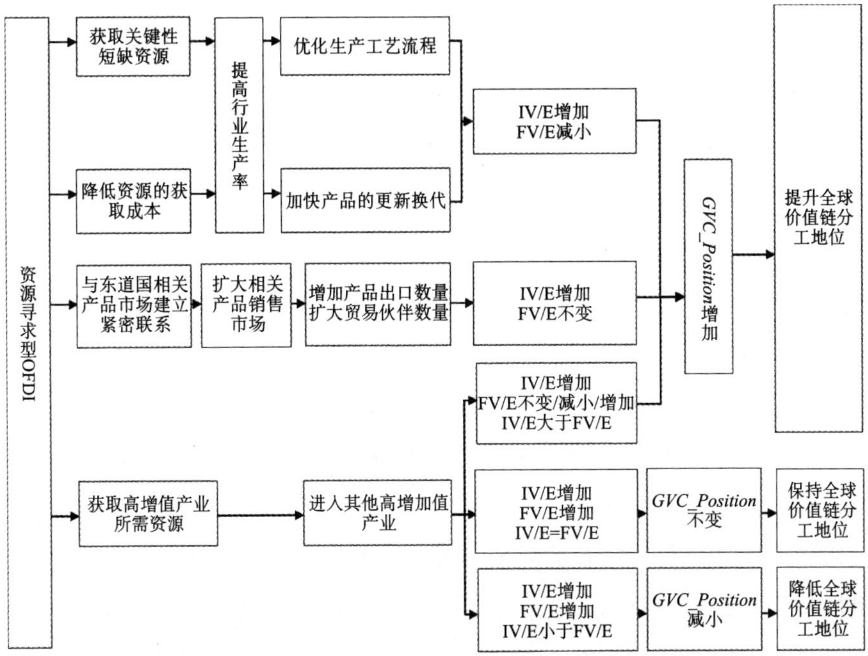

图 3 -5　资源寻求型 OFDI 影响全球价值链分工地位的作用机理

3.4.4 市场寻求型 OFDI 影响 GVC 分工地位作用机理

一国（或地区）开展市场型寻求型 OFDI 主要是为了开拓产品销售市场。市场寻求型 OFDI 主要通过在东道国市场中发挥竞争效应、品牌溢出效应和“投资—出口”带动效应影响一国的全球价值链分工地位。

假设该国及其原有产业处在全球价值链上某一生产环节，投入产出效率为 P，产品质量为 Q，市场营销能力为 S，总出口额为 E，间接增加值为 IV，国外增加值为 FV，通过全球价值链分工地位指标测算的该国及其原有产业的全球价值链分工地位指数为：

$$GVC\_Position = ln(1 + IV/E) - ln(1 + FV/E)$$

该国通过市场寻求型 OFDI，会使得该国的产品进入东道国市场并参与国际竞争，通过对外直接投资的反馈机制将产品参与竞争的结果反馈给母国及其产业。若该国产业的产品在东道国市场不具备竞争优势，一方面会迫使国内相关产业提高投入产出效率，优化生产工艺流程，提高产品竞争力；另一方面，会迫使国内相关产业加快产品的更新换代，进行产品升级，提升产品质量，进而提升产品竞争力，从而使得投入产出效率从 P 上升至 P'，产品质量从 Q 上升至 Q'。

若该国的产品在东道国市场具有竞争优势，通过营造品牌形象，一方面发挥对外直接投资的品牌溢出效应，扩大产品在东道国的市场份额；另一方面，通过发挥对外直接投资的“投资—出口”带动效应，进一步增加产品出口，并进一步扩大产品在东道国的市场份额，使得母国产业实现功能升级，市场营销能力从 S 上升至 S'。

在其他条件以及总出口额不变的情况下，投入产出效率和产品质量的提升，一方面会使得出口中的国外增加值减少，降低国外增加值在总出口中的比重，即 FV/E 的数值会减小；另一方面，会使得出口中间接增加值增加，提高间接增加值在总出口中的比重，即 IV/E 的数值会增加，通过 GVC_Position 指标测算的全球价值链分工地位指数会增加，从而提高该国的全球价值链分工地位。市场营销能力的提升，会使得出口中的间接增加值增加，提高间接增加值在总出口中的比重，即 IV/E 的数值会增加；但国外增加值基本保持不变，使得国外增加值在总出口中的比重保持不变，即 IV/E 的数值保持不变。通过 GVC_Position 指标测算的全球价值链分工地位指数会增加，从而提高该国的全球价值链分工地位。市场寻求型 OFDI 影响全球价值链分工地位的作用机理，如图 3－6 所示。

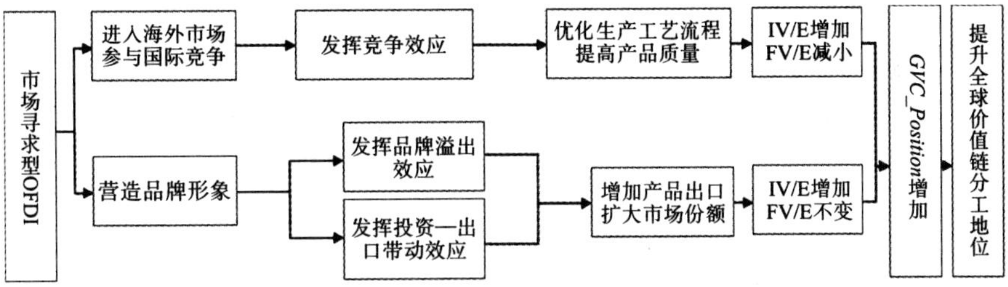

图 3－6　市场寻求型 OFDI 影响全球价值链分工地位的作用机理

从微观企业视角来看，按照企业进行 OFDI 所寻求的目的和效果不同，可以划分为资源寻求型、市场寻求型、技术寻求型和战略资产寻求型四种目的。对于中国大部分企业来讲，都将资源视作重要动因。资源寻求型 OFDI 在冲破产业发展过程中的资源紧缺障碍和降低国际物流成本的同时，对自身产业升级起到了促进作用。对于那些同类产业在国内市场趋近饱和、发达国家贸易壁垒严重的情况下，为了释放国内产能，促进贸易发展的企业来讲，在对外投资过程中，对方国的市场就成为重要的考虑因素。拥有核心技术和战略资产的企业，除了可以促进自身企业、行业的产业结构优化，还可以带动上下游产业的升级和发展。尽管就目前来看这两类动机只体现在我国少部分企业，但它们对产业技术水平和产业升级的影响更为深远。

第4章

对外直接投资影响中国全球价值链分工地位的实证分析

本章将分别从中国整体、三大产业以及制造业层面，实证检验对外直接投资对中国全球价值链分工地位产生如何影响以及影响程度有多大。首先，本章从对外直接投资规模、投资区位分布、投资行业分布以及投资者构成等方面就中国对外直接投资概况进行分析；然后，构建对外直接投资对中国全球价值链分工地位影响的多元回归模型，实证分析对外直接投资对中国整体、三大产业以及制造业全球价值链分工地位的影响；最后，实证检验东道国因素中东道国市场规模和技术水平如何影响对外直接投资对中国全球价值链分工的地位。

4.1　中国对外直接投资概况

4.1.1　对外直接投资总体规模

从 1979 年至今，中国对外直接投资大致经历了四个阶段：

- 第一阶段（1979 ~ 1985 年），对外直接投资探索起步阶段；
- 第二阶段（1986 ~ 1991 年），对外直接投资快速增长阶段；
- 第三阶段（1992 ~ 2001 年），对外直接投资调整阶段；
- 第四阶段（2002 年至今），对外直接投资持续、快速增长阶段。

2002 ~ 2016 年，中国对外直接投资保持着快速增长趋势，2016 年中国对外直接投资为 1 961.5 亿美元，达到历史最高点，世界排名第 2 位，仅次于美国；2017 年中国对外直接投资流量为 1 582.9 亿美元，首次出现负增长，同比下降 19.3%，仅次于 2016 年的对外直接投资，占全球当年流量的 11.1%，流量规模仅次于美国（3 422.7 亿美元）和日本（1 604.5 亿美元），排名第 3 位。2002 ~ 2017 年中国对外直接投资流量及世界排名如图 4 -1 所示。

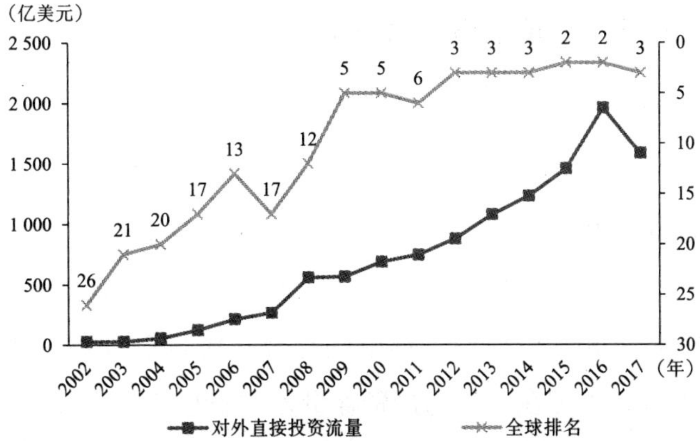

图 4 -1　2002 ~ 2017 年中国对外直接投资流量及全球排名

资料来源：2002 ~ 2017 年《中国对外直接投资统计公报》

2017 年末，中国对外直接投资存量达 18 090.4 亿美元，是 2002 年末存量（299 亿美元）的 60.5 倍，占全球对外直接投资存量的份额由 2002 年的 0.4% 提升至 5.9%，排名由第 25 位上升至第 2 位，仅次于美国（7.8 万亿美元）。2002 ~ 2017 年中国对外直接投资存量及全球排名情况如图 4 -2 所示。

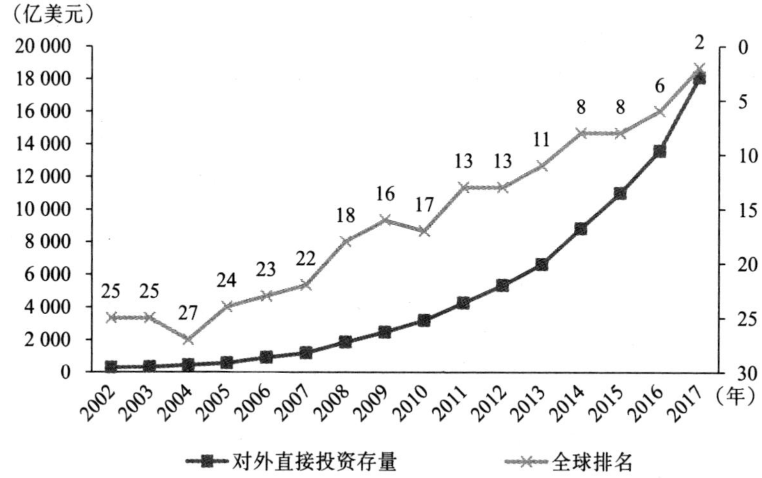

图 4 -2　2002 ~ 2017 年中国对外直接投资存量及全球排名情况

资料来源：2002 ~ 2017 年《中国对外直接投资统计公报》

4.1.2　对外直接投资区位分布

（1）投资存量的分布

中国对外直接投资遍布亚洲、拉丁美洲、北美洲、欧洲、大洋洲以及非洲。2003 ~ 2017 年，中国在各大洲的对外直接投资存量呈现持续上涨的态势，其中在亚洲和拉丁美洲的投资存量分列前两位。前两位地区的中国投资存量之和平均占据中国对外直接投资存量总和的八成以上。2017 年末，中国在亚洲的投资存量为 11 393.2 亿美元，占比 63%，是 2003 年末存量的 42.8 倍；在拉丁美洲的投资存量为 3 868.9 亿美元，占比 21.4%，是 2003 年末存量的 83.7 倍；在欧洲的投资存量为

1 108.6 亿美元，占比 6.1%，是 2003 年末存量的 226.2 倍；在北美洲的投资存量为 869.1 亿美元，占比 4.8%，是 2003 年末存量的 158 倍；在非洲的投资存量为 433 亿美元，占比 2.4%，是 2003 年末存量的 88.4 倍；在大洋洲的投资存量为 417.6 亿美元，占比 2.3%，是 2003 年末存量的 88.9 倍。2003～2017 年，中国在亚洲的对外直接投资存量平均占比为 70.1%，在拉丁美洲的平均占比为 16.2%，在欧洲的平均占比为 4.8%，在北美洲的平均占比为 3.3%，在非洲的平均占比为 3.3%，在大洋洲的平均占比为 2.2%。2003～2017 年中国对外直接投资存量在各州分布情况如表 4－1 所示。

表 4－1　2003～2017 年中国对外直接投资存量在各洲的分布情况

（单位：亿美元）

年份	亚洲	拉丁美洲	非洲	欧洲	北美洲	大洋洲
2003	266.0	46.2	4.9	4.9	5.5	4.7
2004	334.8	82.7	9.0	6.8	9.1	5.4
2005	409.5	114.7	16.0	12.7	12.6	6.5
2006	479.8	196.9	25.6	22.7	15.9	9.4
2007	792.2	247.0	44.6	44.6	32.4	18.3
2008	1 313.2	322.4	78.0	51.3	36.6	38.2
2009	1 855.5	306.0	93.3	86.8	51.8	64.2
2010	2 281.5	438.8	130.4	157.1	78.3	86.1
2011	3 034.3	551.7	162.4	244.5	134.7	120.1
2012	3 644.1	682.1	217.3	369.8	255.0	151.1
2013	4 474.1	861.0	261.9	531.6	286.1	190.2
2014	6 009.7	1 061.1	323.5	694.0	479.5	258.6
2015	7 689.0	1 263.2	346.9	836.8	521.8	320.9
2016	9 094.5	2 071.5	398.8	872.0	754.7	382.4
2017	11 393.2	3 868.9	433.0	1 108.6	869.1	417.6

资料来源：2003～2017 年《中国对外直接投资公报》

（2）投资流量的分布

2017 年，中国内地对香港地区的投资流量达 911.53 亿美元，占当年对外直接投资总额的 57.6%，同比下降 20.2%，年末投资存量为 9 812.66 亿美元，占存量总额的 54.2%。2017 年，中国内地对欧盟直接投资快速增长，流量首破百亿美元达 102.67 亿美元，同比增长 6.5%，占流量总额的 2.7%，年末投资存量为 860.15 亿美元，占存量总额的 4.8%。2017 年，中国内地对东盟十国的投资流量为 141.19 亿美元，同比增长 8.9%，占流量总额的 37.4%，年末存量为 890.14 亿美元，占存量总额的 4.9%。2016 年，中国内地对美国直接投资流量为 64.25 亿美元，是上年的 1/3，占流量总额的 4%，年末投资存量为 673.81 亿美元，占对外直接投资存量的 3.7%。2016 年，中国内地对澳大利亚直接投资流量达 42.42 亿美元，创对澳大利亚投资新高，同比增长 1.3%，占流量总额的 2.7%，年末投资存量为 361.75 亿美元，占对外直接投资存量的 2%。2016 年，中国内地对俄罗斯的直接投资流量 15.48 亿美元，同比增长 19.7%，占流量总额的 1%，年末投资存量为 138.72 亿美元，占对外直接投资存量的 0.8%。

表 4-2　　2017 年中国内地对主要经济体投资情况

年份	国家或地区	流量			存量	
		金额（亿美元）	比重（%）	同比（%）	金额（亿美元）	比重（%）
2017 年	中国香港	911.53	-20.2	57.6	9 812.66	54.2
	东盟	141.19	37.4	8.9	890.14	4.9
	欧盟	102.67	2.7	6.5	860.15	4.8
2016 年	美国	64.25	4.0	—	673.81	3.7
	澳大利亚	42.42	2.7	1.3	361.75	2.0
	俄罗斯	15.48	19.7	1.0	138.72	0.8

资料来源：2017 年《中国对外直接投资公报》

4.1.3　对外直接投资行业分布

中国对外直接投资涵盖国民经济的 18 个行业大类，覆盖三大产业。

2017 年末，79.8% 的中国对外直接投资存量分布在第三产业（即服务业），金额为 14 439.3 亿美元，主要分布在租赁和商务服务业，金融、批发和零售，信息传输/软件和信息技术服务业，房地产业，交通运输/仓储和邮政业等领域。分布在第二产业的投资存量为 3 533.2 亿美元，占比 19.5% 。其中，采矿业为 1 505.7 亿美元，占第二产业投资存量的 42.6% ；制造业为 1 400.6 亿美元，占比 39.6% ；建筑业为 337.0 亿美元，占比 9.5% ；电力/热力/燃气及水的生产和供应业为 249.9 亿美元，占比 7.1% 。分布在第一产业投资存量为 117.9 亿美元，占比 0.7% 。2017 年末中国对外直接投资存量各行业分布情况如图 4 -3 所示。

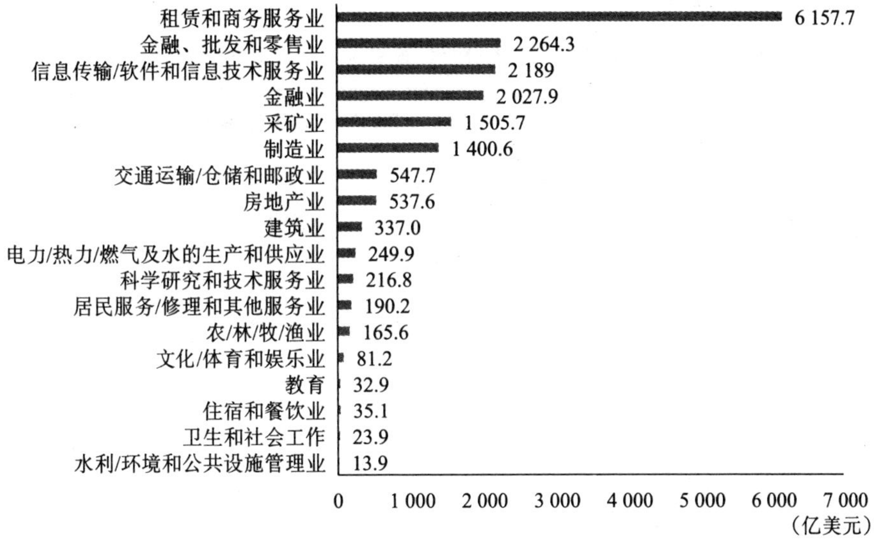

图 4 -3　2017 年末中国对外直接投资存量各行业分布情况

资料来源：2017 年《中国对外直接投资公报》

4.1.4　对外直接投资投资者构成

2007 ~2017 年，中国对外直接投资者包括有国有企业、集体企业、股份合作企业、个体经营、有限责任公司、股份有限公司、私营企业、港澳台投资企业、外商投资企业和其他企业等企业类型。其中，国有企业占比呈下降趋势，从 19.7% 下降至 5.6%；股份合作企业占比也呈下降趋势，从 7.8% 下降至 1.8%；有限责任公司占比先期呈上升趋势，从 43.3% 上升至 2015 年的 67.4%，但 2017 年下降至 41.4%；股份有限公司占比比较稳定，维持在 7% ~10%；2007 ~2015 年私营企业占比比较稳定，维持在 8% ~9%，2016 年占比上升至 26.2%，2017 年下降至 25.7%；港澳台投资企业以及外商投资企业的占比比较稳定，分别维持在 2% ~4% 和 3% ~5% 区间，有限责任公司、股份有限公司、国有企业以及私营企业所占的份额位列所有所占份额中的前四位。2007 ~2017 年中国对外直接投资企业类型比重分布如表 4 -3 所示。

表 4 -3　　2007 ~2017 年中国对外直接投资企业类型比重分布　　（单位：%）

	国有企业	集体企业	股份合作企业	个体经营	有限责任公司	股份有限公司	私营企业	港澳台投资企业	外商投资企业	其他企业
2007	19.70	1.80	7.80	—	43.30	10.20	11.00	1.80	3.70	0.70
2008	16.10	1.50	6.50	—	50.20	8.80	9.40	1.80	3.50	2.20
2009	13.40	1.20	4.90	—	57.70	7.20	7.50	1.80	3.10	3.20
2010	10.20	1.10	4.60	—	57.10	7.00	8.20	2.00	3.20	6.60
2011	11.10	1.00	4.00	0.80	60.40	7.70	8.30	2.40	3.60	0.70
2012	9.10	0.80	3.40	1.60	62.50	7.40	8.30	2.20	3.40	1.30
2013	8.00	0.60	3.10	0.70	66.10	7.10	8.40	2.00	3.00	1.00
2014	6.70	0.50	2.50	0.90	67.20	6.70	8.20	1.80	2.60	2.90
2015	5.80	0.40	2.30	0.90	67.40	7.70	9.30	1.90	2.80	1.50
2016	5.20	0.50	2.00	2.40	43.20	10.10	26.20	3.20	4.80	2.40
2017	5.60	0.40	1.80	2.50	41.40	10.90	25.70	3.40	5.00	3.30

资料来源：2007 ~2017 年《中国对外直接投资公报》

2007 ~2017 年，各企业类型的对外非金融类直接投资存量呈现上涨的趋势。其中，国有企业对外非金融类直接投资一直占据主导地位，投资存量从 708.33 亿美元增长到 7 886.69 亿美元；有限责任公司对外非金融类直接投资存量位居次席，投资存量从205.42亿美元增长到2 634.25亿美元；股份有限公司对外非金融类直接投资存量位居第三，投资存量从51.61亿美元增长到1 397.44亿美元。这三种类型企业的对外非金融类直接投资存量之和平均占所有类型企业投资存量九成以上。

在近两年，除了股份合作企业和有限责任公司投资存量有所下降外，其他类型企业的投资存量增长速度明显加快。其中，2016年私营企业的投资存量由2015年的197.02亿美元增加至1 026.64亿美元，翻了数倍，2017年达1 108.31亿美元。

2007～2017年中国各类型企业对外直接投资存量情况如表4-4所示。

表4-4　2007～2017年中国各类型企业对外直接投资存量情况（单位：亿美元）

年份	国有企业	集体企业	股份合作企业	有限责任公司	股份有限公司	私营企业	个体经营	港澳台企业	外商投资企业	其他企业
2007	708.33	4.05	12.14	205.42	51.61	12.14	—	8.10	8.10	2.02
2008	1 025.07	5.89	17.67	296.03	97.2	14.73	—	1.47	11.78	2.95
2009	1 382.34	5.99	19.98	439.47	111.87	19.98	—	2.00	9.99	5.99
2010	1 734.18	5.24	28.82	618.23	159.8	39.29	—	2.62	18.34	13.10
2011	2 240.84	7.15	57.18	889.9	271.62	60.76	—	7.15	32.17	7.15
2012	2 604.23	8.71	126.29	1 140.98	287.42	95.81	—	13.06	47.90	30.48
2013	2 999.57	5.43	108.68	1 673.67	407.55	119.55	—	21.74	65.21	32.60
2014	3 993.31	7.45	111.75	2 473.47	573.67	119.20	—	22.35	89.40	59.60
2015	4 728.53	28.15	159.49	3 021.00	816.23	197.02	—	37.53	140.73	253.31
2016	6 407.67	35.40	82.60	2 100.49	1 014.84	1 026.64	—	413.02	413.02	306.81
2017	7 886.69	48.19	80.31	2 634.25	1 397.44	1 108.31	1 188.63	931.63	481.88	305.19

资料来源：2007～2017年《中国对外直接投资统计公报》

4.2 模型构建和变量选取

4.2.1 计量模型构建

基于影响全球价值链分工地位的影响因素分析，本部分将对外直接投资影响全球价值链分工地位的多元回归模型设定为如下形式：

$$GVC\_Position_t = \alpha_0 + \alpha_1 LnOFDI_t + \alpha_2 LnControl_t + \varepsilon_t \tag{4-1}$$

其中：下标 t——时间；

$GVC\_Position_t$——GVC 分工地位指标；

$LnOFDI_t$——对外直接投资指标；

$LnControl_t$——控制变量指标，控制变量包括高级人力资本（*HUM*）、技术创新能力（*Innovation*）、物质资本密度（*K*）、出口规模（*Export*）、外商直接投资（*FDI*）以及制度因素（*EFI*）等；

ε_t——随机误差项；

α_1——对外直接投资对全球价值链分工地位影响的程度大小。

此外，为了验证东道国市场规模（*Scale*）和东道国技术水平（*rd*）是否会影响 OFDI 对 GVC 分工地位的影响作用，在模型（4－1）中分别加入交互项 $LnOFDI \cdot LnScale$ 和 $LnOFDI \cdot Lnrd$ 以替换变量 $LnOFDI$ 来进行验证。替换变量后的模型（4－1）可以改写为模型（4－2）和模型（4－3）：

$$GVC\_Position_{ijt} = \beta_0 + \beta_1 LnOFDI_{it} \cdot LnScale_{jt} + \beta_2 LnControl_{it} + \varepsilon_{ijt} \tag{4-2}$$

$$GVC\_Position_{ijt} = \kappa_0 + \kappa_1 LnOFDI_{it} \cdot Lnrd_{jt} + \kappa_2 LnControl_{it} + \varepsilon_{ijt} \tag{4-3}$$

其中：下标 i——中国；

j——东道国国家；

t——年份；

ε_{ijt}——随机误差项。

东道国包含澳大利亚、奥地利、比利时、保加利亚、巴西、加拿大、瑞士、塞浦路斯、捷克、德国、丹麦、西班牙、爱沙尼亚、芬兰、法国、英国、希腊、克罗地亚、匈牙利、印度尼西亚、印度、爱尔兰、意大利、日本、韩国、立陶宛、卢森堡、拉脱维亚、墨西哥、马耳他、荷兰、挪威、波兰、葡萄牙、罗马尼亚、俄罗斯、斯洛伐克、斯洛文尼亚、瑞典、土耳其、美国等 41 个国家。

判断东道国市场规模和东道国技术水平是否影响 OFDI 对 GVC 分工地位的影响作用，则需要分别将模型（4 -1）、模型（4 -2）和模型（4 -3）回归后的系数 α_1、β_1和 k_1结合起来进行分析说明。

4.2.2　变量选取和数据来源

现将进行实证研究的被解释变量、解释变量与控制变量的选取及数据来源说明如下：

（1）全球价值链分工地位指标（*GVC_Position*）

选择本书第 2 章中测算的中国整体、三大产业以及制造业 GVC 分工地位指数作为全球价值链分工地位指标。该 GVC 分工地位指数由 UIBE GVC Index 数据库计算而得。

（2）中国对外直接投资（*OFDI*）

选择中国历年对外直接投资存量作为中国对外直接投资的指标。中国对外直接投资存量的数据是以美元为计价单位，本书将中国对外直接投资数据用年平均汇率进行转换，从而得到以人民币为计价单位的数据。同时，为了剔除价格波动的影响，将其与相对应年份 GDP 平减指数进行平减的比值作为中国对外直接投资的代理变量。其中，重工业和轻工业以及不同技术类别制造业的对外直接投资数据无法直接获取。本书采用历年重工业和轻工业与工业对外直接投资的乘积以及不同技术制造业对外直接投资的比重与制造业对外直接投资的乘积间接获取。各指标数据来源于历年《中国对外直接投资公报》和《中国统计年鉴》。

（3）高级人力资本（*HUM*）

高级人力资本指标主要是衡量高级劳动要素对中国全球价值链分工地位的影响。本书选择全国层面的科技人数总数占总从业人员的比重来代理该指标。该指标数据来源历年《中国科技统计年鉴》。

（4）技术创新能力（*Innovation*）

研究与试验发展（*R&D*）活动的目的是增加知识总量和应用这些知识进行创造性活动，是衡量一个国家技术创新能力的重要指标，因此本书选择全国研究与试验发展经费支出占国内生产总值的比重来代理该指标，以衡量该指标对中国全球价值链分工地位的影响。该指标来源于历年《中国科技统计年鉴》。

（5）物质资本密度（*K*）

本书选择人均全行业全社会固定资产来代理该指标。由于该指标无法直接获取，本书采用全行业全社会固定资产合计数与全行业年平均从业人员的比值来计算获得，如果物质资本密度对中国全球价值分工地位具有正向效应，说明从全球价值链的视角来考虑，提高资本强度有利于中国全球价值链分工地位。各指标数据来源历年《中国统计年鉴》以及国家统计局网站。

（6）出口规模（*Export*）

本书采用中国出口总额作为出口规模的指标选择。中国出口总额的数据是以美元为计价单位，本书将中国出口总额用年平均汇率进行转换，从而得到以人民币为计价单位的数据。同时，为了剔除价格波动的影响，将其与相对应年份的GDP平减指数比值作为中国出口规模指标的代理变量。各指标数据来源于历年《中国统计年鉴》和WIND数据库。

（7）外商直接投资（*FDI*）

本书选择历年中国实际外商直接投资数据。为了剔除价格波动的影响，将其与相对应年份 GDP 平减指数作为外商直接投资的代理变量。其中，重工业和轻工业以及不同技术类别制造业的外商直接投资数据无法直接获取，本书借鉴张公嵬（2013）关于不同技术制造业外商直接投资的测算方法，以重工业和轻工业以及不同技术类别制造业销售产值的比例分别乘以工业部门的外商直接投资以及制造业部门的外商直接投资，以此估算重工业和轻工业以及不同技术类别制造业的外商直接投资数据。数据来源于历年《中国统计年鉴》和《中国工业统计年鉴》。

（8）政府政策和制度因素（*EFI*）

国家相应政策以及制度颁布与实施，会对中国全球价值链分工地位产生影响，并且该指标是一个综合性指标。本书借鉴向涛（2016）对于该指标的衡量，选择经济自由度指标来衡量中国的政府政策和制度因素。该指标数据来源《华尔街日报》和美国传统基金会网站。

（9）东道国市场规模（*Scale*）

关于东道国市场规模指标，本书借鉴李超和张诚（2017）对于该指标的衡量，采用东道国历年国内生产总值来代理东道国的市场规模指标，该数据来源世界银行网站。

（10）东道国技术水平（*rd*）

关于东道国技术水平指标，本书采用东道国历年研发支出占 GDP 的比重与该 GDP 的乘积的形式来表示该指标。各指标数据来源于世界银行网站。

另外，由于中国对外直接投资的数据从 2003 年才开始有详细的统计，且 2017 年东道国研发支出等变量数据未完全统计，因此，本书实证研究的时间为 2003～2016 年。

4.3 中国 OFDI 对 GVC 分工地位的影响

4.3.1 平稳性检验

本书分别采用 LLC 和 PP – Fisher 两种检验方法并运用 Eviews8.0 进行平稳性检验。表 4 –5 显示了 LLC 和 PP – Fisher 两种检验方法的检验结果，检验结果表明所有变量均为平稳变量。

表 4 –5　　　　平稳性检验结果

变量	LLC 检验		平稳性	PP – Fisher 检验		平稳性
	统计量	概率值		统计量	概率值	
GVC_Position	–11.6977***	0.0000	平稳	140.223***	0.0001	平稳
LnOFDI	–43.9292***	0.0000	平稳	986.793***	0.0000	平稳
LnHUM	–9.41011***	0.0000	平稳	221.847***	0.0000	平稳
LnInnovation	–17.8082***	0.0000	平稳	558.217***	0.0000	平稳
LnK	–29.0177***	0.0000	平稳	372.279***	0.0000	平稳
LnExport	–8.56891***	0.0000	平稳	416.312***	0.0000	平稳
LnFDI	–9.77209***	0.0000	平稳	112.086**	0.0153	平稳
LnEFI	–14.1834***	0.0000	平稳	177.259***	0.0000	平稳
LnOFDI · *LnScale*	–27.2993***	0.0000	平稳	722.220***	0.0000	平稳
LnOFDI · *Lnrd*	–29.8860***	0.0000	平稳	786.733***	0.0000	平稳

注：** 和 *** 分别表示在 5% 和 1% 的显著性水平下显著。

4.3.2 实证结果

(1) 基准回归结果

由于模型（4 –2）和模型（4 –3）涉及固定效应模型和随机效应模型选择，本书采用豪斯曼检验对模型（4 –2）和模型（4 –3）进行检验，检验结果如表 4 -6 所示。

表 4 -6　　豪斯曼检验结果

模型	Chi2 统计值	Prob > Chi2	模型选择
模型（4 -2）	51.51***	0.0000	固定效应模型
模型（4 -3）	14.29***	0.0002	固定效应模型

注：*** 表示在 1% 的显著性水平下显著。

从表 4 -6 中的检验结果可知，模型（4 -2）和模型（4 -3）应选择固定效应模型进行回归。此外，本书也对模型（4 -2）和模型（4 -3）采用随机效应模型进行回归以作对照，各模型利用 Stata15.0 的回归结果如表 4 -7 所示。

表 4 -7　　各个模型回归结果

GVC_Position	OLS (1)	OLS (2)	固定效应 (3)	随机效应 (4)	固定效应 (5)	随机效应 (6)
C	0.5879*** (0.0137)	0.3630*** (0.0849)	0.1198*** (0.0099)	0.0003 (0.0004)	0.0686*** (0.0106)	−0.0010*** (0.0002)
LnHUM		0.0499*** (0.0023)	0.0567*** (0.0008)	0.0656*** (0.00003)	0.0628*** (0.0006)	0.0657*** (8.14×10^{-6})
LnInnovation		0.0080 (0.0076)	−0.0003 (0.0011)	0.0077*** (0.00003)	0.0068*** (0.0005)	0.0078*** (5.85×10^{-6})
LnK		0.0093*** (0.0024)	0.0272*** (0.0009)	0.0380*** (0.00004)	0.0335*** (0.0009)	0.0381*** (.0000121)
LnExport		0.1055*** (0.0025)	0.1115*** (0.0009)	0.1218*** (0.00004)	0.1186*** (0.0006)	0.1219*** (8.21×10^{-6})
LnFDI		0.0217*** (0.0035)	0.0328*** (0.0007)	0.0415*** (0.00003)	0.0381*** (0.0007)	0.0416*** (9.06×10^{-6})
LnEFI		0.0011 (0.0160)	0.0084*** (0.0011)	0.0139*** (0.00003)	0.0109*** (0.0005)	0.0140*** (8.91×10^{-6})

续表

GVC_Position	OLS (1)	OLS (2)	固定效应 (3)	随机效应 (4)	固定效应 (5)	随机效应 (6)
LnOFDI	0.0470*** (0.0010)	0.0284*** (0.0019)				
LnOFDI · *LnScale*			0.0005*** (0.00004)	8.32×10^{-6}*** (1.65×10^{-6})		
LnOFDI · *Lnrd*					0.0003*** (0.00004)	2.91×10^{-6}*** (6.21×10^{-7})
R-squared	0.8456	0.9776				
Overall R-sq			0.8546	0.9743	0.9205	0.9742
F 统计量	1 730.73	5 523.97	35 641.16	1.15×10^{9}	90 705.24	5.19×10^{9}
Prob > F	0.0000	0.0000	0.0000	0.0000	0.0000	0.0000
观测值数量	574	574	574	574	574	574

注：*** 表示在 1% 的显著性水平下显著，括号内的数值是稳健性标准误差。

在表 4-7 中，列（1）和列（2）分别报告的是模型（4-1）未加入控制变量和加入控制变量后的回归结果。无论是在列（1）中还是在列（2）中，变量 *LnOFDI* 的系数都为正且显著。其中，在列（2）所报告的回归结果中，变量 *LnOFDI* 的系数为 0.0284 且显著，说明 OFDI 对中国整体 GVC 分工地位具有显著的正向影响，即 OFDI 每增加 1 个单位，中国 GVC 分工地位指数提升 0.0284 单位。

另外，控制变量高级人力资本、技术创新能力、物质资本密度、出口规模、外商直接投资以及经济自由度的系数分别为 0.0499、0.0080、0.0093、0.1055、0.0217 和 0.0011，说明当高级人力资本、技术创新能力、物质资本密度、出口规模、外商直接投资以及经济自由度分别每增加 1%，中国 GVC 分工地位指数分别提升 0.0499 个单位、0.0080 个单位、0.0093 个单位、0.1055 个单位、0.0217 个单位和 0.0011 个单位，即高级人力资本、技术创新能力、物质资本密度、出口规模、外商直接投资以及政府公共服务质量提升会促进中国 GVC

分工地位提升。

在表 4-7 中，列（3）～列（6）分别报告的是模型（4-2）与模型（4-3）采用固定效应模型和随机效应模型进行回归的结果。其中，模型（4-2）和模型（4-3）采用固定效应模型。回归后的交互项 *LnOFDI · LnScale* 和交互项 *LnOFDI · Lnrd* 系数分别为 0.0005 和 0.0003 且显著，结合模型（4-1）回归后变量 *LnOFDI* 的系数为 0.0284 且显著，表明东道国市场规模和技术水平会显著影响 OFDI 对中国整体 GVC 分工地位提升作用。

（2）稳健性回归结果

由于变量对外直接投资存在潜在的内生性问题，会使得回归结果出现偏误，本书采用豪斯曼检验对变量 *LnOFDI*、交互项 *LnOFDI · LnScale* 和交互项 *LnOFDI · Lnrd* 进行内生性检验。检验结果如表 4-8 所示，表明各变量均为内生变量。

表 4-8　　　　内生性检验结果

变量	Chi2 统计值	Prob > Chi2	检验结果
LnOFDI#	364.92***	0.0000	内生变量
LnOFDI	191.02***	0.0000	内生变量
LnOFDI · LnScale	62.93***	0.0000	内生变量
LnOFDI · Lnrd	76.39***	0.0000	内生变量

注：#表示模型（4-1）中仅包含变量 *LnOFDI* 的情况，*** 表示在 1% 的显著性水平下显著。

本书为了控制变量的内生性以得到稳健性回归结果，分别采用两阶段最小二乘法（2SLS）和两步最优 GMM 法对以上模型进行回归，但在回归前需要选择适当的工具变量。一个工具变量需要满足与内生变量高度相关以及与随机干扰项不相关，才能保证工具变量的有效性。本书选择经济自由度、东道国 GDP 水平、东道国研发支出的滞后变量作为工具变量，并对工具变量进行识别不足检验、弱工具变量检验和过度识别检验以判断工具变量的有效性。其中，识别不足检验结果显示，

Kleibergen - Paap rk LM statistic 统计量均在 1% 的显著水平下显著，表明拒绝模型存在识别不足的原假设；弱工具变量检验结果显示 Cragg - Donald Wald F statistic 统计量均大于 10% maximal IV size 的临界值，表明拒绝原假设，说明本书选取的工具变量与内生变量是高度相关；过度识别检验中的 Hansen J 统计量和 Sargan 统计量均不显著，表明接受工具变量是外生变量的原假设，说明工具变量与随机干扰项不相关。

通过一系列检验结果表明本书选取的工具变量是合理有效的，检验结果如表 4 -9 所示。其中，弱工具变量检验 Wald F statistic 下方括号内数值为 10% maximal IV size 临界值。各模型的 2SLS 和 GMM 回归结果如表 4 -9 所示，模型（4 -1）中回归系数下括号内的是稳健性标准误差，模型（4 -2）和模型（4 -3）中回归系数下括号内的是普通标准误差。

从表 4 -9 可以看出，各模型采用两阶段最小二乘法（2SLS）和两步最优 GMM 的回归结果基本保持一致，表明两阶段最小二乘法与两步最优 GMM 的回归效果是一致的。因此，本书选择两步最优 GMM 回归结果进行分析不影响最终结论。

列（3）和列（4）分别报告的是模型（4 -1）未加入控制变量和加入控制变量的两步最优 GMM 回归结果。其中，在列（4）报告的回归结果中，变量 *LnOFDI* 的系数为 0.0109 且显著，说明 OFDI 对中国整体 GVC 分工地位具有显著的正向促进作用，当中国 OFDI 增加 1% 单位，中国 GVC 分工地位指数显著增加 0.0109 单位。另外，控制变量高级人力资本、技术创新能力、物质资本密度、出口规模、外商直接投资和经济自由度的系数分别为 0.0552、0.0160、0.0526、0.0894、0.0737 和 0.0634 且显著，说明高级人力资本、技术创新能力、物质资本密度、出口规模、外商直接投资以及经济自由度的提升，对中国 GVC 分工地位提升具有显著的正向促进效应，当高级人力资本、技术创新能力、物质资本密度、出口规模、外商直接投资和经济自由度分别增加 1% 单位，中国 GVC 分工地位指数分别显著增加 0.0552 个单位、0.0160 个单位、0.0526 个单位、0.0894 个单位、0.0737 个单位和

0.0634 个单位。

表 4－9　　　　　　2SLS 和 GMM 回归结果

GVC_Position	2SLS		GMM	
	(1)	(2)	(3)	(4)
C	0.7378***	0.1380**	0.7353***	0.1366**
	(0.0081)	(0.0664)	(0.0078)	(0.0664)
LnHUM		0.0553***		0.0552***
		(0.0032)		(0.0032)
LnInnovation		0.0159**		0.0160**
		(0.0067)		(0.0067)
LnK		0.0526***		0.0526***
		(0.0048)		(0.0048)
LnEXPORT		0.0895***		0.0894***
		(0.0041)		(0.0041)
LnFDI		0.0737***		0.0737***
		(.0056)		(0.0056)
LnEFI		0.0627***		0.0634***
		(0.0144)		(0.0143)
LnOFDI	0.0596***	0.0109***	0.0594***	0.0109***
	(0.0007)	(0.0040)	(0.0006)	(0.0040)
Centered R^2	0.9610	0.9796	0.9609	0.9796
Uncentered R^2	0.9700	0.9831	0.9700	0.9832
F 统计量	8028.41	4586.66	8554.58	4588.67
(Prob > F)	(0.0000)	(0.0000)	(0.0000)	(0.0000)
识别不足检验	249.249	226.515	249.249	226.515
(LM statistic)	(p = 0.0000)	(p = 0.0000)	(p = 0.0000)	(p = 0.0000)
弱工具变量检验	1.2×10^4	249.318	1.2×10^4	249.318
(Wald F statistic)	(19.93)	(9.08)	(19.93)	(9.08)
过度识别检验	1.262	0.663	1.262	0.663
(Hansen J statistic/ Sargan statistic)	(p = 0.2613)	(p = 0.7177)	(p = 0.2613)	(p = 0.7177)
内生性检验	58.016	75.440	58.016	75.440
(Endogeneity test)	(p = 0.0000)	(p = 0.0000)	(p = 0.0000)	(p = 0.0000)

续表

观测值数量	492	533	492	533
GVC_Position	2SLS	GMM	2SLS	GMM
	(5)	(6)	(7)	(8)
LnHUM	0.0501***	0.0501***	0.0585***	0.0585***
	(0.0024)	(0.0024)	(0.0023)	(0.0023)
LnInnovation	0.0071	0.0071	0.0146**	0.0146**
	(0.0067)	(0.0067)	(0.0071)	(0.0071)
LnK	0.0534***	0.0534***	0.0585***	0.0585***
	(0.0040)	(0.0040)	(0.0044)	(0.0044)
LnEXPORT	0.0805***	0.0805***	0.0930***	0.0930***
	(0.0046)	(0.0046)	(0.0046)	(0.0046)
LnFDI	0.0752***	0.0752***	0.0771***	0.0771***
	(0.0070)	(0.0070)	(0.0076)	(0.0076)
LnEFI	0.0669***	0.0669***	0.0634***	0.0634***
	(0.0152)	(0.0152)	(0.0163)	(0.0163)
LnOFDI · LnScale	0.0006***	0.0006***		
	(0.0001)	(0.0001)		
LnOFDI · Lnrd			0.0003***	0.0003***
			(0.0001)	(0.0001)
Centered R^2	0.9811	0.9811	0.9781	0.9781
Uncentered R^2	0.9811	0.9811	0.9781	0.9781
F 统计量	3595.08	3595.08	3089.42	3089.42
(Prob > F)	(0.0000)	(0.0000)	(0.0000)	(0.0000)
识别不足检验	363.952	363.952	319.221	319.221
(LM statistic)	(p = 0.0000)	(p = 0.0000)	(p = 0.0000)	(p = 0.0000)
弱工具变量检验	457.611	457.611	447.112	447.112
(Wald F statistic)	(9.08)	(9.08)	(19.93)	(19.93)
过度识别检验	4.276	4.276	2.159	2.159
(Hansen J statistic/ Sargan statistic)	(p = 0.1179)	(p = 0.1179)	(p = 0.1417)	(p = 0.1417)
内生性检验	9.913	9.913	6.290	6.290
(Endogeneity test)	(p = 0.0016)	(p = 0.0016)	(p = 0.0121)	(p = 0.0121)
观测值数量	533	533	533	533

注：** 和 *** 分别表示在 5% 和 1% 的显著性水平下显著。

列（6）和列（8）分别报告是模型（4－2）和模型（4－3）的两步最优 GMM 回归结果。其中，交互项 *LnOFDI*·*LnScale* 和交互项 *LnOFDI*·*Lnrd* 的系数分别为 0.0006 和 0.0003 且显著，结合模型（4－1）回归后变量 *LnOFDI* 的系数为 0.0109 且显著，表明东道国市场规模和技术水平会显著影响 OFDI 对中国整体 GVC 分工地位的提升作用。

4.3.3　结果分析

在模型（4－1）的两步最优 GMM 回归中，中国对外直接投资能够显著促进中国全球价值链分工地位的提升。原因在于中国对外直接投资覆盖三大产业、涵盖国民经济的 18 个行业，同时中国对外直接投资遍布世界各地，导致中国对外直接投资的动机是复杂的、综合的，包括寻求效率、寻求技术、寻求资源和寻求市场，而不同投资动机的对外直接投资可以通过优化母国产业生产工艺流程，实现母国产业工艺流程升级；通过加快产品更新换代、提高产品质量，实现母国产业产品升级；通过模仿、学习东道国的先进生产技术和市场营销技术，增强母国产业的研发设计能力和市场营销能力，实现母国产业功能升级；通过获得的专业知识、能力及竞争优势，自主地将其运用到另一新的产业领域，或者直接转向一个新的、更加有竞争力的价值链条，实现母国产业链条升级，从而导致中国出口中间接增加值在总出口额中的比重增加，而国外增加值在总出口额中的比重降低，增强中国在全球价值链中对全球价值链下游国家/地区的相对增值能力，减弱对全球价值链上游国家/地区的相对依赖能力，进而提升了中国在全球价值链分工中的地位。因此，中国 OFDI 对中国 GVC 分工地位提升具有显著促进作用。

4.4 中国三大产业 OFDI 对 GVC 分工地位的影响

4.4.1 平稳性检验

本书分别采用 LLC 和 PP－Fisher 两种检验方法对各变量进行平稳性检验，检验结果如表 4－10 所示，各变量均通过平稳性检验，各变量均为平稳变量。

表 4－10　　变量的平稳性检验

产业	变量	LLC 检验		PP－Fisher 检验		平稳性
		统计量	概率值	统计量	概率值	
第一产业	*GVC_Position*	－21.5499***	0.0000	387.367***	0.0000	平稳
	LnOFDI	－5.49857***	0.0000	199.666***	0.0000	平稳
	LnHUM	－12.7951***	0.0000	755.248***	0.0000	平稳
	LnInnovation	－16.6946***	0.0000	401.619***	0.0000	平稳
	LnK	－12.0579***	0.0000	515.396***	0.0000	平稳
	LnExport	－24.2256***	0.0000	296.236***	0.0000	平稳
	LnFDI	－14.6039***	0.0000	115.284***	0.0091	平稳
	LnEFI	－14.1834***	0.0000	177.259***	0.0000	平稳
	LnOFDI · LnScale	－12.2938***	0.0000	459.782***	0.0000	平稳
	LnOFDI · Lnrd	－17.1586***	0.0000	652.616***	0.0000	平稳
第二产业	*GVC_Position*	－12.4545***	0.0000	102.281*	0.0642	平稳
	LnOFDI	－13.5095***	0.0000	127.465***	0.0010	平稳
	LnHUM	－12.0641***	0.0000	709.073***	0.0000	平稳
	LnInnovation	－6.83630***	0.0000	116.905***	0.0069	平稳
	LnK	－24.8781***	0.0000	1058.48***	0.0000	平稳
	LnExport	－5.34907***	0.0000	122.656***	0.0024	平稳
	LnFDI	－6.67509***	0.0000	131.288***	0.0005	平稳
	LnEFI	－14.1834***	0.0000	177.259***	0.0000	平稳
	LnOFDI · LnScale	－13.2116***	0.0000	489.554***	0.0000	平稳
	LnOFDI · Lnrd	－15.4302***	0.0000	633.373***	0.0000	平稳

续表

产业	变量	LLC 检验		PP - Fisher 检验		平稳性
		统计量	概率值	统计量	概率值	
第三产业	*GVC_Position*	-9.12701***	0.0000	178.782***	0.0000	平稳
	LnOFDI	-48.0987***	0.0000	978.744***	0.0000	平稳
	LnHUM	-8.15371***	0.0000	133.660***	0.0003	平稳
	LnInnovation	-9.09049***	0.0000	755.248***	0.0000	平稳
	LnK	-11.2134***	0.0000	101.295*	0.0730	平稳
	LnExport	-9.37632***	0.0000	109.145**	0.0242	平稳
	LnFDI	-19.8997***	0.0000	755.248***	0.0000	平稳
	LnEFI	-14.1834***	0.0000	177.259***	0.0000	平稳
	LnOFDI · LnScale	-33.0725***	0.0000	754.966***	0.0000	平稳
	LnOFDI · Lnrd	-29.6804***	0.0000	778.955***	0.0000	平稳

注：*、**、*** 分别表示在 10%、5% 和 1% 的显著性水平下显著。

4.4.2　实证结果

为了得到稳健性的回归结果，本书采用两步最优 GMM 方法进行回归，中国 OFDI 对三大产业 GVC 分工地位影响的回归结果如表 4-11 所示。

在表 4-11 中，列（1）~ 列（9）分别报告的是三大产业模型（4-1）、模型（4-2）和模型（4-3）的 GMM 回归结果。其中，列（1）、列（4）和列（7）分别报告的是第一产业、第二产业和第三产业模型（4-1）的 GMM 回归结果。其中，变量 *LnOFDI* 的系数分别为 0.1485、0.0299 和 0.1404 且显著，说明 OFDI 能显著促进中国三大产业 GVC 分工地位的提升，即当 OFDI 增加 1% 单位时，中国第一产业 GVC 分工地位指数显著提升 0.1485 个单位，中国第二产业 GVC 分工地位指数显著提升 0.0299 个单位，中国第三产业 GVC 分工地位指数显著提升 0.1404 个单位。

表 4-11　　三大产业 GMM 回归结果

GVC_Position	第一产业			第二产业		
	(1)	(2)	(3)	(4)	(5)	(6)
C	-3.2568*** (0.4178)			0.1737*** (0.0795)		
LnHUM	0.1728*** (0.0061)	0.1921*** (0.0083)	0.1800*** (0.0118)	0.0231*** (0.0016)	0.0283*** (0.0057)	0.0405*** (0.0052)
LnInnovation	0.1191*** (0.0216)	0.0097 (0.0282)	0.1144*** (0.0357)	0.0037*** (0.0003)	0.0030*** (0.0003)	0.0031*** (0.0004)
LnK	0.0511*** (0.0118)	0.1263*** (0.0141)	0.0570*** (0.0196)	0.0963*** (0.0033)	0.1575*** (0.0205)	0.2101*** (0.0156)
LnExport	0.2430*** (0.0159)	0.2221*** (0.0143)	0.2230*** (0.0256)	0.0069 (0.0058)	0.0241 (0.0188)	0.0664*** (0.0168)
LnFDI	0.1645*** (0.0091)	0.1848*** (0.0110)	0.1720*** (0.0187)	0.0736*** (0.0031)	0.1123*** (0.0174)	0.1544*** (0.0139)
LnEFI	2.1033*** (0.1090)	1.9090*** (0.0938)	2.0170*** (0.1318)	0.0962*** (0.0173)	0.2702*** (0.0248)	0.3079*** (0.0265)
LnOFDI	0.1485*** (0.0041)			0.0299*** (0.0013)		
LnOFDI · LnScale		0.0027*** (0.0003)			0.0005*** (0.0002)	
LnOFDI · Lnrd			0.0070*** (0.0009)			0.0001 (0.0002)
Centered R^2	0.8620	0.8638	0.7612	0.9879	0.9824	0.9756
Uncentered R^2	0.9429	0.8638	0.7612	0.9879	0.9824	0.9756
F 统计量 (Prob > F)	779.36 (0.0000)	381.22 (0.0000)	233.79 (0.0000)	29001.43 (0.0000)	2543.81 (0.0000)	1834.40 (0.0000)
识别不足检验 (LMstatistic)	258.450 (p=0.0000)	162.533 (p=0.0000)	94.848 (p=0.0000)	138.584 (p=0.0000)	102.609 (p=0.0000)	123.603 (p=0.0000)
弱工具变量检验 (Wald F statistic)	561.530 (9.08)	119.384 (9.08)	58.988 (19.93)	422.397 (10.27)	48.408 (9.08)	64.302 (9.08)
过度识别检验 (Hansen J statistic/Sargan statistic)	0.194 (p=0.9075)	0.857 (p=0.3544)	0.033 (p=0.8560)	0.199 (p=0.9778)	3.800 (p=0.1496)	1.076 (p=0.5839)
内生性检验 (Endogeneity test)	58.784 (p=0.0000)	29.153 (p=0.0000)	77.923 (p=0.0000)	98.637 (p=0.0000)	65.048 (p=0.0000)	36.054 (p=0.0000)
观测值数量	533	533	492	451	369	369

续表

GVC_Position	第三产业		
	(7)	(8)	(9)
C	1.1839 *** (0.0319)		
LnHUM	0.2357 *** (0.0079)	0.4640 *** (0.0544)	0.5275 *** (0.0529)
LnInnovation	0.0612 *** (0.0017)	0.0865 *** (0.0104)	0.0969 *** (0.0105)
LnK	0.0059 *** (0.0016)	0.0421 *** (0.0056)	0.0471 *** (0.0058)
LnExport	0.1090 *** (0.1090)	0.0629 *** (0.0097)	0.0613 *** (0.0108)
LnFDI	0.0141 *** (0.0028)	0.0857 *** (0.0095)	0.0936 *** (0.0099)
LnEFI	0.3385 *** (0.0086)	0.0791 *** (0.0296)	0.0516 *** (0.0306)
LnOFDI	0.1404 *** (0.0024)		
LnOFDI · LnScale		0.0007 *** (0.0002)	
LnOFDI · Lnrd			0.0002 (0.0002)
Centered R^2	0.9770	0.8738	0.8475
Uncentered R^2	0.9998	0.8738	0.8475
F 统计量 (Prob > F)	22806.78 (0.0000)	306.61 (0.0000)	252.98 (0.0000)
识别不足检验 (LM statistic)	199.422 (p = 0.0000)	135.849 (p = 0.0000)	130.002 (p = 0.0000)
弱工具变量检验 (Wald F statistic)	1.6e+05 (9.08)	75.177 (9.08)	69.816 (9.08)
过度识别检验 (Hansen J statistic/ Sargan statistic)	0.094 (p = 0.9539)	2.933 (p = 0.2308)	1.155 (p = 0.5613)
内生性检验 (Endogeneity test)	174.598 (p = 0.0000)	58.364 (p = 0.0000)	10.935 (p = 0.0009)
观测值数量	369	369	369

注：*** 表示在 1% 的显著性水平下显著。

此外，在列（1）中，控制变量高级人力资本、技术创新能力、物质资本密度、出口规模、外商直接投资和经济自由度的回归系数分别为 0.1728、0.1191、0.0511、0.2430、0.1645 和 2.1033。在列（4）中，控制变量高级人力资本、技术创新能力、物质资本密度、出口规模、外商直接投资和经济自由度的系数分别为 0.0231、0.0037、0.0963、0.0069、0.0736 和 0.0962。在列（7）中，控制变量高级人力资本、技术创新能力、物质资本密度、出口规模、外商直接投资和经济自由度的系数分别为 0.2357、0.0612、0.0059、0.1090、0.0141 和 0.3385。以上结果说明：

- 高级人力资本的提升能够提升三大产业 GVC 分工地位，当高级人力资本每增加 1% 单位，第一产业 GVC 分工地位指数增加 0.1728 个单位，第二产业 GVC 分工地位指数增加 0.0231 个单位，第三产业 GVC 分工地位指数增加 0.2357 个单位；
- 技术创新能力的提升能够提升三大产业 GVC 分工地位，当技术创新能力每增加 1% 单位，第一产业 GVC 分工地位指数增加 0.1191 个单位，第二产业 GVC 分工地位指数增加 0.0037 个单位，第三产业 GVC 分工地位指数增加 0.0612 个单位；
- 物质资本密度的提高能够提升三大产业 GVC 分工地位，当物质资本密度每增加 1% 单位，第一产业 GVC 分工地位指数增加 0.0511 个单位，第二产业 GVC 分工地位指数增加 0.0963 个单位，第三产业 GVC 分工地位指数增加 0.0059 个单位；
- 出口规模的提升能够促进三大产业 GVC 分工地位，当出口规模指数每增加 1% 单位，第一产业 GVC 分工地位指数增加 0.2430 个单位，第二产业 GVC 分工地位指数增加 0.0069 个单位，第三产业 GVC 分工地位指数增加 0.1090 个单位；
- 当外商直接投资每增加 1% 单位，第一产业 GVC 分工地位指数增加 0.1645 个单位，第二产业 GVC 分工地位指数增加 0.0736 个单位，第三产业 GVC 分工地位指数增加 0.0141 个单位；

• 经济自由度的提高能够提升三大产业 GVC 分工地位，当经济自由度每增加 1% 单位，第一产业 GVC 分工地位指数增加 2. 1033 个单位，第二产业 GVC 分工地位指数增加 0. 0962 个单位，第三产业 GVC 分工地位指数增加 0. 3385 个单位。

另外，列（2）、列（5）和列（8）分别报告的是三大产业模型（4 -2）的 GMM 回归结果，列（3）、列（6）和列（9）分别报告的是三大产业模型（4 -3）的 GMM 回归结果。其中，三大产业的模型（4 -2）回归后，交互项 *LnOFDI* · *LnScale* 的系数分别为 0. 0027、0. 0005 和 0. 0007；三大产业的模型（4 -3）回归后，交互项 *LnOFDI* · *Lnrd* 的系数分别为 0. 0070、0. 0001 和 0. 0002，结合三大产业模型（4 -1）回归后变量 *LnOFDI* 的系数分别为 0. 1485、0. 0299 和 0. 1404 且显著，表明东道国市场规模和技术水平会显著影响 OFDI 对中国三大产业 GVC 分工地位提升作用。

4. 4. 3　结果分析

（1）第一产业回归结果分析

第一产业 OFDI 对第一产业 GVC 分工地位提升具有显著的促进作用，原因在于：

一方面，2003 ~2017 年中国内地第一产业 OFDI 存量从 3. 2 亿美元增长至 165. 6 亿美元，2017 年第一产业 OFDI 存量是 2003 年的 51. 75 倍，年平均增长率达 38%，即随着投资规模的增大，对 GVC 分工地位的提升作用也在增强。

另一方面，2015 ~2017 年中国内地第一产业 OFDI 存量主要分布国家和地区如表 4 -12 所示。

从表 4 -12 中可以看出，2015 ~2017 年中国内地第一产业对世界主要国家和地区的投资存量占第一产业总投资存量的比重逐年上升，2017 年占比达九成以上。2017 年，中国内地在中国香港、东盟和俄罗斯的投资存量分别为 18. 1 亿美元、45. 3 亿美元和 27 亿美元，分别占第

表 4-12　2015~2017 年中国内地第一产业对世界主要国家/地区投资存量情况

国家/地区	2015 年		2016 年		2017 年	
	金额（亿美元）	占比（%）	金额（亿美元）	占比（%）	金额（亿美元）	占比（%）
中国香港	14.4	12.5	18.8	16.4	18.1	15.8
东盟	23.1	20.1	31.4	27.4	45.3	39.5
欧盟	8.3	7.2	8.1	7.1	9.1	7.9
美国	2.2	1.9	2.6	2.3	3.3	2.9
澳大利亚	5.5	4.8	7.1	6.2	8.2	7.1
俄罗斯	24.6	21.4	30.1	26.2	27.0	23.5
合计	78.1	68.1	98.1	85.5	111.0	96.7

数据来源：2015~2017 年《中国对外直接投资统计公报》

一产业总投资存量的 15.8%、39.5% 和 23.5%，位列中国第一产业主要投资国家和地区的前 3 位，其中在东盟的投资主要集中于缅甸、老挝、新加坡、柬埔寨、印度尼西亚等国家。

中国内地第一产业在香港地区的投资以市场寻求型为主，在东盟等国和俄罗斯的投资以效率寻求型和市场寻求型为主，在欧盟等国、美国和澳大利亚的投资以技术寻求型为主。

由于中国香港地区第一产业比重很低，中国内地通过市场寻求型 OFDI 开拓市场，增加第一产业产品在香港地区的市场份额，并发挥对外直接投资的品牌溢出效应和“投资—出口”带动效应，增强第一产业的市场营销能力，增加第一产业中间产品出口，进而提升间接增加值在总出口中的比重，实现功能升级，从而提升第一产业 GVC 分工地位。

俄罗斯和东盟等国拥有丰富的土地资源和低成本劳动力优势，中国第一产业通过效率寻求型 OFDI 将消耗土地资源较大，丧失劳动力比较优势的部分第一产业转移至该地区，释放出土地、资金和人力等生产要素，并通过要素优化配置效应，用于发展第一产业中的优势产业，实现第一产业整体的工艺流程升级和产品升级，从而提升中国第一产业GVC 分工地位。此外，中国第一产业中的部分产业相比俄罗斯和东盟等国技术水平高、产品质量好，通过市场寻求型 OFDI 发挥对外直接投资的品牌溢出效应和“投资—出口”带动效应，增加中国第一产业中间产品出口，进而提升间接增加值在总出口中的比重，实现功能升级，从而提升中国第一产业 GVC 分工地位。

欧盟等国、美国和澳大利亚等发达国家第一产业高度机械化、专业化程度高，在种植、培育、养殖等方面技术水平先进，中国第一产业的技术水平与这些发达国家相比存在差距，通过技术寻求型 OFDI，引进先进的种植、培育、养殖等方面技术，提高中国第一产业的技术水平，实现工艺流程升级和产品升级，从而提升中国第一产业 GVC 分工地位。

因此，中国第一产业 OFDI 对第一产业 GVC 分工地位提升具有显著的促进作用。

（2）第二产业回归结果分析

中国第二产业 OFDI 对第二产业 GVC 分工地位提升具有显著的促进作用，原因在于：

一方面，2003 ~2017 年中国第二产业 OFDI 存量从 92.6 亿美元增长至 3 566.6 亿美元，2017 年第二产业的 OFDI 存量是 2003 年的 38.5 倍，年平均增长率达 31%，即随着投资规模的增大，对 GVC 分工地位的提升作用也在增强。

另一方面，中国第二产业 OFDI 集中在采矿业、制造业、电力/热力/燃气及水的生产和供应业以及建筑业等行业。2003 ~2017 年采矿业、制造业、电力/热力/燃气及水的生产和供应业以及建筑业在第二产业对外直接投资中的占比分布情况如图 4 -4 所示。

从图 4 -4 可以看出，中国第二产业 OFDI 存量主要集中在采矿业和制造业。

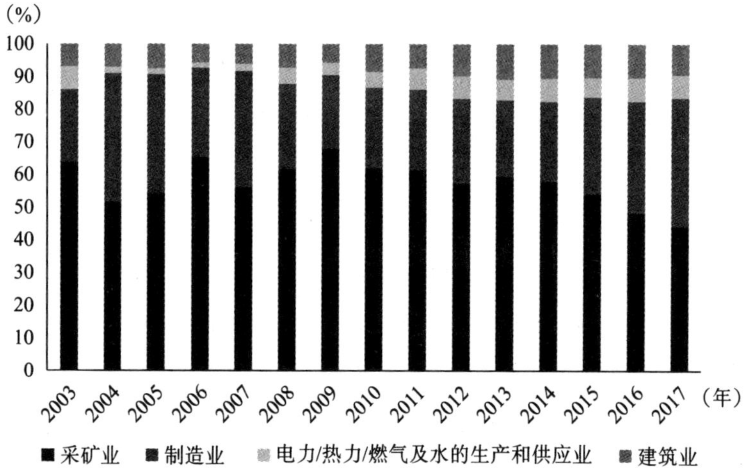

图4-4 2003~2017年中国第二产业各行业OFDI存量占比分布情况

数据来源：2003~2017年《中国对外直接投资统计公报》

表4-13 2015~2017年中国内地采矿业在世界主要国家和地区投资存量分布情况

国家/地区	2015年		2016年		2017年	
	金额（亿美元）	占比（%）	金额（亿美元）	占比（%）	金额（亿美元）	占比（%）
中国香港	515.4	36.2	478.1	31.4	535.9	34.0
东盟	62.5	4.4	101.7	6.7	103.2	6.5
欧盟	153.8	10.8	153.4	10.1	141.3	9.0
美国	29	2.0	30.8	2.0	35.1	2.2
澳大利亚	168.2	11.8	191.5	12.6	205.9	13.1
俄罗斯	55.9	3.9	61.8	4.1	65.9	4.2
合计	984.8	69.2	1 017.3	66.8	1 087.3	69.0

数据来源：2015~2017年《中国对外直接投资统计公报》

从表4-13可以看出，中国内地采矿业在世界主要国家和地区投资存量占采矿业投资存量的七成左右，其中在中国香港地区的投资存量占比达三成左右，原因在于内地在香港地区的投资以中转为主，香港地区并非中国海外投资的最终目的地。中国香港凭借其政策和地理优势已成为内地企业走向海外的重要投资中转地，其投资最终投向是非洲、拉丁美洲等地区。例如，2014 年五矿集团联营体以 58.5 亿美元收购秘鲁拉斯邦铜矿项目。

中国采矿业投资存量在东盟主要分布在印度尼西亚、缅甸、老挝、越南、泰国等国，在欧盟主要分布在荷兰、卢森堡、比利时等国。

2017 年，中国在澳大利亚和俄罗斯两个资源型国家的投资主要以寻求资源为主，其中在澳大利亚的采矿业投资存量占澳大利亚总投资存量的 56.9%，在俄罗斯的采矿业投资存量占俄罗斯总投资存量的 47.5%。

因此，中国采矿业的对外直接投资主要以资源寻求型为主，通过资源寻求型 OFDI 不仅可以保证国内产业发展资源的供给安全，而且可以获得价格相对低廉的资源，进而提高母国产业，尤其是第二产业的投入产出效率，优化产业工艺流程，实现工艺流程升级，从而提升中国第二产业 GVC 分工地位。

中国制造业包括低等技术制造业、中等技术制造业和高等技术制造业，不同技术类别制造业的对外直接投资动机不同。一般而言，中国低等技术制造业对外直接投资以寻求市场和寻求效率为主，中等、高等技术制造业对外直接投资以寻求市场和寻求技术为主。不同投资动机制造业的对外直接投资综合发挥逆向技术溢出效应、品牌溢出效应、“投资—出口”带动效应以及要素优化配置效应等，实现中国制造业的工艺流程升级、产品升级、功能升级以及链条升级，引致中国制造业出口中的间接增加值占总出口的比重增加，而国外增加值占中出口的比重减小，从而提升中国第二产业 GVC 分工地位。

因此，中国第二产业 OFDI 对第二产业 GVC 分工地位提升具有显著促进作用。

（3）第三产业回归结果分析

中国第三产业 OFDI 对第三产业 GVC 分工地位提升具有显著的促进作用，原因在于：

一方面，2003～2017年中国第三产业OFDI存量从236.4亿美元增长至14 318.2亿美元，2017年第三产业的OFDI存量是2003年的60.6倍，年平均增长率达34%，即随着投资规模的增大，对GVC分工地位的提升作用也在增强。

另一方面，中国第三产业OFDI主要分布在租赁和商务服务、金融、批发和零售、信息传输/软件和信息技术服务、房地产、交通运输/仓储等领域。

2015～2017年第三产业主要投资领域的OFDI存量情况如表4－14所示。

表4－14　2015～2017年中国第三产业主要投资领域OFDI存量情况

行业	2015年		2016年		2017年	
	金额（亿美元）	占比（%）	金额（亿美元）	占比（%）	金额（亿美元）	占比（%）
批发和零售业	1 219.4	14.82	1 691.7	16.48	2 264.3	15.81
交通运输/仓储和邮政业	399.1	4.85	414.2	4.03	547.7	3.83
信息传输/软件和信息技术服务业	209.3	2.54	648	6.31	2 189	15.29
金融业	1 596.6	19.41	1 773.4	17.27	2 027.9	14.16
房地产业	334.9	4.07	461.1	4.49	537.6	3.75
租赁和商务服务业	4 095.7	49.78	4 739.9	46.16	6 157.7	43.01
合计	7 855	95.48	9 728.3	94.75	13 724.2	95.85

数据来源：2015～2017年《中国对外直接投资统计公报》

从表4－14可以看出，2015～2017年中国第三产业主要投资领域OFDI存量占比分别为95.48%、94.75%和95.85%，其中主要集中在租赁和商务服务业、批发和零售业以及金融业，该投资主要以开拓市场、扩大中国第三产业产品在东道国的市场份额为主。

2017年中国内地第三产业主要投资领域对世界主要国家和地区投资存量情况如表4－15所示。

表 4 – 15　　2017 年中国内地第三产业主要投资领域对世界主要国家和地区投资存量情况　　（单位：亿美元）

	中国香港	东盟	欧盟	美国	澳大利亚	俄罗斯	合计
批发和零售业	1 372.1	118.8	44.9	51.8	9.6	4.8	1 602
交通运输/仓储和邮政业	384.8	25	17.2	6	8.9	0.8	442.7
信息传输/软件和信息技术服务业	189.4	9.4	20.3	65.9	—	1.1	286.1
金融业	1 231.7	52.4	171.3	91.4	24.4	5.0	1 576.2
房地产业	358.8	22.4	31.6	44.7	41.0	4.0	502.5
租赁和商务服务业	4 901.2	174.8	99.2	110	28.9	9.2	5 323.3
合计	8 438.0	402.8	384.5	369.8	112.8	24.9	9 732.8

数据来源：2017 年《中国对外直接投资统计公报》

2017 年，中国内地第三产业主要投资领域对世界主要国家和地区投资存量之和达 9 732.8 亿美元，占第三产业 OFDI 存量的比重达 68%。其中，中国内地第三产业主要投资领域在香港地区的投资达 8 438 亿美元，占第三产业 OFDI 存量的比重达 59%。

中国内地第三产业在香港地区的投资存量主要集中在租赁和商务服务业、批发和零售业和金融业，但内地第三产业在香港地区的投资，并非都是最终目的地，尤其是租赁和商务服务业以及批发和零售业在香港地区的投资往往看重的是香港地区政策和地理位置的优势，将在香港地区的投资作为中转投资，投资到其他国家及地区，而这类投资往往和国际贸易紧密结合在一起。

由此可以判断，中国内地第三产业 OFDI 主要以寻求市场为主，通过对外直接投资，发挥品牌溢出效应和“投资—出口”带动效应，增加第三产业中间产品出口，增强其市场营销能力，实现功能升级，从而提升第三产业 GVC 的分工地位。

4.5 中国制造业 OFDI 对 GVC 分工地位的影响

4.5.1 制造业整体

（1）平稳性检验

本书分别采用 LLC 和 PP－Fisher 两种方法对变量进行平稳性检验，检验结果如表 4－16 所示。所有变量均通过平稳性检验，所有变量均为平稳变量。

表 4－16 平稳性检验结果

变量	LLC 检验		平稳性	PP－Fisher 检验		平稳性
	统计量	概率值		统计量	概率值	
GVC_Position	－12.6308***	0.0000	平稳	121.168***	0.0032	平稳
LnOFDI	－18.4737***	0.0000	平稳	755.248***	0.0000	平稳
LnHUM	－14.9724***	0.0000	平稳	829.612***	0.0000	平稳
LnInnovation	－6.7056***	0.0000	平稳	114.418**	0.0105	平稳
LnK	－12.7019***	0.0000	平稳	－12.702**	0.0171	平稳
LnExport	－11.0307***	0.0000	平稳	411.686***	0.0000	平稳
LnFDI	－4.2264***	0.0000	平稳	218.195***	0.0000	平稳
LnEFI	－14.1834***	0.0000	平稳	177.259***	0.0000	平稳
LnOFDI · *LnScale*	－16.9840***	0.0000	平稳	334.044***	0.0000	平稳
LnOFDI · *Lnrd*	－17.2579***	0.0000	平稳	343.284***	0.0000	平稳

注：** 和 *** 分别表示在 5% 和 1% 的显著性水平下显著。

（2）实证结果

为了得到稳健性的回归结果，本书采用两步最优 GMM 方法进行回归，同时将 OLS 估计以作对照。OFDI 对中国制造业整体 GVC 分工地位影响的回归结果如表 4－17 所示。

表 4 - 17　　　　OLS 和 GMM 回归结果

GVC_Position	OLS			GMM		
	(1)	(2)	(3)	(4)	(5)	(6)
C	−0. 5870 *** (0. 0484)	−0. 5947 *** (0. 0007)	−0. 5935 *** (0. 0007)	−1. 1398 *** (0. 0288)		
LnHUM	0. 0256 *** (0. 0011)	0. 0257 *** (0. 00002)	0. 0258 *** (0. 00003)	0. 0245 *** (0. 0008)	0. 0245 *** (0. 0011)	0. 0250 *** (0. 0011)
LnInnovation	0. 0037 *** (0. 0003)	0. 0037 *** (0. 00001)	0. 0038 *** (0. 00002)	0. 0064 *** (0. 0001)	0. 0064 *** (0. 0001)	0. 0065 *** (0. 0001)
LnK	0. 0540 *** (0. 0091)	0. 0563 *** (0. 0002)	0. 0578 *** (0. 0005)	0. 2605 *** (0. 0032)	0. 2636 *** (0. 0067)	0. 2607 *** (0. 0073)
LnExport	0. 0771 *** (0. 0028)	0. 0761 *** (0. 0001)	0. 0760 *** (0. 0001)	0. 0128 *** (0. 0027)	0. 0110 ** (0. 0047)	0. 0141 *** (0. 0051)
LnFDI	0. 0052 (0. 0052)	0. 0058 *** (0. 0001)	0. 0066 *** (0. 0002)	0. 1313 *** (0. 0018)	0. 1322 *** (0. 0036)	0. 1310 *** (0. 0039)
LnEFI	0. 1208 *** (0. 0123)	0. 1212 *** (0. 0002)	0. 1204 *** (0. 0002)	0. 2469 *** (0. 0073)	0. 2517 *** (0. 0135)	0. 2432 *** (0. 0144)
LnOFDI	0. 0043 *** (0. 0008)			0. 0117 *** (0. 0009)		
LnOFDI · *LnScale*		0. 0001 *** (1.85×10^{-6})			0. 0004 *** (0. 00004)	
LnOFDI · *Lnrd*			0. 0002 *** (4.11×10^{-6})			0. 0005 *** (0. 00005)
R − squared	0. 9869					
within R − sq		0. 9868	0. 9868			
Centered R^2				0. 9981	0. 9981	0. 9976
Uncentered R^2				0. 9981	0. 9981	0. 9976
F 统计量 (Prob > F)	10 029. 52 (0. 0000)	9.15×10^6 (0. 0000)	2.60×10^6 (0. 0000)	35 051. 92 (0. 0000)	26 796. 81 (0. 0000)	21 529. 46 (0. 0000)
识别不足检验 (LM statistic)				126. 566 (p = 0. 0000)	174. 293 (p = 0. 0000)	151. 850 (p = 0. 0000)
弱工具变量检验 (Wald Fstatistic)				173. 277 (9. 08)	161. 576 (19. 93)	83. 914 (9. 08)
过度识别检验 (Hansen J statistic/ Sargan statistic)				1. 149 (p = 0. 5631)	0. 558 (p = 0. 4550)	2. 753 (p = 0. 2525)
内生性检验 (Endogeneity test)				112. 874 (p = 0. 0019)	108. 560 (p = 0. 0000)	17. 555 (p = 0. 0000)
观测值数量	574	574	574	410	410	410

注：** 和 *** 分别表示在 5% 和 1% 的显著性水平下显著。

在表 4－16 中，列（1）～列（3）显示的是各模型 OLS 的回归结果，列（4）～列（6）显示的是各模型两步最优 GMM 的回归结果。从 OLS 与 GMM 的回归结果来看，各模型中解释变量与控制变量的系数相差无几，且正负号与显著性保持一致。

在列（4）报告的回归结果中，变量 *LnOFDI* 的系数为 0.0117 且显著，说明 OFDI 对中国制造业整体 GVC 分工地位提升具有显著的促进作用。当 OFDI 每增加 1% 单位，中国制造业整体的 GVC 分工地位指数显著提升 0.0117 个单位。在列（4）中，控制变量高级人力资本、技术创新能力、物质资本密度、出口规模、外商直接投资以及经济自由度的系数分别为 0.0245、0.0064、0.2605、0.0128、0.1313 和 0.2469 且显著，说明高级人力资本、技术创新能力、物质资本密度、出口规模、外商直接投资以及经济自由度的提升对中国制造业整体 GVC 分工地位提升具有显著的促进作用。当高级人力资本、技术创新能力、物质资本密度、出口规模、外商直接投资以及经济自由度分别增加 1% 单位，制造业整体 GVC 分工地位指数分别显著增加 0.0245 个单位、0.0064 个单位、0.2605 个单位、0.0128 个单位、0.1313 个单位和 0.2469 个单位。

列（5）和列（6）分别报告的是制造业整体模型（4－2）和模型（4－3）GMM 的回归结果，其中交互项 *LnOFDI*·*LnScale* 和交互项 *LnOFDI*·*Lnrd* 的系数分别为 0.0004 和 0.0005 且显著，结合模型（4－1）GMM 回归后变量 *LnOFDI* 的系数为 0.0117 且显著，表明东道国市场规模和技术水平会显著影响 OFDI 对中国制造业整体 GVC 分工地位的提升作用。

（3）结果分析

中国制造业 OFDI 对制造业 GVC 分工地位提升具有显著的促进作用，原因在于：

一方面，2003～2017 年中国制造业对外直接投资存量从 20.7 亿美元增长至 1 403 亿美元，2017 年第一产业的对外直接投资存量是 2003 年的 67.78 倍，年平均增长率达 37%，即随着投资规模的增大，对

GVC 分工地位的提升作用也在增强。

另一方面，中国内地制造业对外直接投资存量主要分布在中国香港、东盟、欧盟、美国、澳大利亚和俄罗斯等国，其中以在中国香港、东盟、欧盟和美国的投资存量居多为主（见表 4－18）。

表 4－18　2015～2017 年中国内地制造业对世界主要国家和地区投资存量情况

国家或地区	2015 年		2016 年		2017 年	
	金额（亿美元）	占比（%）	金额（亿美元）	占比（%）	金额（亿美元）	占比（%）
中国香港	250.3	31.9	390.9	36.2	436.1	31.1
东盟	93.6	11.9	131.5	12.2	155.7	11.1
欧盟	127.2	16.2	160.7	14.9	246.2	17.5
美国	107.2	13.7	151.8	14.0	172.8	12.3
澳大利亚	11.4	1.5	12.6	1.2	15.6	1.1
俄罗斯	31.1	4.0	11.6	1.1	15.7	1.1
合计	620.8	79.1	859.1	79.5	1042.1	74.3

数据来源：2015～2017 年《中国对外直接投资统计公报》

中国香港作为中国内地投资的中转地区，导致内地制造业在香港地区的投资存量较多，其中一部分制造业在香港地区的投资以寻求市场为主。中国内地通过对外直接投资，发挥品牌溢出效应和“投资—出口”带动效应，增加内地制造业产品在香港地区的市场份额，增强制造业的市场营销能力，实现功能升级，从而提升内地制造业 GVC 分工地位。

中国制造业在东盟的对外直接投资存量主要分布在印度尼西亚、泰国、马来西亚、越南等国家，中国制造业的整体技术水平高于东盟等国，中国向东盟地区投资的基本上是丧失比较优势的低等技术制造业，如部分纺织服装业等。因此，中国制造业在东盟的对外直接投资以效率寻求型为主，中国将丧失比较优势的制造业转移至这些国家，释放国内生产要素，并用于发展具有相对优势的其他制造业，实现产业工艺流程升级以及产品升级，从而提升中国制造业 GVC 分工地位。

中国制造业在欧盟的对外直接投资存量主要分布在瑞典、德国、英国、荷兰、法国等发达国家。此外，中国在美国的对外直接投资主要集中在高等技术制造业，如汽车制造业、医药制造业、专用设备制造业、计算机/通信和其他电子设备制造业、铁路/船舶/航空航天设备制造业等。因此，中国制造业在欧盟和美国的对外直接投资以寻求技术为主，通过对外直接投资，发挥逆向技术溢出效应，获取东道国先进技术，并用于中国制造业优化工艺流程、提高产品质量以及技术提升等，实现工艺流程升级、产品升级和功能升级等，从而提升中国制造业 GVC 分工地位。

因此，中国制造业 OFDI 对制造业 GVC 分工地位提升具有显著的促进作用。

4.5.2 不同技术类别制造业

（1）平稳性检验

本书分别采用 LLC 和 PP－Fisher 两种方法对变量进行平稳性检验，检验结果如表 4－19 所示。各变量均通过平稳性检验，各变量均为平稳变量。

表 4－19 平稳性检验结果

制造业	变量	LLC 检验		PP－Fisher 检验		平稳性
		统计量	概率值	统计量	概率值	
低等技术制造业	*GVC_Position*	－15.3310***	0.0000	367.774***	0.0000	平稳
	LnOFDI	－13.9512***	0.0000	261.785***	0.0000	平稳
	LnHUM	－13.4018***	0.0000	590.099***	0.0000	平稳
	LnInnovation	－11.4609***	0.0000	147.046***	0.0000	平稳
	LnK	－13.8399***	0.0000	229.735***	0.0000	平稳
	LnExport	－18.1347***	0.0000	853.873***	0.0000	平稳
	LnFDI	－16.0989***	0.0000	655.278***	0.0000	平稳
	LnEFI	－14.1834***	0.0000	177.259***	0.0000	平稳
	LnOFDI·*LnScale*	－12.2229***	0.0000	218.879***	0.0000	平稳
	LnOFDI·*Lnrd*	－12.3795***	0.0000	225.382***	0.0000	平稳

续表

制造业	变量	LLC 检验		PP - Fisher 检验		平稳性
		统计量	概率值	统计量	概率值	
中等技术制造业	*GVC_Position*	-2.6261***	0.0043	156.902***	0.0000	平稳
	LnOFDI	-12.7681***	0.0000	228.181***	0.0000	平稳
	LnHUM	-10.2580***	0.0000	151.138***	0.0000	平稳
	LnInnovation	-4.92719***	0.0000	283.376***	0.0000	平稳
	LnK	-15.2862***	0.0000	197.289***	0.0000	平稳
	LnExport	-7.96567***	0.0000	296.550***	0.0000	平稳
	LnFDI	-16.0989***	0.0000	655.278***	0.0000	平稳
	LnEFI	-14.1834***	0.0000	177.259***	0.0000	平稳
	LnOFDI · *LnScale*	-10.7936***	0.0000	182.968***	0.0000	平稳
	LnOFDI · *Lnrd*	-11.1098***	0.0000	190.697***	0.0000	平稳
高等技术制造业	*GVC_Position*	-14.7269***	0.0000	246.630***	0.0000	平稳
	LnOFDI	-13.8917***	0.0000	257.167***	0.0000	平稳
	LnHUM	-14.4909***	0.0000	225.655***	0.0000	平稳
	LnInnovation	-5.71952***	0.0001	343.106***	0.0000	平稳
	LnK	-24.1944***	0.0000	760.705***	0.0000	平稳
	LnExport	-8.20548***	0.0000	187.755***	0.0000	平稳
	LnFDI	-16.0989***	0.0000	655.278***	0.0000	平稳
	LnEFI	-14.1834***	0.0000	177.259***	0.0000	平稳
	LnOFDI · *LnScale*	-12.1891***	0.0000	216.295***	0.0000	平稳
	LnOFDI · *Lnrd*	-12.4145***	0.0000	223.099***	0.0000	平稳

注：*** 表示在 1% 的显著性水平下显著。

（2）实证结果

为了得到稳健性的回归结果，本书采用两步最优 GMM 方法进行回归，对外直接投资对中国不同技术类别制造业 GVC 分工地位影响的回归结果（见表 4 -20）。

表 4-20　　不同技术类别制造业 GMM 回归结果

GVC_Position	低等技术制造业			中等技术制造业		
	(1)	(2)	(3)	(4)	(5)	(6)
C	-1.0511*** (0.0551)			-0.9583*** (0.0920)		
LnHUM	0.0013*** (0.0004)	0.0013*** (0.0004)	0.0030*** (0.0005)	0.0015 (0.0014)	0.0019 (0.0018)	0.0016 (0.0020)
LnInnovation	0.0050 (0.0048)	0.0095*** (0.0037)	0.0102*** (0.0038)	0.0018*** (0.0002)	0.0017*** (0.0004)	0.0018*** (0.0004)
LnK	0.0079 (0.0169)	0.0252* (0.0132)	0.0249*** (0.0090)	0.1647*** (0.0073)	0.1669*** (0.0149)	0.1699*** (0.0160)
LnEXPORT	0.0487*** (0.0049)	0.0444*** (0.0036)	0.0496*** (0.0033)	0.1019*** (0.0048)	0.1023*** (0.0099)	0.1032*** (0.0107)
LnFDI	-0.0093* (0.0053)	-0.0038 (0.0045)	-0.0005 (0.0023)	0.0862*** (0.0033)	0.0853*** (0.00649)	0.0870*** (0.0069)
LnEFI	0.2423*** (0.0071)	0.2348*** (0.0075)	0.1884*** (0.0082)	0.3650*** (0.0237)	0.3662*** (0.0251)	0.3679*** (0.0271)
LnOFDI	0.0069*** (0.0026)			0.0266*** (0.0009)		
LnOFDI · *LnScale*		0.0001** (0.0001)			0.0009*** (0.00005)	
LnOFDI · *Lnrd*			0.0002* (0.0001)			0.0012*** (0.0001)
Centered R^2	0.9975	0.9971	0.9957	0.9458	0.9419	0.9326
Uncentered R^2	0.9987	0.9971	0.9957	0.9991	0.9419	0.9326
F 统计量 (Prob > F)	74 044.24 (0.0000)	19 677.75 (0.0000)	16 106.43 (0.0000)	6 486.14 (0.0000)	852.70 (0.0000)	734.38 (0.0000)
识别不足检验 (LM statistic)	27.014 (p = 0.0000)	66.341 (p = 0.0000)	81.360 (p = 0.0000)	198.413 (p = 0.0000)	341.329 (p = 0.0000)	293.402 (p = 0.0000)
弱工具变量检验 (Wald F statistic)	24.362 (19.93)	25.804 (9.08)	47.947 (19.93)	2480.797 (9.08)	1480.226 (9.08)	700.537 (19.93)
过度识别检验 (Hansen J statistic/ Sargan statistic)	0.006 (p = 0.9368)	4.249 (p = 0.1195)	1.480 (p = 0.2237)	0.139 (p = 0.9328)	3.300 (p = 0.1920)	0.727 (p = 0.3939)
内生性检验 (Endogeneity test)	28.944 (p = 0.0000)	41.533 (p = 0.0000)	12.641 (p = 0.0004)	185.452 (p = 0.0000)	132.018 (p = 0.0000)	127.788 (p = 0.0000)
观测值数量	451	451	533	410	410	410

续表

GVC_Position	高等技术制造业		
	(7)	(8)	(9)
C	−0.8050*** (0.0510)		
LnHUM	0.0082*** (0.0026)	0.0134*** (0.0020)	0.0139*** (0.0020)
LnInnovation	0.0032*** (0.0003)	0.0050*** (0.0003)	0.0050*** (0.0003)
LnK	0.0841*** (0.0132)	0.2978*** (0.0118)	0.2847*** (0.0116)
LnEXPORT	0.0576*** (0.0048)	0.0125* (0.0072)	0.0169** (0.0072)
LnFDI	0.0119** (0.0047)	0.0884*** (0.0031)	0.0846*** (0.0030)
LnEFI	0.1504*** (0.0134)	0.1387*** (0.0152)	0.1365*** (0.0154)
LnOFDI	0.0109*** (0.0018)		
LnOFDI · LnScale		0.0004*** (0.00004)	
LnOFDI · Lnrd			0.0005*** (0.00004)
Centered R^2	0.9892	0.9955	0.9954
Uncentered R^2	0.9936	0.9955	0.9954
F 统计量 (Prob > F)	11 563.76 (0.0000)	12 818.68 (0.0000)	12 570.64 (0.0000)
识别不足检验 (LM statistic)	234.433 (p = 0.0000)	359.553 (p = 0.0000)	339.991 (p = 0.0000)
弱工具变量检验 (Wald F statistic)	343.452 (9.08)	712.740 (10.27)	485.642 (10.27)
过度识别检验 (Hansen J statistic/ Sargan statistic)	0.417 (p = 0.8119)	5.450 (p = 0.1417)	5.488 (p = 0.1394)
内生性检验 (Endogeneity test)	176.010 (p = 0.0000)	77.766 (p = 0.0000)	42.038 (p = 0.0000)
观测值数量	533	451	451

注：*、** 和 *** 分别表示在 10%、5% 和 1% 的显著性水平下显著。

在表 4 -19 中，列（1）、列（4）和列（7）分别报告了不同技术类别制造业模型（4 -1）的 GMM 回归结果。其中，变量 *LnOFDI* 的系数分别为 0.0069、0.0266 和 0.0109 且显著，说明 OFDI 对不同技术类别制造业 GVC 分工地位提升具有显著的促进作用。当 OFDI 每增加 1% 单位，低等技术制造业、中等技术制造业和高等技术制造业 GVC 分工地位指数分别提升 0.0069 个单位、0.0266 个单位和 0.0109 个单位。

在列（1）中，控制变量高级人力资本、技术创新能力、物质资本密度、出口规模、外商直接投资以及经济自由度的系数分别为 0.0013、0.0050、0.0079、0.0487、 -0.0093 和 0.2423，在列（4）中，控制变量高级人力资本、技术创新能力、物质资本密度、出口规模、外商直接投资以及经济自由度的系数分别为 0.0015、0.0018、0.1647、0.1019、0.0862 和 0.3650，在列（7）中，控制变量高级人力资本、技术创新能力、物质资本密度、出口规模、外商直接投资以及经济自由度的系数分别为 0.0082、0.0032、0.0841、0.0576、0.0119 和 0.1504，说明高级人力资本的增加、技术创新能力的提高、物质资本密度的增加、出口规模的扩大以及经济自由度的提高能够提升不同技术类别制造业 GVC 分工地位。

- 当高级人力资本每增加 1% 单位，低等技术类别制造业 GVC 分工地位指数提升 0.0013 个单位，中等技术类别制造业 GVC 分工地位指数提升 0.0015 个单位，高等技术类别制造业 GVC 分工地位指数提升 0.0082 个单位；
- 当技术创新能力每增加 1% 单位，低等技术类别制造业 GVC 分工地位指数提升 0.0050 个单位，中等技术类别制造业 GVC 分工地位指数提升 0.0018 个单位，高等技术类别制造业 GVC 分工地位指数提升 0.0032 个单位；
- 当物质资本密度每增加 1% 单位，低等技术类别制造业 GVC 分工地位指数提升 0.0079 个单位，中等技术类别制造业 GVC 分工地位指数提升 0.1647 个单位，高等技术类别制造业 GVC 分工地位指数提升 0.0841 个单位；

- 当出口规模每增加 1% 单位，低等技术类别制造业 GVC 分工地位指数提升 0.0487 个单位，中等技术类别制造业 GVC 分工地位指数提升 0.1019 个单位，高等技术类别制造业 GVC 分工地位指数提升 0.0576 个单位；

- 当经济自由度的提高能够提升不同技术类别制造业 GVC 分工地位，当经济自由度每增加 1% 单位，低等技术类别制造业 GVC 分工地位指数提升 0.2423 个单位，中等技术类别制造业 GVC 分工地位指数提升 0.3650 个单位，高等技术类别制造业 GVC 分工地位指数提升 0.1504 个单位。

外商直接投资的增加能够提升中等技术类别制造业和高等技术类别制造业 GVC 分工地位，但会阻碍低等技术类别制造业 GVC 分工地位提升。

当外商直接投资每提升 1% 单位，低等技术类别制造业 GVC 分工地位指数降低 0.0093 个单位，中等技术类别制造业 GVC 分工地位指数增加 0.0862 个单位，高等技术类别制造业 GVC 分工地位指数提升 0.0119 个单位。原因在于：不同技术类别制造业的技术水平与外商直接投资企业的技术水平存在技术差距，会导致 FDI 的技术溢出效应结果不明确。由于中国低等技术类别制造业的技术水平较低，被外商直接投资企业会嵌入全球价值链的底端环节，因此导致 FDI 对其 GVC 分工地位升级产生负向效应。

另外，列（2）、列（5）和列（8）分别显示的是不同技术类别制造业模型（4 -2）的 GMM 回归结果，列（3）、列（6）和列（9）分别显示的是不同技术类别制造业模型（4 -3）的 GMM 回归结果。其中，低等技术制造业、中等技术制造业和高等技术制造业模型（4 -2）回归后，交互项 *LnOFDI* · *LnScale* 的系数分别为 0.0001、0.0009 和 0.0004 且显著；低等技术类别制造业、中等技术类别制造业和高等技术类别制造业模型（4 -3）回归后，交互项 *LnOFDI* · *Lnrd* 的系数分别为 0.0002、0.0012 和 0.0005 且显著，结合低等技术制造业、中等技术制造业和高等技术制造业模型（4 -1）回归后变量 *LnOFDI* 的系数分别为 0.0069、0.0266 和 0.0109 且显著，表明东道国市场规模和技术水平会显著影响 OFDI 对中国不同技术类别制造业 GVC 分工地位的提升作用。

（3）结果分析

由前面的分析可知，中国制造业 OFDI 对制造业 GVC 分工地位提升具有显著的促进作用，因此中国不同技术类别制造业 OFDI 对不同技术类别制造业 GVC 分工地位提升同样具有显著的促进作用。但对比不同技术类别制造业模型（4 -1）的 GMM 回归结果，可以看出，OFDI 对中等技术制造业 GVC 分工地位提升的促进作用最大，对高等技术制造业次之，对低等技术制造业最小。

主要是因为对外直接投资规模越大，对制造业 GVC 分工地位的提升效果也越大，因而 OFDI 对高等技术制造业和中等技术制造业 GVC 分工地位的提升效果要大于对低等技术制造业 GVC 分工地位的提升效果。从表 4 -21 所反映的中等、高等技术制造业的 OFDI 流量明显高于低等技术制造业 OFDI 流量正好印证了这个结论。

高等技术制造业 OFDI 对高等技术制造业 GVC 的提升效果小于中等技术制造业 OFDI 对中等技术制造业 GVC 的提升效果，原因在于中国高等技术制造业 OFDI，主要分布在瑞典、德国、英国、荷兰、法国和美国等发达国家。这些发达国家高等技术制造业技术水平较高，中国高等技术制造业因与东道国技术水平差距大，使得高等技术制造业 OFDI 的逆向技术溢出效应受阻，以致 OFDI 对高等技术制造业 GVC 分工地位的提升效果要小于对中等技术制造业 GVC 分工地位的提升效果。

此外，这些发达国家为了自身的核心技术不被模仿学习，会对中国高等技术制造业 OFDI 采取限制措施，如限制投资领域等，使得 OFDI 对高等技术制造业 GVC 分工地位的提升效果减弱。

表 4－21　　2016～2017 年中国不同技术类别制造业对外直接投资流量情况　　（亿美元）

技术类别	制造业细分行业	2016 年	2017 年
低等技术制造业	纺织服装/服饰业	4.03	3.1
	食品制造业	8.10	3.4
	皮革/毛皮羽毛及其制品和制鞋业	12.17	—
	纺织业	12.40	8.3
	农副食品加工业	—	2.7
	合计	36.70	17.5
中等技术制造业	黑色金属冶炼和压延加工业	4.29	2.4
	有色金属冶炼和压延加工业	5.59	6.1
	非金属矿物制品业	5.87	11.6
	金属制品业	6.62	10.0
	橡胶和塑料制品业	12.54	10.0
	合计	34.91	40.1
高等技术制造业	电气机械和器材制造业	6.91	3.7
	铁路/船舶/航空航天和其他运输设备制造业	10.19	14.3
	医药制造业	15.86	20.6
	化学原料和化学制品制造业	22.37	81.6
	专用设备制造业	27.30	11.6
	计算机/通信和其他电子设备制造业	39.28	28.5
	汽车制造业	47.76	36.1
	合计	169.67	196.4

数据来源：2016～2017 年《中国对外直接投资统计公报》

第 5 章

东道国对 OFDI 影响中国全球价值链分工地位的门槛效应

在第 4 章有关 OFDI 对中国 GVC 分工地位影响的实证研究中，通过构造对外直接投资与东道国市场规模的交互项以及对外直接投资与东道国技术水平的交互项，验证了东道国市场规模和技术水平能够显著影响 OFDI 对中国整体、三大产业、工业以及制造业 GVC 分工地位的影响作用，但对东道国市场规模和技术水平具体如何影响以及影响程度有多大并未详细说明。

本章将采用门槛模型深入细致地探讨东道国市场规模和技术水平如何影响 OFDI 对中国整体、三大产业、工业以及制造业 GVC 分工地位的影响作用，以及影响作用有多大。

5.1　门槛模型构建

用于门槛效应分析的传统方法主要有两种：一是基于门槛变量将样本分组进行回归，称之为“外生样本分离法”；二是构造主要解释变量与门槛变量交互项乘积形式以替换主要解释变量进行回归检验。传统的分析方法都存在一定缺陷，其中分组回归很难客观地确定样本分组标准，并且无法基于数理统计估计门槛数量及数值，也无法对门槛数量及数值进行显著性检验；构造交互项可以用来估计特定的门槛值，但由于在实证中很难客观的设置交互项的形式，从而无法验证门槛值的真实性。

Hansen（2000）提出的门槛模型能够很好地弥补传统门槛效应分析的缺陷。该方法不需要通过设置门槛值和构造交互项来构造模型，它能够根据样本特征来确定门槛数量和数值，避免了人为设置门槛值所带来的误差；同时，该方法为参数的置信区间确定提供了一个渐进分布理论。同时，也可以运用 Bootstrap 方法来检验门槛值的显著性。因此，本书借鉴 Hansen（2000）的门槛模型来研究东道国市场规模和技术水平如何影响 OFDI 对中国 GVC 分工地位的影响作用。

5.1.1　模型设定

Hansen（2000）所提出的门槛模型可以表示为如下形式：

$$y_i = x_i'\beta_1 + e_i, q_i \leqslant \lambda \tag{5-1}$$

$$y_i = x_i'\beta_1 + e_i, q_i > \lambda \tag{5-2}$$

其中：y_i——被解释变量；

x_i——$n \times 1$ 阶的解释变量向量；

q_i——门槛变量。

该门槛变量可以是解释变量，也可以是该模型外的其他变量。依据门槛变量 q_i 不同的门槛值，采用内生分组可以将样本划分为不同的组。

Hansen（2000）在门槛模型中定义了虚拟变量 $d_i(\lambda) = I(q_i \leqslant \lambda)$。其中，$I(\cdot)$ 为指示性函数：

- 当 $q_i \leqslant \lambda$，$I(\cdot) = 1$；
- 当 $q_i > \lambda$，$I(\cdot) = 0$。

因此，上述方程组可以用单一方程表示：

$$y_i = x_i'\beta + x_i' d_i(\lambda)\theta + e_i, e_i \sim iid(0, \delta_i^2) \tag{5-3}$$

其中，$\beta = \beta_2$，$\theta = \beta_1 - \beta_2$。

Hansen（2000）将 θ 定义为门槛效应，即门槛变量（q）影响解释变量（x）对被解释变量（y）的影响的程度。

对于任意的门槛值 λ，通过回归可以求残差平方和 $S_1(\lambda) = e_i(\lambda)\acute{e}_i(\lambda)$，得到各参数的估计值。最优的门槛值 $\hat{\lambda}$ 应满足 $S_1(\lambda)$ 在所有的残差平方和中最小。即：

$$\hat{\lambda} = \operatorname{argmin} S_1(\lambda) \tag{5-4}$$

在门槛模型中，将门槛变量的每一观测值均作为可能的门槛值，并将满足式（5-4）的观测值确定为门槛值。当门槛估计值确定后，其他解释变量的估计参数也相应确定。

5.1.2 门槛值显著性检验

门槛值显著性检验的目的在于检验以门槛值划分的不同样本组的模型估计参数是否显著不同，即门槛效应是否存在。因此，不存在门槛值的原假设条件（H_0）与备择假设条件（H_1）分别为：

$$H_0: \beta_1 = \beta_2 \tag{5-5}$$

$$H_0: \beta_1 \neq \beta_2 \tag{5-6}$$

同时，构造 LM（Lagrange Multiplier）统计量，对原假设条件进行统计检验，该统计量为：

$$F = n\frac{S_0 - S_n(\hat{\lambda})}{S_n(\hat{\lambda})} \tag{5-7}$$

其中：S_0——在原假设条件下的残差项平方和之和；

$S_n(\hat{\lambda})$——存在门槛效应的残差项的平方和之和。

由于在原假设条件下无法识别出 $\hat{\lambda}$，造成 LM 检验统计量的大样本分布不服从标准的 χ^2 分布。因此，Hansen（2000）提出可以通过“自举法”（Bootstrap）来获得渐进分布，并进而得出相应的概率 P 值，也称为 Bootstrap P 值。

该方法的基本思想是在解释变量和门槛值给定的前提下，模拟（Simulate）产生一组因变量序列，并使其满足 $N(0;\hat{e}^2)$。其中，$\hat{e}$ 是式（5－3）中的残差项。每得到一个采用“自举法”抽样的样本，就会模拟计算一个 LM 统计量。

Hansen（2000）认为，将这一“自举法”过程重复 1000 次，其中模拟产生的 LM 统计量大于式（5－7）统计量值的次数与总模拟次数的百分比，就是通过“自举法”所估计的 P 值。Bootstrap P 值类似于普通计量回归所得出相应的伴随概率 P 值。当 Bootstrap P 值分别小于 10%、5% 及 1% 时，表示分别在 10%、5% 及 1% 的显著性水平下通过了 LM 检验。

- 当未通过 LM 检验时，Bootstrap P 值大于显著性水平（10%、5% 和 1%），原假设条件（H_0）成立，$\beta_1=\beta_2$，式（5－1）和式（5－2）可以合并为单一线性回归模型，即不存在门槛效应；
- 当通过 LM 检验时，Bootstrap P 值小于显著性水平（10%、5% 和 1%），备择假设条件（H_1）成立，$\beta_1\neq\beta_2$，说明 β_1 和 β_2 在两区间会有不同的影响效果，即存在门槛效应。

5.1.3　门槛值的置信区间

当门槛估计值通过显著性检验时，说明该变量存在门槛效应，但还需要进一步确定门槛值的置信区间，以判断门槛值是否位于置信区间内，即通过构造“似然比统计量”（Likelihood Ratio Statistic）对原假设条件 $H_0:\lambda=\lambda_0$ 进行检验。

"似然比统计量"可以表示为：

$$LR_n(\lambda_0) = n\frac{S_n(\lambda) - S_n(\hat{\lambda})}{S_n(\hat{\lambda})} \tag{5-8}$$

LR_n 类似于 LM 统计量，不服从标准的卡方分布，但 Hansen（2000）通过构造一个不等式计算了其置信区间，即在 α 的显著性水平下，若不等式 $LR_n(\lambda_0) \leqslant c(\alpha) = -2\ln(1-\sqrt{1-\alpha})$ 成立，则原假设条件 $H_0: \lambda = \lambda_0$ 成立。其中，在 95% 的置信水平下，$c(\alpha) = 7.35$。

除了检验是否存在一个门槛值外，为了确定是否存在两个或两个以上的门槛值，有必要对两个门槛值进行检验。当 LM 检验的原假设条件被拒绝时，说明至少存在一个门槛值，在该门槛值的基础上，假设估计的门槛值 $\hat{\lambda}_1$ 已知，再进行第二个门槛值 λ_2 的搜索。在确定了两个门槛值之后，继续进行三个门槛值的检验，以此类推，直到无法拒绝 LM 检验的原假设为止。多个门槛检验的原理与一个门槛的情况相同，不再过多赘述。

本书采用 Hansen（2000）的门槛模型，分别将东道国市场规模和东道国技术水平作为门槛变量，研究东道国市场规模和技术水平如何影响 OFDI 对中国整体、三大产业、工业以及制造业 GVC 分工地位的影响。门槛模型可以设定为：

$$\begin{aligned} GVC\_Position_{ijt} = {} & \beta_0 + \beta_1 LnOFDI_{it} \cdot I(q_{jt} \leqslant \lambda_1) + \\ & \beta_2 LnOFDI_{it} \cdot I(q_{jt} > \lambda_1) + \\ & \beta_3 LnControl_{it} + \delta_j + \varepsilon_{ijt} \end{aligned} \tag{5-9}$$

该模型为单门槛模型，若东道国市场规模或东道国技术水平存在多个门槛值，如两个门槛值，则双门槛模型可以设定为：

$$\begin{aligned} GVC\_Position_{ijt} = {} & \beta_0 + \beta_1 LnOFDI_{it} \cdot I(q_{jt} \leqslant \lambda_1) + \\ & \beta_2 LnOFDI_{it} \cdot I(\lambda_1 < q_{jt} \leqslant \lambda_2) + \\ & \beta_3 LnOFDI_{it} \cdot I(q_{jt} > \lambda_2) + \\ & \beta_4 LnControl_{it} + \delta_j + \varepsilon_{ijt} \end{aligned} \tag{5-10}$$

其中：下标 i——中国整体/工业/重工业/轻工业/制造业/不同技术

类别制造业；

下标 j——东道国国家；

下标 t——年份；

δ_i——国家固定效应；

ε_{ijt}——随机误差项。

$GVC\_Position_{ijt}$——中国整体、三大产业、工业或者制造业 GVC 分工地位指数；

$LnOFDI_{it}$——中国整体、三大产业、工业或者制造业的对外直接投资指标；

$LnControl_{it}$——控制变量的对数形式，包含高级人力资本（*HUM*）、技术创新能力（*Innovation*）、物质资本密度（*K*）、出口规模（*Export*）、外商直接投资（*FDI*）以及制度因素（*EFI*）等；

q_{jt}——门槛变量，代表东道国市场规模或东道国技术水平；

$I(\cdot)$——指示性函数，取值为 0 或 1。

- 在单门槛模型中，东道国市场规模或东道国技术水平影响 OFDI 对中国整体、三大产业、工业以及制造业 GVC 分工地位作用效果的程度可以用$(\beta_2-\beta_1)$来衡量。
- 在双门槛模型中，东道国市场规模或东道国技术水平影响 OFDI 对中国整体、三大产业、工业以及制造业 GVC 分工地位作用效果的程度可以用$(\beta_2-\beta_1)$和$(\beta_3-\beta_2)$来衡量。

本章所使用的实证数据与在第 4 章中实证的数据一致。

5.2　对 OFDI 影响中国整体 GVC 分工地位的门槛效应

5.2.1　平稳性检验

现代计量经济学理论指出，在计量回归前模型中各变量序列应为平稳序列，否则会因潜在的“虚假回归”而影响回归结果的可靠性。因此，本书在考虑检验可靠性的同时，分别用 LLC 和 PP - Fisher 两种方法对变量进行平稳性检验。检验结果如表 5 -1 所示，检验结果分别在 5% 或 1% 的显著性水平下拒绝了原假设，通过了平稳性检验，因此各变量均为平稳变量。

表 5 -1　　平稳性检验结果

变量	LLC 检验		平稳性	PP - Fisher 检验		平稳性
	统计量	概率值		统计量	概率值	
GVC_ Position	-11.6977 ***	0.0000	平稳	140.223 ***	0.0001	平稳
LnOFDI	-43.9292 ***	0.0000	平稳	986.793 ***	0.0000	平稳
LnHUM	-9.41011 ***	0.0000	平稳	221.847 ***	0.0000	平稳
LnInnovation	-17.8082 ***	0.0000	平稳	558.217 ***	0.0000	平稳
LnK	-29.0177 ***	0.0000	平稳	372.279 ***	0.0000	平稳
LnEXPORT	-8.56891 ***	0.0000	平稳	416.312 ***	0.0000	平稳
LnFDI	-9.77209 ***	0.0000	平稳	112.086 **	0.0153	平稳
LnEFI	-14.1834 ***	0.0000	平稳	177.259 ***	0.0000	平稳
LnScale	-12.5914 ***	0.0000	平稳	420.546 ***	0.0000	平稳
Lnrd	-5.10841 ***	0.0000	平稳	160.502 ***	0.0000	平稳

注：** 和 *** 分别表示在 5% 和 1% 的显著性水平下显著。

5.2.2 门槛的显著性和置信区间检验

OFDI 对中国整体 GVC 分工地位影响的门槛模型中各门槛变量门槛值的显著性检验结果如表 5 -2 所示。表 5 -2 中的 F 值和 10% 、5% 、1% 的临界值均为采用“自抽样”300 次得到的结果（下同）。

当门槛变量为东道国市场规模时，在不存在门槛值的原假设条件下，LM 检验的 F 统计量为 5.86，大于 5% 显著性水平下的临界值为 4.1588，相应的 Bootstrap P 值为 0.0267，拒绝不存在门槛值的原假设条件，至少存在一个门槛值。接着对只存在一个门槛值的原假设条件进行检验，LM 检验的 F 统计量为 5.09，大于 10% 显著性水平下的临界值为

5.0785，相应的 Bootstrap P 值为 0.0967，拒绝只存在一个门槛值的原假设条件，至少存在两个门槛值。接着对只存在两个门槛值的原假设条件进行检验，LM 检验的 F 统计量为 4.19，小于 10% 显著性水平下的临界值为 4.4994，相应的 Bootstrap P 值为 0.1767，接受只存在两个门槛值的原假设条件。因此，东道国市场规模具有两个门槛值。

表 5－2　　门槛变量显著性检验结果

门槛变量	门槛数量	F 统计量	置信概率	临界值		
				1%	5%	10%
东道国市场规模	第一个门槛	5.86**	0.0267	7.1639	4.1588	3.7239
	第二个门槛	5.09*	0.0967	5.5769	5.3297	5.0785
	第三个门槛	4.19	0.1767	5.2268	4.7609	4.4994
东道国技术水平	第一个门槛	3.99**	0.0167	4.8460	3.6109	3.2413
	第二个门槛	3.89	0.7933	17.7555	16.8480	16.4242

注：* 和 ** 分别表示在 10% 和 5% 的显著性水平下显著。

当门槛变量为东道国技术水平时，在不存在门槛值的原假设条件下，LM 检验的 F 统计量为 3.99，大于 5% 显著性水平下的临界值为 3.6109，相应的 Bootstrap P 值为 0.0167，拒绝不存在门槛值的原假设条件，至少存在一个门槛值。接着对只存在一个门槛值的原假设条件进行检验，LM 检验的 F 统计量为 3.89，小于 10% 显著性水平下的临界值为 16.4242，相应的置信概率为 0.7933，接受只存在一个门槛值的原假设条件。因此，东道国技术水平具有一个门槛值。

表 5－3 显示的是东道国市场规模和东道国技术水平的门槛估计值与置信区间。其中：

表 5－3　　门槛变量估计值及置信区间估计

门槛变量	门槛数量	门槛估计值	置信区间（95%）
东道国市场规模	λ_1	26.4314	[26.4301, 26.4430]
	λ_2	29.1229	[29.1115, 29.1385]
东道国技术水平	λ_1	24.0669	[24.0664, 24.0846]

- 东道国市场规模具有两个门槛值，分别为 26.4314 和 29.1229，即东道国 GDP 分别达到 3 013.08 亿美元和 44 454.40 亿美元；
- 东道国技术水平具有一个门槛值为 24.0669，即东道国研发支出达到 283.22 亿美元，它们分别落在各自 95% 的置信区间中。

5.2.3 模型估计结果与分析

本书采用两步最优 GMM 方法对门槛模型进行回归以控制由变量内生性问题引起的回归结果偏误。

中国整体的门槛回归结果如表 5-4 所示，其中 $LnOFDI \cdot I(q \leq \lambda_1)$、$LnOFDI \cdot I(q > \lambda_1)$、$LnOFDI \cdot I(\lambda_1 < q \leq \lambda_2)$ 和 $LnOFDI \cdot I(q > \lambda_2)$ 分别表示在门槛变量的不同区间范围内变量 *LnOFDI* 的参数估计值，门槛变量的不同区间范围是根据表 5-3 中门槛变量的门槛估计值划分得到的。

从表 5-4 可以看出，当东道国 GDP 规模不超过 3 013.08 亿美元时，变量 *LnOFDI* 的系数为 0.0119 且显著，说明中国 OFDI 对中国整体 GVC 分工地位提升具有显著的促进作用，当中国 OFDI 每增加 1% 单位，中国整体 GVC 分工地位指数提升 0.0119 单位；当东道国 GDP 规模介于 3 013.08 亿美元和 44 454.40 亿美元之间时，变量 *LnOFDI* 的系数为 0.0122 且显著，说明中国 OFDI 对中国整体 GVC 分工地位提升具有显著的促进作用，当中国 OFDI 每增加 1% 单位，中国整体 GVC 分工地位指数提升 0.0122 单位，相比当东道国 GDP 规模小于 3 013.08 亿美元时，OFDI 提升中国整体 GVC 分工地位效果在增强，OFDI 对中国整体 GVC 分工地位指数提升增加了 0.0003 单位；当东道国 GDP 规模大于 44 454.40 亿美元时，变量 *LnOFDI* 的系数为 0.0129 且显著，说明中国 OFDI 对中国整体 GVC 分工地位提升具有显著的促进作用，当中国 OFDI 每增加 1% 单位，中国整体 GVC 分工地位指数提升 0.0129 单位，相比当东道国 GDP 规模介于 3 013.08 亿美元和 4 4454.40 亿美元之间时，中国 OFDI 对中国整体 GVC 分工地位提升的促进作用进一步增强，对中国整体 GVC 分工地位指数提升增加了 0.0007 个单位。

表 5-4　　　　中国整体门槛模型回归结果

GVC_ Position	门槛变量 ($q = LnScale$)	门槛变量 ($q = Lnrd$)
LnHUM	0. 0543 *** (0. 0030)	0. 0552 *** (0. 0031)
LnInnovation	0. 0138 ** (0. 0068)	0. 0158 ** (0. 0068)
LnK	0. 0518 *** (0. 0053)	0. 0526 *** (0. 0054)
LnExport	0. 0882 *** (0. 0050)	0. 0894 *** (0. 0051)
LnFDI	0. 0729 *** (0. 0074)	0. 0737 *** (0. 0075)
LnEFI	0. 0633 *** (0. 0155)	0. 0622 *** (0. 0158)
$LnOFDI \cdot I\ (q \leqslant \lambda_1)$	0. 0119 *** (0. 0040)	0. 0110 *** (0. 0041)
$LnOFDI \cdot I\ (q \geqslant \lambda_1)$		0. 0111 *** (0. 0041)
$LnOFDI \cdot I\ (\lambda_1 < q \leqslant \lambda_2)$	0. 0122 *** (0. 0040)	
$LnOFDI \cdot I\ (q > \lambda_2)$	0. 0129 *** (0. 0040)	
Centered R^2	0. 9803	0. 9797
Uncentered R^2	0. 9803	0. 9797
F 统计量 (Prob > F)	2670. 61 (0. 0000)	2906. 31 (0. 0000)
识别不足检验 (LM statistic)	291. 583 (0. 0000)	289. 425 (0. 0000)
弱工具变量检验 (Wald F statistic)	350. 628 (19. 93)	345. 040 (19. 93)
过度识别检验 (Sargan statistic)	2. 097 (p = 0. 1476)	2. 541 (p = 0. 1109)

续表

GVC_ Position	门槛变量 ($q = LnScale$)	门槛变量 ($q = Lnrd$)
内生性检验 (Endogeneity test)	78.853 (p =0.0000)	81.856 (p =0.0000)
观测值数量	533	533

注：** 和 *** 分别表示在 5% 和 1% 的显著性水平下显著。

说明东道国市场规模对中国 OFDI 提升中国整体 GVC 分工地位具有双门槛效应，当东道国市场规模超过第一个门槛后，中国 OFDI 提升中国整体 GVC 分工地位的效果增加 0.0003 个单位；当东道国市场规模继续扩大超过第二个门槛后，中国 OFDI 提升中国整体 GVC 分工地位效果继续增加 0.0007 个单位。

当东道国研发支出不超过 283.22 亿美元时，变量 *LnOFDI* 的系数为 0.0110 且显著，说明中国 OFDI 对中国整体 GVC 分工地位提升具有显著的促进作用，当中国 OFDI 每增加 1% 单位，中国整体 GVC 分工地位指数提升 0.0110 个单位；当东道国研发支出大于 283.22 亿美元时，变量 *LnOFDI* 的系数为 0.0111 且显著，说明中国 OFDI 对中国整体 GVC 分工地位提升具有显著的促进作用，当中国 OFDI 每增加 1% 单位，中国整体 GVC 分工地位指数提升 0.0111 个单位，相比当东道国研发支出不超过 283.22 亿美元时，中国 OFDI 提升中国整体 GVC 分工地位的效果在增强，OFDI 对中国整体 GVC 分工地位指数提升增加了 0.0001 个单位。

说明东道国技术水平对中国 OFDI 提升中国整体 GVC 分工地位具有门槛效应，当东道国技术水平超过门槛值后，OFDI 对中国整体 GVC 分工地位的提升效果增加 0.0001 个单位。

之所以当东道国市场规模增大并超过门槛值后，OFDI 对中国 GVC 分工地位的提升效果会有所增强，主要是因为随着中国 OFDI 进入东道国的市场规模增大，一方面，中国 OFDI 在东道国市场参与竞争更加激烈，促使国内产业进一步进行工艺流程升级、产品升级等；另一方面，中国 OFDI 可以发挥品牌溢出效应和“投资—出口”带动效应，进一步增加中国中间产品出口，扩大对东道国市场份额，增强了国内产业的市场营销能力，实现功能升级，从而进一步提升中国 GVC 分工地位。

之所以东道国技术水平提升并超过门槛值后，OFDI 对中国 GVC 分工地位的提升效果会有所增强，主要是因为随着中国 OFDI 进入东道国的技术水平的提升，表明东道国拥有先进技术，更有利于中国 OFDI 在东道国获取先进技术、发挥逆向技术溢出效应并通过反馈机制进一步提升国内产业生产的工艺流程、产品质量、技术水平等，从而进一步提升中国 GVC 分工地位。

5.3　对 OFDI 影响中国三大产业 GVC 分工地位的门槛效应

5.3.1　平稳性检验

本书分别采用 LLC 和 PP - Fisher 两种检验方法对变量进行平稳性检验，检验结果如表 5 - 5 所示，所有变量均通过平稳性检验，各变量均为平稳变量。

表 5 - 5　　平稳性检验结果

产业	变量	LLC 检验		PP - Fisher 检验		平稳性
		统计量	概率值	统计量	概率值	
第一产业	*GVC_ Position*	-21.5499***	0.0000	387.367***	0.0000	平稳
	LnOFDI	-5.49857***	0.0000	199.666***	0.0000	平稳
	LnHUM	-12.7951***	0.0000	755.248***	0.0000	平稳
	LnInnovation	-16.6946***	0.0000	401.619***	0.0000	平稳
	LnK	-12.0579***	0.0000	515.396***	0.0000	平稳
	LnExport	-24.2256***	0.0000	296.236***	0.0000	平稳
	LnFDI	-14.6039***	0.0000	115.284***	0.0091	平稳
	LnEFI	-14.1834***	0.0000	177.259***	0.0000	平稳
	LnScale	-12.5914***	0.0000	420.546***	0.0000	平稳
	Lnrd	-5.10841***	0.0000	160.502***	0.0000	平稳

续表

产业	变量	LLC 检验		PP - Fisher 检验		平稳性
		统计量	概率值	统计量	概率值	
第二产业	*GVC_ Position*	−12.4545***	0.0000	102.281*	0.0642	平稳
	LnOFDI	−13.5095***	0.0000	127.465***	0.0010	平稳
	LnHUM	−12.0641***	0.0000	709.073***	0.0000	平稳
	LnInnovation	−6.83630***	0.0000	116.905***	0.0069	平稳
	LnK	−24.8781***	0.0000	1058.48***	0.0000	平稳
	LnExport	−5.34907***	0.0000	122.656***	0.0024	平稳
	LnFDI	−6.67509***	0.0000	131.288***	0.0005	平稳
	LnEFI	−14.1834***	0.0000	177.259***	0.0000	平稳
	LnScale	−12.5914***	0.0000	420.546***	0.0000	平稳
	Lnrd	−5.10841***	0.0000	160.502***	0.0000	平稳
第三产业	*GVC_ Position*	−9.12701***	0.0000	178.782***	0.0000	平稳
	LnOFDI	−48.0987***	0.0000	978.744***	0.0000	平稳
	LnHUM	−8.15371***	0.0000	133.660***	0.0003	平稳
	LnInnovation	−9.09049***	0.0000	755.248***	0.0000	平稳
	LnK	−11.2134***	0.0000	101.295*	0.0730	平稳
	LnExport	*LnExport*	−9.37632***	0.0000	109.145**	平稳
	LnFDI	*LnFDI*	−19.8997***	0.0000	755.248***	平稳
	LnEFI	*LnEFI*	−14.1834***	0.0000	177.259***	平稳
	LnScale	*LnScale*	−12.5914***	0.0000	420.546***	平稳
	Lnrd	*Lnrd*	−5.10841***	0.0000	160.502***	平稳

注：*、** 和 *** 分别表示在10%、5% 和1% 的显著性水平下显著。

5.3.2 门槛的显著性和置信区间检验

OFDI对中国三大产业GVC分工地位影响的门槛模型中各门槛变量门槛值的显著性检验结果如表5－6所示。

在第一产业中，东道国市场规模存在两个门槛值，东道国技术水平存在一个门槛值；在第二产业中，东道国市场规模存在两个门槛值，东道国研发支出存在两个门槛值；在第三产业中，东道国市场规模存在两个门槛值，东道国研发支出存在一个门槛值。

表 5 -6　　门槛变量的显著性检验结果

产业	门槛变量	门槛数量	F 统计量	置信概率	临界值		
					1%	5%	10%
第一产业	东道国市场规模	第一个门槛	14.90***	0.0000	7.3670	5.8260	5.3730
		第二个门槛	6.69***	0.0000	-29.6200	-38.6660	-41.6450
		第三个门槛	0.00	0.2770	0.0000	0.0000	0.0000
	东道国技术水平	第一个门槛	3.82**	0.0500	3.9991	3.6398	3.4983
		第二个门槛	3.66	0.4700	15.9922	14.9435	13.9578
第二产业	东道国市场规模	第一个门槛	6.45	0.5000	7.5728	7.3338	7.1681
		第二个门槛	4.22*	0.0600	5.4586	4.5835	3.9174
		第三个门槛	4.06	0.6500	19.0163	18.4194	17.7284
	东道国技术水平	第一个门槛	4.58	0.6367	5.6915	5.4099	5.2148
		第二个门槛	7.81***	0.0000	4.8530	4.1583	3.5179
		第三个门槛	4.82	0.7367	15.9294	13.1784	11.0759
第三产业	东道国市场规模	第一个门槛	4.54***	0.0000	2.5490	1.7300	1.5690
		第二个门槛	1.08***	0.0000	-4.4210	-7.5000	-8.5490
		第三个门槛	1.57	0.6330	2.6240	2.4620	2.2850
	东道国技术水平	第一个门槛	3.70**	0.0500	4.9268	3.6557	3.2998
		第二个门槛	2.56	0.1467	3.9799	3.1145	2.7406

注：*、** 和 *** 分别表示在 10%、5% 和 1% 的显著性水平下显著。

东道国市场规模和东道国技术水平的门槛估计值与置信区间如表 5 -7 所示。在 OFDI 对中国第一产业 GVC 分工地位影响的门槛效应中，东道国市场规模具有两个门槛值，分别为 23.8730 和 28.6180，即东道国 GDP 分别达到 233.30 亿美元和 26 831.16 亿美元的，东道国研发支出具有一个门槛值为 23.6023，即东道国研发支出达到 177.97 亿美元，它们分别落在各自 95% 的置信区间中；在 OFDI 对中国第二产业 GVC 分工地位影响的门槛效应中，东道国市场规模具有两个门槛值，分别为 28.2410 和 28.9548，即东道国 GDP 分别达到 18 403.93 亿美元和 37 575.94 亿美元的，东道国研发支出具有两个门槛值，分别为 23.4444 和 23.4606，即东道国研发支出分别达到 151.98 亿美元和

154.46 亿美元，它们分别落在各自 95% 的置信区间中；在 OFDI 对中国第三产业 GVC 分工地位影响的门槛效应中，东道国市场规模具有两个门槛值，分别为 26.0190 和 29.4490，即东道国 GDP 分别达到 1 994.84亿美元和61 593.97 亿美元的，东道国研发支出具有一个门槛值为19.9418，即东道国研发支出达到4.58 亿美元，它们分别落在各自 95% 的置信区间中。

表 5-7　　门槛变量估计值及置信区间

产业	门槛变量	门槛数量	门槛估计值	置信区间（95%）
第一产业	东道国市场规模	λ_1	23.8730	[22.9440, 30.2600]
		λ_2	28.6180	[22.9440, 30.3040]
	东道国研发支出	λ_1	23.6023	[23.5975, 23.6074]
第二产业	东道国市场规模	λ_1	28.2410	[28.2340, 28.2476]
		λ_2	28.9548	[28.9534, 29.1115]
	东道国研发支出	λ_1	23.4444	[23.4082, 23.4581]
		λ_2	23.4606	[23.4581, 23.4749]
第三产业	东道国市场规模	λ_1	26.0190	[22.9440, 30.3040]
		λ_2	29.4490	[26.0600, 30.3200]
	东道国研发支出	λ_1	19.9418	[19.9306, 19.9594]

5.3.3 模型估计结果与分析

本书采用两步最优 GMM 方法对门槛模型进行回归，中国三大产业的门槛回归结果如表 5-8 所示。

表 5-8　　中国三大产业门槛模型回归结果

GVC_ Position	第一产业		第二产业	
	门槛变量 ($q = LnScale$)	门槛变量 ($q = Lnrd$)	门槛变量 ($q = LnScale$)	门槛变量 ($q = Lnrd$)
LnHUM	0.1739*** (0.0083)	0.1733*** (0.0083)	0.0223*** (0.0029)	0.0230*** (0.0029)
LnInnovation	0.1204*** (0.0240)	0.1199*** (0.0242)	0.0037*** (0.0003)	0.0037*** (0.0003)

续表

GVC_ Position	第一产业		第二产业	
	门槛变量 ($q = LnScale$)	门槛变量 ($q = Lnrd$)	门槛变量 ($q = LnScale$)	门槛变量 ($q = Lnrd$)
LnK	0.0512 *** (0.0124)	0.0516 *** (0.0125)	0.0963 *** (0.0038)	0.0959 *** (0.0039)
LnExport	0.2392 *** (0.0143)	0.2439 *** (0.0144)	0.0051 (0.0082)	0.0072 (0.0083)
LnFDI	0.1628 *** (0.0100)	0.1651 *** (0.0101)	0.0719 *** (0.0041)	0.0730 *** (0.0041)
LnEFI	2.0833 *** (0.0918)	2.1106 *** (0.0925)	0.1040 *** (0.0273)	0.0970 *** (0.0276)
$LnOFDI \cdot I\ (q < \lambda_1)$	0.1447 *** (0.0067)	0.1482 *** (0.0067)	0.0288 *** (0.0029)	0.0297 *** (0.0029)
$LnOFDI \cdot I\ (q \geqslant \lambda_1)$		0.1488 *** (0.0067)		
$LnOFDI \cdot I\ (\lambda_1 \leqslant q < \lambda_2)$	0.1458 *** (0.0066)		0.0290 *** (0.0029)	0.0301 *** (0.0029)
$LnOFDI \cdot I\ (q \geqslant \lambda_2)$	0.1468 *** (0.0066)		0.0291 *** (0.0029)	0.0296 *** (0.0029)
Centered R^2	0.8650	0.8626	0.9882	0.9881
Uncentered R^2	0.8650	0.8626	0.9882	0.9881
F 统计量 (Prob > F)	343.79 (0.0000)	380.21 (0.0000)	3720.54 (0.0000)	3666.48 (0.0000)
识别不足检验 (LM statistic)	375.589 (0.0000)	376.256 (0.0000)	91.059 (0.0000)	89.215 (0.0000)
弱工具变量检验 (Wald F statistic)	309.089 (10.83)	390.904 (10.27)	22.669 (10.83)	22.082 (10.83)
过度识别检验 (Sargan statistic)	6.792 (p = 0.1473)	5.711 (p = 0.1265)	2.627 (p = 0.6220)	3.174 (p = 0.5291)
内生性检验 (Endogeneity test)	28.790 (p = 0.0000)	30.465 (p = 0.0000)	3.561 (p = 0.0591)	4.825 (p = 0.0281)
观测值数量	533	533	451	451

续表

GVC_ Position	第三产业	
	门槛变量 ($q = LnScale$)	门槛变量 ($q = Lnrd$)
LnHUM	0. 2785 *** (0. 0235)	0. 2835 *** (0. 0235)
LnInnovation	0. 0659 *** (0. 0045)	0. 0669 *** (0. 0045)
LnK	0. 0025 (0. 0028)	0. 0029 (0. 0028)
LnExport	0. 0998 *** (0. 0046)	0. 1005 *** (0. 0046)
LnFDI	0. 0269 *** (0. 0046)	0. 0273 *** (0. 0046)
LnEFI	0. 2890 *** (0. 0145)	0. 2890 *** (0. 0145)
$LnOFDI \cdot I\ (q < \lambda_1)$	0. 1174 *** (0. 0039)	0. 1174 *** (0. 0038)
$LnOFDI \cdot I\ (q \geqslant \lambda_1)$		0. 1173 *** (0. 0038)
$LnOFDI \cdot I\ (\lambda_1 \leqslant q < \lambda_2)$	0. 1175 *** (0. 0038)	
$LnOFDI \cdot I\ (q \geqslant \lambda_2)$	0. 1174 *** (0. 0038)	
Centered R^2	0. 9732	0. 9730
Uncentered R^2	0. 9732	0. 9730
F 统计量 (Prob > F)	1219. 55 (0. 0000)	1361. 09 (0. 0000)
识别不足检验 (LM statistic)	279. 409 (0. 0000)	278. 703 (0. 0000)
弱工具变量检验 (Wald F statistic)	362. 262 (10. 83)	448. 049 (10. 27)
过度识别检验 (Sargan statistic)	2. 857 (p =0. 5820)	0. 2130 (p =0. 9755)
内生性检验 (Endogeneity test)	324. 651 (p =0. 0000)	327. 749 (p =0. 0000)
观测值数量	369	369

注：*** 表示在 1% 的显著性水平下显著。

5.3.3.1 第一产业的门槛模型回归结果

从表 5 -8 可以看出：

- 当东道国 GDP 规模不超过 233.30 亿美元时，变量 *LnOFDI* 的系数为 0.1447 且显著，说明中国 OFDI 对第一产业 GVC 分工地位提升具有显著的促进作用，当 OFDI 每增加 1% 单位，第一产业 GVC 地位指数提升 0.1447 个单位；
- 当东道国 GDP 规模介于 233.30 亿美元和 26 831.16 亿美元之间时，变量 *LnOFDI* 的回归系数为 0.1458 且显著，说明中国 OFDI 对第一产业 GVC 地位提升具有显著的促进作用，当 OFDI 每增加 1% 单位，第一产业 GVC 分工地位指数提升 0.1458 个单位，相比东道国 GDP 规模不超过 233.30 亿美元时，OFDI 对第一产业 GVC 地位提升的促进作用在增强，增加了 0.0011 个单位；
- 当东道国 GDP 规模大于 26 831.16 亿美元时，变量 *LnOFDI* 的系数为 0.1468 且显著，说明 OFDI 对第一产业 GVC 分工地位提升具有显著的促进作用，当 OFDI 每增加 1% 单位，第一产业 GVC 分工地位指数提升 0.1468 个单位，相比东道国 GDP 规模介于 233.30 亿美元和 26 831.16 亿美元之间时，OFDI 对第一产业 GVC 分工地位提升的促进作用进一步增强，增加了 0.0010 个单位。

以上说明：东道国市场规模对 OFDI 提升第一产业 GVC 分工地位具有双门槛效应，当东道国市场规模增大超过第一个门槛后，第一产业 OFDI 提升第一产业 GVC 分工地位的效果增加 0.0011 个单位，当东道国市场规模继续增大超过第二个门槛后，第一产业 OFDI 提升第一产业 GVC 分工地位的效果继续增加 0.0010 个单位。

- 从表 5 -8 可以看出：当东道国研发支出不超过 177.97 亿美元时，变量 *LnOFDI* 的系数为 0.1482 且显著，说明 OFDI 对第一产业 GVC 分工地位提升具有显著的促进作用，当 OFDI 每增加 1% 单位，第一产业 GVC 分工地位指数提升 0.1482 个单位；

- 当东道国研发支出大于 177.97 亿美元时，变量 *LnOFDI* 的系数为 0.1488 且显著，说明 OFDI 对第一产业 GVC 分工地位提升具有显著的促进作用，当 OFDI 每增加 1% 单位，第一产业 GVC 分工地位指数提升 0.1488 个单位，相比东道国研发支出不超过 177.97 亿美元时，OFDI 对第一产业 GVC 地位提升的促进作用在增强，增加了 0.0006 个单位。

以上说明：东道国技术水平对 OFDI 提升第一产业 GVC 地位具有单门槛效应，当东道国技术水平超过门槛值后，OFDI 提升第一产业 GVC 分工地位效果增加 0.0006 个单位。

5.3.3.2 第二产业的门槛模型回归结果

东道国市场规模对 OFDI 影响第二产业 GVC 分工地位具有双门槛效应。

- 当东道国 GDP 规模不超过 18 403.93 亿美元时，变量 *LnOFDI* 的系数为 0.0288 且显著，说明 OFDI 对第二产业 GVC 分工地位提升具有显著的促进作用，当 OFDI 每增加 1% 单位，第二产业 GVC 分工地位指数显著提升 0.0288 个单位；
- 当东道国 GDP 规模介于 18 403.93 亿美元和 37 575.94 亿美元之间时，变量 *LnOFDI* 的系数为 0.0290 且显著，说明 OFDI 对第二产业 GVC 分工地位提升具有显著的促进作用，当 OFDI 每增加 1% 单位，第二产业 GVC 分工地位指数显著提升 0.0290 个单位，相比东道国 GDP 规模不超过 18 403.93 亿美元时，OFDI 对第二产业 GVC 分工地位提升的促进作用在增强，增加了 0.0002 个单位；
- 当东道国 GDP 规模大于 37 575.94 亿美元时，变量 *LnOFDI* 的系数为 0.0291 且显著，说明 OFDI 对第二产业 GVC 分工地位提升具有显著的促进作用，当 OFDI 每增加 1% 单位，第二产业 GVC 分工地位指数显著提升 0.0291 个单位，相比东道国 GDP 规模介于 18 403.93 亿美元和 37 575.94 亿美元之间时，OFDI 对第二产业 GVC 分工地位提升的促进作用在增强，增加了 0.0001 个单位。

东道国技术水平对 OFDI 影响中国第二产业 GVC 分工地位具有双门槛效应。

- 当东道国研发支出不超过 151.98 亿美元时，变量 *LnOFDI* 的系数为 0.0297 且显著，说明 OFDI 对第二产业 GVC 分工地位提升具有显著的促进作用，当 OFDI 每增加 1% 单位，第二产业 GVC 分工地位指数显著提升 0.0297 个单位；
- 当东道国研发支出介于 151.98 亿美元和 154.46 亿美元之间时，变量 *LnOFDI* 的系数为 0.0301 且显著，说明 OFDI 对第二产业 GVC 分工地位提升具有显著的促进作用，当 OFDI 每增加 1% 单位，第二产业 GVC 分工地位指数显著提升 0.0301 个单位，相比东道国研发支出不超过 151.98 亿美元时，OFDI 对第二产业 GVC 地位提升的促进作用在增强，增加了 0.0004 个单位；
- 当东道国研发支出大于 154.46 亿美元时，变量 *LnOFDI* 的系数为 0.0296 且显著，说明 OFDI 对第二产业 GVC 分工地位提升具有显著的促进作用，当 OFDI 每增加 1% 单位，第二产业 GVC 分工地位指数显著提升 0.0296 个单位，相比东道国研发支出介于 151.98 亿美元和 154.46 亿美元之间时，OFDI 对第二产业 GVC 分工地位升级的促进作用在减弱，减少了 0.0005 个单位。

5.3.3.3　第三产业的门槛模型回归结果

东道国市场规模对 OFDI 影响第三产业 GVC 分工地位具有双门槛效应。

- 当东道国 GDP 规模不超过 1 994.84 亿美元时，变量 *LnOFDI* 的系数为 0.1174 且显著，说明 OFDI 对第三产业 GVC 分工地位提升具有显著的促进作用，当 OFDI 每增加 1% 单位，第三产业 GVC 分工地位指数显著提升 0.1174 个单位；
- 当东道国 GDP 规模介于 1 994.84 亿美元和 61 593.97 亿美元之

间时，变量 *LnOFDI* 的系数为 0.1175 且显著，说明 OFDI 对第三产业 GVC 分工地位提升具有显著的促进作用，当 OFDI 每增加 1% 单位，第三产业 GVC 分工地位指数显著提升 0.1175 个单位，相比东道国 GDP 规模不超过 1 994.84 亿美元时，OFDI 对第三产业 GVC 分工地位升级的促进作用在增强，增加了 0.0001 个单位；

- 当东道国 GDP 规模大于 61 593.97 亿美元时，变量 *LnOFDI* 的系数为 0.1174 且显著，说明 OFDI 对第三产业 GVC 分工地位提升具有显著的促进作用，当 OFDI 每增加 1% 单位，第三产业 GVC 分工地位指数显著提升 0.1174 个单位，相比东道国 GDP 规模介于 1 994.84 亿美元和 61 593.97 亿美元之间时，OFDI 对第三产业 GVC 分工地位提升的促进作用有所减弱，减少了 0.0001 个单位。

东道国技术水平对 OFDI 影响第三产业 GVC 分工地位具有单门槛效应。

- 当东道国研发支出不超过 4.58 亿美元时，变量 *LnOFDI* 的系数为 0.1174 且显著，说明 OFDI 对第三产业 GVC 分工地位提升具有显著的促进作用，当 OFDI 每增加 1% 单位，第三产业 GVC 地位指数显著提升 0.1174 个单位；
- 当东道国研发支出大于 4.58 亿美元时，变量 *LnOFDI* 的系数为 0.1173 且显著，说明 OFDI 对第三产业 GVC 分工地位提升具有显著的促进作用，当 OFDI 每增加 1% 单位，第三产业 GVC 分工地位指数显著提升 0.1173 个单位，相比东道国研发支出不超过 4.58 亿美元时，OFDI 对第三产业 GVC 地位提升的促进作用在减弱，减少了 0.0001 个单位。

5.3.3.4 原因讨论

当东道国市场规模增大并超过一定规模时，OFDI 对中国三大产业 GVC 分工地位的提升效果会有所增强，主要是因为随着东道国市场规模增大，一方面，三大产业 OFDI 在东道国市场上竞争加剧，并通过反馈机制进一步促使国内产业进行工艺流程升级、产品升级等；另一方面，三大产业OFDI进一步发挥品牌溢出效应和“投资—出口”带动效应，增加三大产业产品出口，增强国内产业的市场营销能力，从而进一步提升三大产业GVC分工地位。

当东道国市场规模增大并超过第二个门槛值时，第三产业OFDI对三大产业GVC分工地位的提升效果会有轻微减弱，主要是因为中国第三产业在国民经济中的比重超过一半以上，对中国经济的增长起着非常重要的作用；同时，第三产业能为第二产业发展改善环境，是中国重点发展的产业，包括金融业、信息技术服务业等高技术产业，当东道国市场规模增大并超过第二个门槛值时，中国第三产业OFDI主要是以美国等发达国家为主，美国第三产业GVC分工地位要高于中国，为了保持其第三产业在全球价值链中的位置，会将中国第三产业的发展视为其主要的潜在竞争对手，当中国第三产业OFDI进入美国等发达国家市场，美国等发达国家会对中国第三产业OFDI采取限制措施，如投资领域限制、投资规模限制等，使得第三产业OFDI的竞争效应、品牌溢出效应和“投资—出口”带动效应有所减弱，从而使得OFDI对第三产业GVC分工地位的提升有所减弱。

当东道国技术水平提升并超过一定水平时，OFDI对中国第一产业GVC分工地位的提升效果也会有所增强，主要是因为随着东道国研发支出的提升，东道国拥有更先进的技术，更有利于中国第一产业OFDI在东道国进一步获取先进技术、发挥逆向技术溢出效应并通过反馈机制进一步提升国内第一产业生产的工艺流程、产品质量、技术水平等，从而进一步提升中国第一产业GVC分工地位。

当东道国技术水平提升并超过第二个门槛值时，第二产业OFDI对中国第二产业GVC分工地位的提升效果也会有所减弱，以及当东道国技术水平提升并超过第一个门槛值时，第三产业OFDI对中国第三产业GVC分工地位的提升效果也有所减弱。

主要是因为相比第二产业和第三产业，第一产业是中国重点发展的产业，包括高新技术制造业和高新技术服务业等。当东道国研发支出增加并超过一定规模时，中国第二产业和第三产业对外直接投资的目的地为俄罗斯、美国、日本、英国等国家，这些国家处于各自第二产业或第三产业全球价值链的上游位置，当中国第二产业和第三产业对外直接投资进入这些东道国，在东道国获取先进技术、发挥逆向技术溢出效应并通过反馈机制提升国内第二产业和第三产业 GVC 分工地位时，这些国家为了维持其第二产业和第三产业在全球价值链中的位置，会对中国第二产业和第三产业对外直接投资采取限制措施，如技术封锁、投资方式限制等，使得 OFDI 效应有所减弱。

此外，当东道国研发支出增加并超过一定规模时，表明东道国的技术水平更为先进，中国第二产业和第三产业对外直接投资的技术水平与东道国技术水平差距进一步扩大，加上中国对外直接投资模仿学习能力不足，导致第二产业和第三产业 OFDI 发挥逆向技术溢出效应有所降低，从而使得 OFDI 对中国第二产业和第三产业 GVC 分工地位的提升有所减弱。

5.4 对 OFDI 影响中国制造业 GVC 分工地位的门槛效应

5.4.1 制造业整体

5.4.1.1 平稳性检验

本书分别用 LLC 和 PP – Fisher 两种检验方法对各变量进行平稳性检验，检验结果如表 5 – 9 所示，由检验结果可知各变量均通过平稳性检验，各变量均为平稳变量。

表 5 - 9　　平稳性检验结果

变量	LLC 检验		平稳性	PP - Fisher 检验		平稳性
	统计量	概率值		统计量	概率值	
GVC_ Position	-12.6308***	0.0000	平稳	121.168***	0.0032	平稳
LnOFDI	-18.4737***	0.0000	平稳	755.248***	0.0000	平稳
LnHUM	-14.9724***	0.0000	平稳	829.612***	0.0000	平稳
LnInnovation	-6.7056***	0.0000	平稳	114.418**	0.0105	平稳
LnK	-12.7019***	0.0000	平稳	-12.702**	0.0171	平稳
LnEXPORT	-11.0307***	0.0000	平稳	411.686***	0.0000	平稳
LnFDI	-4.2264***	0.0000	平稳	218.195***	0.0000	平稳
LnEFI	-14.1834***	0.0000	平稳	177.259***	0.0000	平稳
LnScale	-12.5914***	0.0000	平稳	420.546***	0.0000	平稳
Lnrd	-5.1084***	0.0000	平稳	160.502***	0.0000	平稳

注：** 和 *** 分别表示在 5% 和 1% 的显著性水平下显著。

5.4.1.2　门槛估计的显著性和置信区间检验

OFDI 对制造业整体 GVC 分工地位影响的门槛模型中的各门槛变量门槛值的显著性检验结果如表 5 - 10 所示。其中，东道国市场规模存在一个门槛值，东道国技术水平存在两个门槛值。

表 5 - 10　　门槛变量的显著性检验结果

门槛变量	门槛数量	F 统计量	置信概率	临界值		
				1%	5%	10%
东道国市场规模	第一个门槛	5.38***	0.0000	4.7600	3.2000	2.8980
	第二个门槛	6.78	0.7167	9.7079	8.6018	8.1980
东道国技术水平	第一个门槛	4.64**	0.0100	4.4805	4.0630	3.8413
	第二个门槛	6.91***	0.0000	4.0229	3.2963	2.9044
	第三个门槛	3.29	0.6633	15.5921	14.7968	14.3525

注：** 和 *** 分别表示在 5% 和 1% 的显著性水平下显著。

根据 OFDI 对制造业整体 GVC 分工地位影响的门槛模型，东道国市场规模与东道国研发支出的门槛估计值与置信区间如表 5 - 11 所示。其中，东道国市场规模的门槛值为 28. 2315，即东道国 GDP 达到18 229. 92亿美元，东道国技术水平的门槛值分别为 22. 7764 和 22. 9228，即东道国研发支出分别达到 77. 92 亿美元和 90. 21 亿美元，分别落在各自 95% 的置信区间中。

表 5－11　　门槛变量估计值及置信区间

门槛变量	门槛数量	门槛估计值	置信区间（95%）
东道国市场规模	λ_1	28. 2315	[23. 0090, 30. 2600]
东道国技术水平	λ_1	22. 7764	[22. 6798, 22. 7860]
	λ_2	22. 9228	[22. 8927, 22. 9249]

5. 4. 1. 3　模型估计结果与分析

本书采用两步最优 GMM 方法对门槛模型进行回归以控制由变量内生性导致的回归结果偏误。中国制造业整体的门槛回归结果如表 5－12 所示。

表 5－12　　中国制造业整体门槛模型回归结果

GVC_ Position	门槛变量（$q = LnScale$）	门槛变量（$q = Lnrd$）
LnHUM	0. 0336*** (0. 0009)	0. 0336*** (0. 0009)
LnInnovation	0. 0066*** (0. 0002)	0. 0066*** (. 0002)
LnK	0. 1897*** (0. 0061)	0. 1892*** (0. 0061)
LnExport	0. 0635*** (0. 0030)	0. 0635*** (0. 0030)
LnFDI	0. 0932*** (0. 0033)	0. 0930*** (0. 0034)
LnEFI	0. 1093*** (0. 0098)	0. 1092*** (0. 0098)
$LnOFDI \cdot I\ (q \leqslant \lambda_1)$	0. 0023*** (0. 0007)	0. 0023*** (0. 0007)
$LnOFDI \cdot I\ (q \geqslant \lambda_1)$	0. 0024*** (0. 0007)	
$LnOFDI \cdot I\ (\lambda_1 < q \leqslant \lambda_2)$		0. 0025*** (0. 0008)
$LnOFDI \cdot I\ (q > \lambda_2)$		0. 0024*** (0. 0007)

续表

GVC_ Position	门槛变量（$q = LnScale$）	门槛变量（$q = Lnrd$）
Centered R^2	0. 9960	0. 9960
Uncentered R^2	0. 9960	0. 9960
F 统计量（Prob > F）	12540. 83（0. 0000）	11153. 38（0. 0000）
识别不足检验（LM statistic）	339. 309（0. 0000）	334. 713（0. 0000）
弱工具变量检验（Wald F statistic）	382. 072（10. 83）	353. 001（10. 83）
过度识别检验（Sargan statistic）	3. 922（p =0. 4167）	4. 648（p =0. 3253）
内生性检验（Endogeneity test）	21. 550（p =0. 0000）	21. 593（p =0. 0000）
国家固定效应	是	是
观测值数量	451	451

注：*** 表示在 1% 的显著性水平下显著。

从表 5 -12 可以看出：

• 当东道国 GDP 规模不超过 18 229. 92 亿美元时，变量 *LnOFDI* 的系数为 0. 0023 且显著，说明 OFDI 对制造业整体 GVC 分工地位提升具有显著的促进作用，当 OFDI 每增加 1% 单位，制造业整体 GVC 分工地位指数提升 0. 0023 个单位。

• 当东道国 GDP 规模大于 18 229. 92 亿美元时，变量 *LnOFDI* 的系数为 0. 0024 且显著，说明 OFDI 对制造业整体 GVC 地位提升具有显著的促进作用，当 OFDI 每增加 1% 单位，制造业整体 GVC 分工地位指数提升 0. 0024 个单位，相比东道国 GDP 规模不超过 18 229. 92 亿美元时，OFDI 对制造业整体 GVC 分工地位的提升效果有所增强，增加了 0. 0001 个单位。

说明东道国市场规模对中国制造业 OFDI 提升中国制造业 GVC 分工地位具有单门槛效应，即当东道国市场规模超过门槛值后，制造业 OFDI 对制造业整体 GVC 分工地位的提升效果增加 0. 0001 个单位。

• 当东道国研发支出不超过 77. 92 亿美元时，变量 *LnOFDI* 的系数为 0.0023 且显著，说明 OFDI 对制造业整体 GVC 分工地位提升具有显著的促进作用，当 OFDI 每增加 1% 单位，制造业整体 GVC 分工地位指数提升 0.0023 个单位。

- 当东道国研发支出介于 77.92 亿美元和 90.21 亿美元之间时，变量 *LnOFDI* 的系数为 0.0025 且显著，说明 OFDI 对制造业整体 GVC 分工地位提升具有显著的促进作用，当 OFDI 每增加 1% 单位，制造业整体 GVC 分工地位指数提升 0.0025 个单位，相比东道国研发支出不超过 77.92 亿美元时，OFDI 对制造业整体 GVC 分工地位提升的效果在增强，增加了 0.0002 个单位。
- 当东道国研发支出大于 90.21 亿美元时，变量 *LnOFDI* 的系数为 0.0024 且显著，说明 OFDI 对制造业整体 GVC 分工地位提升具有显著的促进作用，当 OFDI 每增加 1% 单位，制造业整体 GVC 分工地位指数提升 0.0024 个单位，相比东道国研发支出介于 77.92 亿美元和 90.21 亿美元之间时，OFDI 对制造业整体 GVC 分工地位提升的效果有所减弱，减少了 0.0001 个单位。

说明东道国技术水平对中国制造业 OFDI 提升中国制造业 GVC 分工地位具有双门槛效应，即当东道国技术水平超过第一个门槛值后，制造业 OFDI 对制造业整体 GVC 分工地位的提升效果增加 0.0002 个单位，当东道国技术水平超过第二个门槛值后，制造业 OFDI 对制造业整体 GVC 分工地位的提升效果减少 0.0001 个单位。

随着中国制造业对外直接投资进入东道国的市场规模增大并超过门槛值后，制造业 OFDI 对制造业 GVC 分工地位的提升效果有所增强，主要是因为随着东道国市场规模增大，一方面，中国制造业 OFDI 在东道国市场上参与竞争更加激烈，会进一步促使中国制造业进行工艺流程升级、产品升级等；另一方面，中国制造业 OFDI 进一步发挥品牌溢出效应和“投资—出口”带动效应，增加中国制造业产品出口，增强中国制造业的市场营销能力，实现功能升级，从而进一步提升中国制造业 GVC 分工地位。

随着中国制造业对外直接投资进入东道国的研发支出越来越多，并超过第一个门槛值后，表明东道国技术水平更先进，更有利于中国制造业 OFDI 在东道国市场进一步获取先进技术、发挥逆向技术溢出效应并通过反馈机制进一步提升中国制造业的生产工艺流程、产品质量、技术水平等，从而进一步提升中国制造业 GVC 分工地位；当中国制造业对外直接投资进入东道国的技术水平进一步提高，超过了第二个门槛值后，一方面，中国制造业 OFDI 技术水平与东道国技术水平的差距也越来越大，加上中国制造业的学习模仿能力滞后，从而不利于 OFDI 的逆向技术溢出效应；另一方面，处于全球价值链上游的国家为了维持其在全球价值链中的地位，会对中国制造业 OFDI 采取限制措施，使得中国制造业不能获取东道国先进技术、OFDI 逆向技术溢出效应受阻，从而使得制造业 OFDI 对中国制造业 GVC 分工地位提升的效果有所降低。

5.4.2　不同技术类别制造业

5.4.2.1　平稳性检验

本书分别采用 LLC 和 PP - Fisher 两种检验方法对各变量进行平稳性检验，检验结果如表 5 - 13 所示。检验结果表明各变量均通过平稳性检验，各变量均为平稳变量。

表 5 - 13　　　　平稳性检验结果

制造业	变量	LLC 检验		PP - Fisher 检验		平稳性
		统计量	概率值	统计量	概率值	
低等技术类别制造业	*GVC_ Position*	-15.3310***	0.0000	367.774***	0.0000	平稳
	LnOFDI	-13.9512***	0.0000	261.785***	0.0000	平稳
	LnHUM	-13.4018***	0.0000	590.099***	0.0000	平稳
	LnInnovation	-11.4609***	0.0000	147.046***	0.0000	平稳
	LnK	-13.8399***	0.0000	229.735***	0.0000	平稳
	LnEXPORT	-18.1347***	0.0000	853.873***	0.0000	平稳
	LnFDI	-16.0989***	0.0000	655.278***	0.0000	平稳
	LnEFI	-14.1834***	0.0000	177.259***	0.0000	平稳
	LnScale	-12.5914***	0.0000	420.546***	0.0000	平稳
	Lnrd	-5.10841***	0.0000	160.502***	0.0000	平稳

续表

制造业	变量	LLC检验		PP－Fisher检验		平稳性
		统计量	概率值	统计量	概率值	
中等技术类别制造业	*GVC_ Position*	－2.62614***	0.0043	156.902***	0.0000	平稳
	LnOFDI	－12.7681***	0.0000	228.181***	0.0000	平稳
	LnHUM	－10.2580***	0.0000	151.138***	0.0000	平稳
	LnInnovation	－4.92719***	0.0000	283.376***	0.0000	平稳
	LnK	－15.2862***	0.0000	197.289***	0.0000	平稳
	LnEXPORT	－7.96567***	0.0000	296.550***	0.0000	平稳
	LnFDI	－16.0989***	0.0000	655.278***	0.0000	平稳
	LnEFI	－14.1834***	0.0000	177.259***	0.0000	平稳
	LnScale	－12.5914***	0.0000	420.546***	0.0000	平稳
	Lnrd	－5.10841***	0.0000	160.502***	0.0000	平稳
高等技术类别制造业	*GVC_ Position*	－14.7269***	0.0000	246.630***	0.0000	平稳
	LnOFDI	－13.8917***	0.0000	257.167***	0.0000	平稳
	LnHUM	－14.4909***	0.0000	225.655***	0.0000	平稳
	LnInnovation	－5.71952***	0.0001	343.106***	0.0000	平稳
	LnK	－24.1944***	0.0000	760.705***	0.0000	平稳
	LnEXPORT	－8.20548***	0.0000	187.755***	0.0000	平稳
	LnFDI	－16.0989***	0.0000	655.278***	0.0000	平稳
	LnEFI	－14.1834***	0.0000	177.259***	0.0000	平稳
	LnScale	－12.5914***	0.0000	420.546***	0.0000	平稳
	Lnrd	－5.10841***	0.0000	160.502***	0.0000	平稳

注：*** 表示在1%的显著性水平下显著。

5.4.2.2 门槛估计的显著性和置信区间检验

OFDI对不同技术类别制造业GVC分工地位影响的门槛模型中各门槛变量门槛值的显著性检验结果如表5－14所示。

表5－14　　门槛变量的显著性检验结果

制造业	门槛变量	门槛数量	F统计量	置信概率	临界值		
					1%	5%	10%
低等技术制造业	东道国市场规模	第一个门槛	4.55***	0.0000	2.1100	1.8990	1.6650
		第二个门槛	6.50	0.1630	7.4410	6.8190	6.6610
	东道国技术水平	第一个门槛	2.81***	0.0000	2.3120	2.1356	2.0870
		第二个门槛	2.20	0.6633	11.8875	11.6589	11.4039

续表

制造业	门槛变量	门槛数量	F 统计量	置信概率	临界值		
					1%	5%	10%
中等技术制造业	东道国市场规模	第一个门槛	7.44***	0.0000	6.8070	4.4630	4.2060
		第二个门槛	5.57	0.2333	8.4649	7.4080	6.5518
	东道国技术水平	第一个门槛	4.69***	0.0000	4.3232	3.5659	3.1734
		第二个门槛	4.43	0.6367	16.9744	14.7040	5.9905
高等技术制造业	东道国市场规模	第一个门槛	3.10**	0.0500	3.3200	3.0812	2.9090
		第二个门槛	3.58	0.4867	5.1325	4.6924	4.3605
	东道国技术水平	第一个门槛	4.09***	0.0067	4.0517	3.3697	3.1878
		第二个门槛	6.31***	0.0000	3.7060	3.3207	3.1127
		第三个门槛	3.34	0.9800	16.6277	15.9565	15.5358

注：** 和 *** 分别表示在 5% 和 1% 的显著性水平下显著。

- 在 OFDI 对低等技术制造业 GVC 分工地位影响的门槛模型中，东道国市场规模存在一个门槛值，东道国技术水平存在一个门槛值；
- 在 OFDI 对中等技术制造业 GVC 分工地位影响的门槛模型中，东道国市场规模存在一个门槛值，东道国研发支出存在一个门槛值；
- 在 OFDI 对高等技术制造业 GVC 分工地位影响的门槛模型中，东道国市场规模存在一个门槛值，东道国研发支出存在两个门槛值。

OFDI 对不同技术类别制造业 GVC 分工地位影响的门槛模型中东道国市场规模和东道国技术水平的门槛估计值与置信区间如表 5 -15 所示。

表 5 -15　　门槛变量估计值及置信区间

制造业	门槛变量	门槛数量	门槛估计值	置信区间（95%）
低等技术制造业	东道国市场规模	λ_1	26.2910	[22.7880, 30.4890]
	东道国技术水平	λ_1	18.5351	[18.5301, 18.5650]
中等技术制造业	东道国市场规模	λ_1	28.2315	[28.2184, 28.2340]
	东道国技术水平	λ_1	21.4897	[21.4770, 21.5073]
高等技术制造业	东道国市场规模	λ_1	26.3313	[26.3216, 26.3339]
	东道国技术水平	λ_1	21.4770	[21.4439, 21.4897]
		λ_2	21.4897	[21.4770, 21.5073]

- 在OFDI对低等技术制造业GVC分工地位影响的门槛模型中，东道国市场规模的门槛值为26.2910，即东道国GDP达到2 618.40亿美元，东道国技术水平的门槛值为18.5351，即东道国研发支出达到1.12亿美元，分别落在各自95%的置信区间中；
- 在OFDI对中等技术制造业GVC分工地位影响的门槛模型中，东道国市场规模的门槛值为28.2315，即东道国GDP达到18 229.92亿美元，东道国技术水平的门槛值为21.4897，即东道国研发支出达到21.52亿美元，分别落在各自95%的置信区间中；
- 在OFDI对高等技术制造业GVC分工地位影响的门槛模型中，东道国市场规模的门槛值为26.3313，即东道国GDP达到2 726.08亿美元，东道国技术水平的门槛值分别为21.4770和21.4897，即东道国研发支出分别达到21.25亿美元和21.52亿美元，分别落在各自95%的置信区间中。

5.4.2.3 模型估计结果与分析

本书采用两步最优GMM对门槛模型进行估计以控制由变量内生性导致的回归偏误。不同技术类别制造业的门槛回归结果如表5-16所示。

表5-16　　不同技术类别制造业门槛模型回归结果

GVC_ Position	低等技术制造业		中等技术制造业	
	门槛变量 (*q* = *LnScale*)	门槛变量 (*q* = *Lnrd*)	门槛变量 (*q* = *LnScale*)	门槛变量 (*q* = *Lnrd*)
LnHUM	0.0013*** (0.0005)	0.0012** (0.0005)	0.0015 (0.0018)	0.0014 (0.0018)
LnInnovation	0.0127*** (0.0037)	0.0117*** (0.0036)	0.0017*** (0.0004)	0.0018*** (0.0004)
LnK	0.0359*** (0.0137)	0.0326** (0.0132)	0.1621*** (0.0144)	0.1613*** (0.0144)
LnExport	0.0416*** (0.0037)	0.0424*** (0.0036)	0.1014*** (0.0096)	0.1012*** (0.0096)

续表

GVC_ Position	低等技术制造业		中等技术制造业	
	门槛变量 ($q=LnScale$)	门槛变量 ($q=Lnrd$)	门槛变量 ($q=LnScale$)	门槛变量 ($q=Lnrd$)
LnFDI	-0.0001 (0.0047)	-0.0012 (0.0045)	0.0849 *** (0.0061)	0.0848 *** (0.0062)
LnEFI	0.2317 *** (0.0081)	0.2320 *** (0.0080)	0.3665 *** (0.0242)	0.3658 *** (0.0242)
$LnOFDI \cdot I\ (q<\lambda_1)$	0.0021 (0.0021)	0.0026 (0.0021)	0.0269 *** (0.0013)	0.0268 *** (0.0014)
$LnOFDI \cdot I\ (q\geqslant\lambda_1)$	0.0024 (0.0021)	0.0030 (0.0020)	0.0271 *** (0.0013)	0.0274 *** (0.0013)
$LnOFDI \cdot I\ (\lambda_1\leqslant q<\lambda_2)$				
$LnOFDI \cdot I\ (q\geqslant\lambda_2)$				
Centered R^2	0.9967	0.9968	0.9460	0.9458
Uncentered R^2	0.9967	0.9968	0.9460	0.9458
F 统计量 (Prob > F)	14973.53 (0.0000)	15449.63 (0.0000)	802.57 (0.0000)	800.53 (0.0000)
识别不足检验 (LM statistic)	81.073 (0.0000)	83.555 (0.0000)	361.413 (0.0000)	361.270 (0.0000)
弱工具变量检验 (Wald F statistic)	32.863 (9.08)	25.531 (10.27)	3401.166 (10.83)	3336.786 (10.83)
过度识别检验 (Sargan statistic)	3.415 (p =0.1813)	4.674 (p =0.1973)	4.054 (p =0.3988)	4.605 (p =0.3303)
内生性检验 (Endogeneity test)	85.281 (p =0.0000)	81.991 (p =0.0000)	364.862 (p =0.0000)	364.298 (p =0.0000)
观测值数量	451	451	410	410

GVC_ Position	高等技术制造业	
	门槛变量 ($q=LnScale$)	门槛变量 ($q=Lnrd$)
LnHUM	0.0083 *** (0.0022)	0.0085 *** (0.0022)
LnInnovation	0.0032 *** (0.0003)	0.0033 *** (0.0003)
LnK	0.0837 *** (0.0120)	0.0930 *** (0.0119)

续表

GVC_ Position	高等技术制造业	
	门槛变量 ($q = LnScale$)	门槛变量 ($q = Lnrd$)
LnExport	0. 0584 *** (0. 0051)	0. 0561 *** (0. 0051)
LnFDI	0. 0122 *** (0. 0042)	0. 0154 *** (0. 0041)
LnEFI	0. 1475 *** (0. 0168)	0. 1485 *** (0. 0167)
$LnOFDI \cdot I\ (q < \lambda_1)$	0. 0111 *** (0. 0019)	0. 0101 *** (0. 0018)
$LnOFDI \cdot I\ (q \geqslant \lambda_1)$	0. 0107 *** (0. 0019)	
$LnOFDI \cdot I\ (\lambda_1 \leqslant q < \lambda_2)$		0. 0129 *** (0. 0020)
$LnOFDI \cdot I\ (q \geqslant \lambda_2)$		0. 0098 *** (0. 0018)
Centered R^2	0. 9893	0. 9893
Uncentered R^2	0. 9893	0. 9893
F 统计量 (Prob > F)	5605. 68 (0. 0000)	4989. 61 (0. 0000)
识别不足检验 (LM statistic)	327. 729 (0. 0000)	322. 433 (0. 0000)
弱工具变量检验 (Wald F statistic)	481. 807 (19. 93)	458. 262 (19. 93)
过度识别检验 (Sargan statistic)	2. 222 (p =0. 1361)	0. 031 (p =0. 8598)
内生性检验 (Endogeneity test)	225. 516 (p =0. 0000)	225. 111 (p =0. 0000)
观测值数量	533	533

注：** 和 *** 分别表示在 5% 和 1% 的显著性水平下显著。

（1）低等技术制造业门槛回归结果

从表 5 -16 中可以看出：

● 当东道国 GDP 规模不超过 2 618. 40 亿美元时，变量 *LnOFDI* 的系数为 0. 0021，说明 OFDI 对低等技术制造业 GVC 分工地位提升具有促进作用，当 OFDI 每增加 1% 单位，低等技术制造业 GVC 分工地位指数提升 0.0021 个单位；

- 当东道国 GDP 规模大于 2 618.40 亿美元时，变量 *LnOFDI* 的系数为 0.0024，说明 OFDI 对低等技术制造业 GVC 分工地位提升具有促进作用，当 OFDI 每增加 1% 单位，低等技术制造业 GVC 分工地位指数提升 0.0024 个单位，相比东道国 GDP 规模不超过 2 618.40 亿美元时，OFDI 对低等技术制造业 GVC 分工地位的提升效果有所增强，增加了 0.0003 个单位。

这说明东道国市场规模对 OFDI 提升低等技术制造业 GVC 分工地位具有门槛效应，即当东道国市场规模超过门槛后，低等技术制造业 OFDI 提升低等技术制造业 GVC 分工地位的效果提升 0.0003 个单位。

当东道国研发支出不超过 1.12 亿美元时，变量 *LnOFDI* 的系数为 0.0026，说明 OFDI 对低等技术制造业 GVC 分工地位提升具有促进作用，当 OFDI 每增加 1% 单位，低等技术制造业 GVC 分工地位指数提升 0.0026 个单位；

- 当东道国研发支出大于 1.12 亿美元时，变量 *LnOFDI* 的系数为 0.0030，说明 OFDI 对低等技术制造业 GVC 地位提升具有促进作用，当 OFDI 每增加 1% 单位，低等技术制造业 GVC 分工地位指数提升 0.0030 个单位，相比东道国研发支出不超过 1.12 亿美元时，OFDI 对低等技术制造业 GVC 分工地位提升的效果有所增强，增加了 0.0004 个单位。

这说明东道国技术水平对低等技术制造业 OFDI 提升低等技术制造业 GVC 分工地位具有单门槛效应，即当东道国技术水平超过门槛后，低等技术制造业 OFDI 提升低等技术制造业 GVC 分工地位的效果提升 0.0004 个单位。

（2）中等技术制造业门槛回归结果

- 当东道国 GDP 规模不超过 18 229.92 亿美元时，变量 *LnOFDI* 的系数为 0.0269，说明当 OFDI 每增加 1% 单位，中等技术制造业 GVC

分工地位指数显著提升 0.0269 个单位；

- 当东道国 GDP 规模大于 18 229.92 亿美元时，变量 *LnOFDI* 的系数为 0.0271，说明当 OFDI 每增加 1% 单位，中等技术制造业 GVC 分工地位指数显著提升 0.0271 个单位，相比东道国 GDP 规模不超过 18 229.92 亿美元时，OFDI 对中等技术制造业 GVC 分工地位提升的效果在增强，增加了 0.0002 个单位。

这说明东道国市场规模对中等技术制造业 OFDI 提升中等技术制造业 GVC 分工地位具有单门槛效应，中等技术制造业 OFDI 对中等技术制造业 GVC 分工地位提升的效果增加了 0.0002 个单位。

- 当东道国研发支出不超过 21.52 亿美元时，变量 *LnOFDI* 的系数为 0.0274，当 OFDI 每增加 1% 单位，中等技术制造业 GVC 分工地位指数显著提升 0.0274 个单位；
- 当东道国研发支出大于 21.52 亿美元时，变量 *LnOFDI* 的系数为 0.0268，当 OFDI 每增加 1% 单位，中等技术制造业 GVC 分工地位指数显著提升 0.0268 个单位，相比东道国研发支出不超过 21.52 亿美元时，OFDI 对中等技术制造业 GVC 分工地位提升的效果在降低，减少了 0.0006 个单位。

这说明东道国技术水平对中等技术制造业 OFDI 提升中等技术制造业 GVC 分工地位具有单门槛效应，中等技术制造业 OFDI 对中等技术制造业 GVC 分工地位提升的效果减少了 0.0006 个单位。

（3）高等技术制造业门槛估计结果

- 当东道国 GDP 规模不超过 2 726.08 亿美元时，变量 *LnOFDI* 的系数为 0.0111，当 OFDI 每增加 1% 单位，高等技术制造业 GVC 分工地位指数显著提升 0.0111 个单位；
- 当东道国 GDP 规模大于 2726.08 亿美元时，变量 *LnOFDI* 的系数为 0.0107，当 OFDI 每增加 1% 单位，高等技术制造业 GVC 分工地位指数显著提升 0.0107 个单位，相比东道国 GDP 规模不超过 2 726.08 亿美元时，OFDI 对高等技术制造业 GVC 分工地位的提升效果在减弱，减少了 0.0004 个单位。

这说明东道国市场规模对高等技术制造业 OFDI 提升高等技术制造业 GVC 分工地位具有单门槛效应，当东道国市场规模超过门槛值后，高等技术制造业 OFDI 对高等技术制造业 GVC 分工地位的提升效果减少 0.0004 个单位。

- 当东道国研发支出不超过 21.25 亿美元时，变量 *LnOFDI* 的系数为 0.0101，当 OFDI 每增加 1% 单位，高等技术制造业 GVC 分工地位指数显著提升 0.0101 个单位；
- 当东道国研发支出介于 21.25 亿美元和 21.52 亿美元之间时，变量 *LnOFDI* 的系数为 0.0129，当 OFDI 每增加 1% 单位，高等技术制造业 GVC 分工地位指数显著提升 0.0129 个单位，相比东道国研发支出不超过 21.25 亿美元时，OFDI 对高等技术制造业 GVC 分工地位的提升效果在增强，增加了 0.0028 个单位；
- 当东道国研发支出大于 21.52 亿美元时，变量 *LnOFDI* 的系数为 0.0098，当 OFDI 每增加 1% 单位，高等技术制造业 GVC 分工地位指数显著提升 0.0098 个单位，相比东道国研发支出介于 21.25 亿美元和 21.52 亿美元之间时，OFDI 对高等技术制造业 GVC 分工地位的提升效果在减弱，减少了 0.0031 个单位。

这说明东道国技术水平对高等技术制造业 OFDI 提升高等技术制造业 GVC 分工地位具有双门槛效应，当东道国技术水平超过第一个门槛值后，高等技术制造业 OFDI 对高等技术制造业 GVC 分工地位的提升效果增加 0.0028 个单位，当东道国技术水平超过第二个门槛值后，高等技术制造业 OFDI 对高等技术制造业 GVC 分工地位的提升效果减小 0.0031 个单位。

（4）原因讨论

- 当东道国市场规模增大并超过一定规模时，中国对外直接投资对中国制造业 GVC 分工地位的提升效果会有所增强，主要是因为随着东道国市场规模增大，一方面，中国制造业对外直接投资在东道国市场上参与竞争更加激烈，促使国内制造业进一步进行工艺流程升级、产品升级等；另一方面，中国制造业 OFDI 进一步发挥品牌溢出效应和“投资—出口”带动效应，进一步增加中国制造业产品出口，增强中国制造业的市场营销能力，实现功能升级，从而进一步提升中国 GVC 分工地位。

当东道国市场规模增大并超过第一个门槛值时，对外直接投资对高等技术制造业 GVC 分工地位的提升效果有所减弱，主要原因在于中国高等技术制造业相比其他两种类型制造业是中国重点发展的制造业类型。中国高等技术制造业 OFDI 主要是以美国、日本、德国、英国等发达国家为主，这些国家高等技术制造业 GVC 分工地位要高于中国，为了保持其高等技术制造业在全球价值链中的位置，必定会将中国高等技术制造业的发展视为其主要的潜在竞争对手，从而当中国高等技术制造业 OFDI 进入这些东道国后，会对中国高等技术制造业 OFDI 采取限制措施，如限制投资规模等，使得高等技术制造业对外直接投资的竞争效应以及品牌溢出效应和“投资—出口”带动效应有所减弱，从而使得 OFDI 对中国高等技术制造业 GVC 分工地位的提升有所减弱。

随着中国制造业 OFDI 进入东道国的研发支出越来越多，并超过门槛值后，表明东道国技术水平更先进，更有利于中国制造业 OFDI 在东道国市场进一步获取先进技术、发挥逆向技术溢出效应并通过反馈机制进一步提升中国制造业的生产工艺流程、产品质量、技术水平等，从而进一步提升中国制造业 GVC 分工地位。

当中国高等技术制造业 OFDI 进入东道国的研发支出越来越多，超过第二个门槛值后，表明东道国技术水平更加先进。一方面，中国高等技术制造业 OFDI 的技术水平与东道国技术水平的差距也越来越大，不利于中国高等技术制造业 OFDI 的逆向技术溢出效应；另一方面，处于全球价值链上游的国家为了维持其在全球价值链中的地位，会对中国高等技术制造业 OFDI 采取限制措施，如技术封锁、投资领域限制等，使得中国高等技术制造业不能获取东道国先进技术、OFDI 逆向技术溢出效应受阻，从而使得 OFDI 对中国高等技术制造业 GVC 分工地位提升的效果有所降低。

第6章

FDI推动制造业升级的福利分析

外商直接投资对一国经济发展的作用是巨大的，学者和政策制订者对于FDI的巨大潜力十分看重，被视为可通过政策制定推动经济繁荣的主要驱动力。基于此逻辑，推动贸易投资的自由化、便利化近些年来备受推崇，如在自贸协议政策方面，欧盟分析家希望跨大西洋贸易与投资伙伴协议（Transatlantic Trade and Investment Partnership，TTIP）能够放开欧盟和美国之间的贸易和投资，并将带来更多的就业机会和增长，FDI在其中扮演着重要角色，越来越多的国家十分重视吸引招募来自全球的商业投资。尤其需要注意的是，当前国际很多政策制订和自贸协议都对传统实物资本形式的转移以外的FDI，即技术、知识、品牌、专利等无形资产形式的转移的FDI格外关注，这是由于FDI对东道国的部门产出、就业、资本回报等影响的明显的局部均衡证据，但是当前研究相对缺乏研究FDI对东道国相关产业及整体经济的知识转移及产业转型升级的结构性证据。基于本书第4章、第5章对于FDI对制造业技术溢出效应及对我国制造业GVC升级的推动作用，本章试图更近一步对FDI推动制造业转型升级的福利效果进行分析，试图通过反事实模拟国际贸易和投资的动态多国一般均衡模型，通过比较一国存在和不存在FDI两种情况下贸易和福利的变化情况，以证明FDI对于一国产业结构升级推动与国家整体福利提升的重要性。

6.1　模型设定

模型追踪国际贸易、实物资本积累形式的国内投资和技术资本形式的 FDI 之间的关系。在贸易方面，在 Arkolakis 等（2012）构建的定量一般均衡贸易模型的基础上，为解释本章试图说明的 FDI 对生产要素供给进行改进，尤其是非竞争性技术资本形式的 FDI 对一国产业结构升级及国家整体福利提升的影响，故设定模型中的生产要素为非竞争性技术资本形式的 FDI、劳动及国内有形物质资本。在此设定下，各国可以在所有潜在东道国使用其技术资本，同时本国国内可以使用来自所有潜在母国的技术资本。

模型采用直观结构性 FDI 引力系统，与当前国际贸易文献研究中传统引力系统类似。

第一，FDI 存量的价值与母国的支出规模成正比，并因而得知，母国支出规模与技术资本的边际产品价值成正比。

第二，双边 FDI 存量的价值与东道国的支出规模成正比，因此东道国的名义产出与对 FDI 的回报成正比。

第三，FDI 存量的价值与 FDI 壁垒成反比。

第四，双边 FDI 存量的价值通过一国资本多边流入阻力（Inward Multilateral Resistance，IMR）与贸易直接相关，即母国较高的 IMRs 会导致较少的 FDI，也由此可知更高的 IMR 意味着投资技术资本的直接成本和机会成本更高。国际贸易与投资的现有研究成果尚未明确表明贸易与 FDI 之间的关系，因此本模型中国际贸易与 FDI 之间的结构性相互依赖是在此基础上的进步。

第五，FDI 存量的价值与其母国技术资本的数量成反比，反映了技术资本的边际投资收益递减规律。

外商直接投资的自由化增加了 FDI，对国际贸易、母国及东道国的收入和支出都产生一定影响。双边 FDI 的增加直接导致自由化国家收入和支出的增加。较高的支出导致技术资本的更多积累，两国之间的 FDI 自由化也将对第三国的产出和支出产生积极的溢出效应。通过对产出和支出的影响，FDI 的增加也将转化为贸易流量的增加。FDI 的变化将通过产出和支出对多边抵制造成影响从而间接影响贸易。由于多边抵制是一般均衡指数，即任何两个国家之间贸易自由化都会对模型中任何其他国家的消费者和生产者价格施加影响，从而将 FDI 的变化在全世界传播。比较静态模型稳态的结果表明，FDI 的净出口在一定程度上替代了出口贸易。这一结果在直观上可以运用模型的模块化结构进行解释。在收入保持不变的局部均衡分析中，FDI 净流入国通过对外国技术的平衡使用进行支付以此消除 FDI 顺差，将支出提高到收入水平。用于母国产品消费的收入份额上升，因此出口必须下降，FDI 的净流出国失去了外国用户的净支付以此消除 FDI 逆差，将支出降低到不变的收入水平。用于母国产品消费的收入份额下降，因此出口必须增加，一般均衡模型促使绝对值为净 FDI 头寸的国家修正其局部均衡。FDI 的净流出国来自 FDI 的收入减少，在于减少技术资本出口的累积损失；而 FDI 的净流入国的收入增加，由于本国内技术资本相对缺乏而来自外国技术资本累计促进了技术进步。这种作用力会减弱部分技术溢出效应，但不能使其消除。

在模型中设定影响 FDI 的两个渠道是国际贸易和贸易自由化。

第一，贸易成本的变化会导致支出的变化，从而改变 FDI 的边际产品价值，进而直接作用于对技术资本的投资。

第二，贸易自由化会对国际市场价格产生影响，进而作用于国际贸易和 FDI。即 FDI 与母国消费品和投资品价格呈负相关，因为这是技术资本投资的直接成本和机会成本的一部分。如果贸易自由化导致支出增加并降低消费和投资品价格，则模型预测较低的贸易成本将刺激自由化国家的技术资本积累。

第三，由于模型设定 FDI 的技术资本为非竞争性的，所以自由化国家技术资本存量的增加将对其他国家产生积极的溢出效应。为通过设定 FDI 新范式下的重要性的经验检验，模型通过反事实实验设定一个没有 FDI 的假设世界。

经过分析得出三个结论：

第一，FDI 是现代世界经济体系的重要组成部分。估计显示平均而言，2016 年 FDI 带来的收益对世界福利的贡献约 9%，对世界贸易的贡献约 11%。

第二，不同国家的 FDI 的影响差距巨大，大部分国家可以从 FDI 中受益，但少数国家因 FDI 而遭受损失。

第三，FDI 影响差异的巨大幅度与其广泛的非均衡性相结合说明 FDI 对跨国收入不平等变化的影响。如 FDI 使一些最贫穷经济体的实际国内生产总值和福利显著增加，因此对于区域经济平衡发展的决定因素得以深入了解，有助于区域政策有效性的提升。

6.2　理论基础

主要是构建国际贸易、国内物质资本积累和为竞争性技术资本 FDI 的动态模型。世界由 N 个国家组成，每个国家都生产一种可交易商品，按原产地区分。每个国家都从所有来源渠道购买商品，这些商品用于最终消费或者通过 FDI 以技术转让许可对其他国家进行实物和非竞争技术资本的国内投资，相当于跨境支付进行技术使用。为更清晰地表明影响路径，需将实物资本形式生产资料从 FDI 中抽象出来。

6.2.1　变量选取

6.2.1.1　生产

国家在时间的名义产出是按照不变规模报酬生产（Constant Returns

to Scale，CRS）的 Cobb－Douglas 生产函数：

$$Y_{j,t}=p_{j,t}A_{j,t}(L_{j,t}^{1-\alpha}K_{j,t}^{\alpha})^{1-\phi}M_{j,t}^{\phi} \quad (6.1)$$

其中：$P_{j,t}$——商品 j 在时间 t 的工厂价；

$A_{j,t}$——在时间 t 国家 j 的生产依赖于当地技术；

$M_{j,t}$——在当地应用的全球技术库存；

$L_{j,t}$——在一定时期内不发生变动的劳动力禀赋；

$K_{j,t}P$——在一定时期内不发生变动的实物资本存量。

以及在一定时期内不发生变动的国家资源，包括劳动力禀赋 $L_{j,t}$和实物资本存量 $K_{j,t}$。

技术资本是非竞争性的，即国家 i 可以在国内或任何其他国家使用其技术资本 $M_{j,t}$。这里的非竞争性技术资本包括专利、设计蓝图、管理技巧、实践技能等。生产函数（6.1）中正式应用的全球技术资本定义为：

$$M_{j,t}\equiv\left(\prod_{i=1}^{N}(\max\{1,\omega_{ij,t}M_{i,t}\})^{\eta i}\right) \quad (6.2)$$

包括国内技术资本 $M_{j,t}$和非竞争性技术转移的 FDI：

$$FDI_{ij,t}\equiv\omega_{ij,t}M_{i,t} \quad (6.3)$$

其中：$M_{i,t}$——国家 i 在时间 t 的技术资本存量；

$\omega_{ij,t}$——衡量国家 i 在时间 t 对国家 j 技术的开放程度，涵盖国家 i 和国家 j 之间所有可能的双边 FDI 摩擦。

· 如果 $\omega_{ij,t}=0$，则在时间 t 国家 i 内不能使用来自国家 j 的技术。

· 如果 $\omega_{ij,t}>0$，则在时间 t 来自国家 j 的每一单位技术都可以在国家 i 使用，并且由 $\sum_{i=1}^{N}\eta_i=1$ 可知规模报酬不变。

在 max－函数中引入 FDI 作为国家生产要素组成部分实现了所有国家都可以免费获得一些世界知识的技术资本并将其标准化的观念。世界知识的存量在 max－函数第二个参数中被规范化。max－函数的技术优势在于确保在数据定期观察中能够捕获国家之间双边 FDI 的零流量，这有助于解释 FDI 摩擦成本。每个国家的物质资本根据标准线性过渡函数累计：

$$K_{j,t+1}=(1-\delta_K)K_{j,t}+\Omega_{j,t} \tag{6.4}$$

其中：δ_K——物质资本调整成本；

$\Omega_{j,t}$——国家 j 在时间 t 的实物资本投资总流量；

$I^K_{ij,t}$——CES 函数中包括国家 j 在内世界上所有可能国家在时间 t 投资商品的聚合：

$$\Omega_{j,t}=\left(\sum_{i=1}^{N}\gamma_i^{\frac{1-\sigma}{\sigma}}(I^K_{ij,t})^{\frac{1-\sigma}{\sigma}}\right)^{\frac{\sigma}{\sigma-1}} \tag{6.5}$$

其中：γ_i——一个正式分布参数；

$\sigma>1$ 是来自不同国家产品的替代弹性。

每个国家的技术资本积累是与物质资本类似的线性过渡函数：

$$M_{j,t+1}=(1-\delta_M)M_{j,t}+\chi_{j,t} \tag{6.6}$$

其中：δ_M——技术资本调整成本；

$\chi_{j,t}$——CES 函数中包括国家 j 在内世界上所有可能国家在时间 t 技术资本投资流量 $I^M_{ij,t}$ 的聚合：

$$\chi_{j,t}=\left(\sum_{i=1}^{N}\gamma_i^{\frac{1-\sigma}{\sigma}}(I^M_{ij,t})^{\frac{\sigma-1}{\sigma}}\right)^{\frac{\sigma}{\sigma-1}} \tag{6.7}$$

为便于分析，是用公式（6.1）中名义输出的来定义获得国内技术资本的边际产量和 $M_{j,t}$ 的外国边际产品价值：

$$\frac{cY_{j,t}}{\partial M_{j,t}}=\begin{cases}\dfrac{\phi\eta_j Y_{j,t}}{M_{j,t}} & if\quad \omega_{jj,t}M_{j,t}>1\\ 0 & if\quad \omega_{jj,t}M_{j,t}\leqslant 1\end{cases} \tag{6.8}$$

$$\frac{\partial Y_{i,t}}{\partial M_{j,t}}=\begin{cases}\dfrac{\phi\eta_j Y_{i,t}}{M_{j,t}} & if\quad \omega_{ji,t}M_{j,t}>1\\ 0 & if\quad \omega_{ji,t}M_{j,t}\leqslant 1\end{cases} \tag{6.9}$$

6.2.1.2 消费

假设各国之间消费者偏好相同，由对数效用函数进行表示，主观折扣因子 $\beta<1$：

$$U_{j,t} = \sum_{t=0}^{\infty} \beta^t \ln(C_{j,t}) \tag{6.10}$$

其中：$C_{ij,t}$——来自世界上包括国家 j 在内所有可能国家的外国商品；

$C_{j,t}$——包含国内商品的总消费。

$C_{j,t}$受制于：

$$C_{j,t} = \left(\sum_{i=1}^{N} \gamma_i^{\frac{1-\sigma}{\sigma}} (C_{ij,t}^{\gamma_i})^{\frac{\sigma-1}{\sigma}}\right)^{\frac{\sigma}{\sigma-1}} \tag{6.11}$$

假设消费和投资均为同一世界所有商品品种的 CES 聚合，可以使分析更加方便。允许消费品和投资品之间和之内因偏好或价格的异质性而为贸易、FDI 和国内投资之间的相互作用开辟更多渠道。受限于本书的研究重点，对需引入额外部门维度的处理不再做深入分析。

6.2.1.3 代理问题

每个国家的代表人员都需要工作、投资和消费。在每个时间点，国家 j 的消费者选择总消费 $C_{j,t}$，总投资为物质资本 $\Omega_{j,t}$和技术资本 $\chi_{j,t}$在一系列约束条件下最大化生命周期效用的贴现值。为了方便起见，定义以下一组约束：

$$\{C_{j,t}, \overset{\max}{\Omega_{j}}, \chi_{j,t}\} \sum_{t=0}^{\infty} \beta^t \ln(C_{j,t}) \tag{6.12}$$

$$K_{j,t+1} = (1-\delta_K) K_{j,t} + \Omega_{j,t} \quad \textit{for all } t \tag{6.13}$$

$$(1-\delta_K) K_{j,t} + \Omega_{j,t} \quad \textit{for all } t \tag{6.14}$$

$$Y_{j,t} = p_{j,t} A_{j,t} (L_{j,t}^{1-\alpha} K_{j,t}^{\alpha})^{1-\phi} \left(\prod_{i-1}^{N} (\max\{1, \omega_{ij,t} M_{i,t}\})^{\eta_i}\right)^{\phi} \quad \textit{for all } t \tag{6.15}$$

$$E_{j,t} = p_{j,t}C_{j,t} + p_{j,t}\Omega_{j,t} + p_{j,t}\chi_{j,t} \quad \text{for all } t \tag{6.16}$$

$$E_{j,t} = Y_{j,t} + \phi\eta_i \sum_{i \in N_{ji,t}} Y_{i,t} - \phi Y_{j,t} \sum_{i \in N_{ji,t}} \eta_i \quad \text{for all } t \tag{6.17}$$

$$K_{j,0}, M_{j,0} \quad \text{given} \tag{6.18}$$

公式（6.12）是代表性代理人的跨期效用函数。

公式（6.13）、公式（6.14）和公式（6.15）分别定义了实物资本存量的运动定律、技术资本存量的运动定律和生产价值。

公式（6.16）给出国家 j 在时间 t 的总支出，$E_{j,t}$为消费支出 $P_{j,t}C_{j,t}$ 实物资本投资支出 $P_{j,t}\Omega_{j,t}$和技术资本投资支出 $P_{j,}\chi_{j,t}$的总和。

公式（6.17）将可支配收入定义为：由公式（6.8）定义的外国投资的租金 $\phi\eta_i \sum_{i \in N_{ij,t}} Y_{i,t} = \sum_{i \in N_{ij,t}} M_{j,t} \times \frac{\partial Y_{i,t}}{\partial M_{j,t}}$，减去由公式（6.8）定义的对外国投资支付的租金 $\phi Y_{j,t} \sum_{i \in N_{ij,t}} \eta_i = \sum_{i \in N_{ij,t}} M_{i,t} \times \frac{\partial Y_{j,t}}{\partial M_{i,t}}$。

6.2.2　国际贸易合作与 FDI 模型

解决代理人的问题提供了一个描述国际贸易、国内投资和 FDI 之间关系的结构体系。

分两步解决代理的优化问题：首先，通过给定聚合变量 $C_{ij,t}, I^K_{ij,t}, I^M_{ij,t}$ 解决其最优需求，并将该阶段标记为“较低级别”（Anderson 等，2015）；然后，解决 $C_{j,t}\Omega_{j,}\chi_{j,t}$的动态优化问题，并将该阶段标记为“较高级别”。

6.2.2.1　“较低级别”均衡 $p_{ij,t} = p_{i,t}t_{ij,t}$

设表现国家 i 产品对国家 j 消费者的交付价格，$t_{ij,t}$在时间 t 从国家 i 到国家 j 货物的可变双边贸易成本因子。设 $X_{ij,t} = p_{ij,t}(c_{ij,t} + I^K_{ij,t} + I^M_{ij,t})$ 为国家 j 在时间 t 用于国家 i 产品的名义总支出。解决代表性代理人公式（6.5）、公式（6.7）和公式（6.11）的最优化问题，在服从公式（6.16）的条件下考虑给出所有 j 的 $C_{j,t}$、$\Omega_{j,t}$和 $\chi_{j,t}$给出结构系统（Anderson 和 van Wincoop，2003 年）。引入 FDI 的变化作出内生反应。在模型求解“较高级别”均衡需明确这点。

$$X_{ij,t} = \frac{Y_{i,t}E_{j,t}}{Y_t}\left(\frac{t_{ij,t}}{\prod_{i,t}p_{j,t}}\right)^{1-\sigma} \tag{6.19}$$

$$p_{j,t}^{1-\sigma} = \sum_{i=1}^{N}\left(\frac{t_{ij,t}}{\prod_{i,t}}\right)^{1-\sigma}\frac{Y_{i,t}}{Y_t} \tag{6.20}$$

$$\prod_{i,t}^{1-\sigma} = \sum_{j=1}^{N}\left(\frac{t_{ij,t}}{p_{j,t}}\right)^{1-\sigma}\frac{E_{j,t}}{Y_t} \tag{6.21}$$

6.2.2.2 “较高级别”均衡

在本贸易模型中，国内物质资本积累与 FDI 不具备分析解决物质资本和非竞争性技术资本转型的功能和方案。因此，在进行稳态分析时可以聚焦框架中的关键结构关系和运行机制展开清晰的讨论。

首先重新说明生产函数：

$$Y_{j,t} = p_{j,t}A_{j,t}\left(L_{j,t}^{1-\alpha}K_{j,t}^{\alpha}\right)^{1-\phi}\left(\prod_{i=1}^{N}\left(\max\{1,\omega_{ij,t}M_{i,t}\}\right)^{\eta_i}\right)^{\phi} \tag{1}$$

可以写：

$$\max\{1,\omega_{ij,t}M_{i,t}\} = (1+\omega_{ij,t}M_{i,t}+|1-\omega_{ij,t}M_{i,t}|)/2$$

$$=\{1+\omega_{ij,t}M_{i,t}+[(1-\omega_{ij,t}M_{i,t})^2]^{\frac{1}{2}}\}/2$$

关于 $M_{i,t}$ 的导数 $\max\{1,\omega_{ij,t}M_{i,t}\}$ 由下式给出：

$$\left(\omega_{ij,t}-\frac{(1-\omega_{ij,t}M_{i,t})}{[(1-\omega_{ij,t}M_{i,t})^2]^{\frac{1}{2}}}\right)/2 = \left(1-\frac{(1-\omega_{ij,t}M_{i,t})}{|1-\omega_{ij,t}M_{i,t}|}\right)\omega_{ij,t}/2 \tag{2}$$

基于名义产出的定义，国内技术资本边际产量的价值由下式给出：

$$\frac{\partial Y_{j,t}}{\partial M_{j,t}} = \frac{\phi\eta_j Y_{j,t}}{\max\{1,\omega_{ij,t}M_{i,t}\}}\left[1-\frac{(1-\omega_{ij,t}M_{i,t})}{|1-\omega_{ij,t}M_{i,t}|}\right]\omega_{ij,t}/2 \tag{3}$$

$M_{j,t}$ 的边际产品价值：

$$\frac{\partial Y_{i,t}}{\partial M_{j,t}} = \frac{\phi\eta_j Y_{i,t}}{\max\{1,\omega_{ji,t}M_{j,t}\}}\left[1-\frac{(1-\omega_{ji,t}M_{j,t})}{|1-\omega_{ji,t}M_{j,t}|}\right]\omega_{ji,t}/2 \tag{4}$$

或者将这两个条件写为：

$$\frac{\partial Y_{j,t}}{\partial M_{j,t}}=\begin{cases}\dfrac{\phi\eta_j Y_{j,t}}{M_{j,t}} & if \quad \omega_{jj,t}M_{j,t}>1\\ 0 & if \quad \omega_{jj,t}M_{j,t}\leqslant 1\end{cases}$$

$$\frac{\partial Y_{i,t}}{\partial M_{i,t}}=\begin{cases}\dfrac{\phi\eta_j Y_{i,t}}{M_{j,t}} & if \quad \omega_{jj,t}M_{j,t}>1\\ 0 & if \quad \omega_{jj,t}M_{j,t}\leqslant 1\end{cases}$$

基于以上边际产品价值的表达式，可支配收入可以写为：

$$E_{j,t} = Y_{j,t} + \phi\eta_j M_{j,t}\sum_{i\neq j}\frac{Y_{i,t}}{\max\{1,\omega_{ji,t}M_{j,t}\}}\left[1-\frac{(1-\omega_{ji,t}M_{j,t})}{|1-\omega_{ji,t}M_{j,t}|}\right]\omega_{ji,t}/2 - \phi Y_{j,t}\sum_{i\neq j}\frac{\eta_i M_{i,t}}{\max\{1,\omega_{ij,t}M_{i,t}\}}\left[1-\frac{(1-\omega_{ij,t}M_{i,t})}{|1-\omega_{ij,t}M_{i,t}|}\right]\omega_{ij,t}/2 \tag{5}$$

用总名义产出 $Y_{j,t}$ 描述支出，加上外国投资的租金 $\sum_{i\neq j}M_{j,t}\cdot\frac{\partial Y_{i,t}}{\partial M_{j,t}}$，减去外国投资产出的租金 $\sum_{i\neq j}M_{i,t}\cdot\frac{\partial Y_{j,t}}{\partial M_{i,t}}$，这是名义产出的一部分。进一步重写得到：

$$E_{j,t} = Y_{j,t} + \phi\eta_j \sum_{\substack{i\neq j\\ \omega_{ji,t}M_{j,t}>1}} Y_{i,t} - \phi Y_{j,t}\sum_{\substack{i\neq j\\ \omega_{ji,t}M_{j,t}>1}}\eta_i \tag{6}$$

接下来推导动态问题的解决方案，随后对系统稳态进行陈述。

假设一个对数跨期效用函数：

$$U_{j,t} = \sum_{t=0}^{\infty}\beta^t\ln(C_{j,t}) \tag{7}$$

将公式（6.16）给出的预算约束与公式（6.27）给出的支出函数相结合：

$$
\begin{aligned}
& P_{j,t}C_{j,t} + P_{j,t}\Omega_{j,t} + P_{j,t}\chi_{j,t} \\
& = Y_{j,t} + \phi\eta_j \sum_{\substack{i \neq j \\ \omega_{ji,t}M_{j,t} > 1}} Y_{i,t} - \phi Y_{j,t} \sum_{\substack{i \neq j \\ \omega_{ji,t}M_{j,t} > 1}} \eta_i \\
& = \left(1 - \phi \sum_{\substack{i \neq j \\ \omega_{ji,t}M_{j,t} > 1}} \eta_i \right)^{Y_{j,t} + \phi Y_j} \sum_{\substack{i \neq j \\ \omega_{ji,t}M_{j,t} > 1}} \eta_i
\end{aligned}
$$

进一步用公式（6.22）中规定的生产函数代替 $Y_{j,t}$可得：

$$
\begin{aligned}
& P_{j,t}C_{j,t} + P_{j,t}\Omega_{j,t} + P_{j,t}\chi_{j,t} \\
& = \left(1 - \phi \sum_{\substack{i \neq j \\ \omega_{ij,t}M_{i,t} > 1}} \eta_i \right) p_{j,t}A_{j,t}\left(L_{j,t}^{1-\alpha}K_{j,t}^{\alpha}\right)^{1-\phi}\left[\prod_{i=1}^{N}\left(\max\{1,\omega_{ji,t}M_{j,t}\}\right)^{\eta_i}\right]^{\phi} \\
& \quad + \phi\eta_j \sum_{\substack{i \neq j \\ \omega_{ji,t}M_{j,t} > 1}} p_{i,t}A_{i,t}\left(L_{i,t}^{1-\alpha}K_{i,t}^{\alpha}\right)^{1-\phi}\left[\prod_{k=1}^{N}\left(\max\{1,\omega_{ki,t}M_{k,t}\}\right)^{\eta_k}\right]^{\phi}
\end{aligned}
$$

为进一步简化最终得到只有一个约束，将 $\Omega_{j,t}$和$\chi_{j,t}$用下式替换后使用：

$$\Omega_{j,t} = K_{j,t+1} - (1 - \delta_K)K_{j,t}$$

$$\chi_{j,t} = M_{j,t+1} - (1 - \delta_M)M_{j,t}$$

得以下预算约束：

$$P_{j,t}C_{j,t} + P_{j,t}[K_{j,t+1} - (1-\delta_K)K_{j,t}] + P_{j,t}[M_{j,t+1} - (1-\delta_M)M_{j,t}]$$

$$= \left(1 - \phi \sum_{\substack{i \neq j \\ \omega_{ij,t}M_{i,t} > 1}} \eta_i\right) p_{j,t}A_{j,t}(L_{j,t}^{1-\alpha}K_{j,t}^{\alpha})^{1-\phi}\left[\prod_{i=1}^{N}(\max\{1,\omega_{ji,t}M_{j,t}\})^{\eta_i}\right]^{\phi}$$

$$+ \phi\eta_j \sum_{\substack{i \neq j \\ \omega_{ij,t}M_{i,t} > 1}} \eta_i\, p_{i,t}A_{i,t}(L_{i,t}^{1-\alpha}K_{i,t}^{\alpha})^{1-\phi}\left[\prod_{k=1}^{N}(\max\{1,\omega_{ki,t}M_{k,t}\})^{\eta_k}\right]^{\phi}$$

对应的拉格朗日表达式是：

$$\phi = \sum_{t=0}^{\infty}\beta^t[\ln(C_{j,t}) + \lambda_{j,t}(1 - \phi \sum_{\substack{i \neq j \\ \omega_{ij,t}M_{i,t} > 1}} \eta_i)p_{j,t}A_{j,t}(L_{j,t}^{1-\alpha}K_{j,t}^{\alpha})^{1-\phi}$$

$$\times \left[\prod_{i=1}^{N}(\max\{1,\omega_{ij,t},M_{i,t}\})^{\eta_i}\right]^{\phi}$$

$$+ \phi\eta_j \sum_{\substack{i \neq j \\ \omega_{ij,t}M_{i,t} > 1}} p_{i,t}A_{i,t}(L_{i,t}^{1-\alpha}K_{i,t}^{\alpha})^{1-\phi}\left(\prod_{k=1}^{N}(\max\{1,\omega_{ki,t},M_{k,t}\})^{\eta_k}\right)^{\phi}$$

$$- p_{j,t}C_{j,t} - p_{j,t}[K_{j,t+1} - (1-\delta_k)K_{j,t}] - p_{j,t}[M_{j,t+1} - (1-\delta_M)M_{j,t})]$$

获取 $C_{j,t}$、$K_{j,t+1}$、$M_{j,t+1}$和 $\lambda_{j,t}$的导数，获得以下一组条件：

$$\frac{\partial\alpha}{\partial\alpha} = \frac{\beta^t}{C_{j,t}} - \beta^t\lambda_{j,t}P_{j,t} \overset{!}{=} 0 \quad \textit{for all j and t} \tag{8}$$

$$\frac{\partial\alpha_j}{\partial K_{j,t+1}} = \beta^{t+1}\lambda_{j,t+1}(1 - \phi \sum_{\substack{i \neq j \\ \omega_{ij,t}M_{i,t} > 1}} \eta_i)(1-\phi)\alpha\frac{Y_{j,t+1}}{K_{j,t+1}} \tag{9}$$

$$- \beta^t\lambda_{j,t}P_{j,t}$$

$$+ \beta^{t+1}\lambda_{j,t+1}P_{j,t+1}(1-\delta_K) \overset{!}{=} 0 \quad \textit{for all j and t}$$

$$\frac{\partial \alpha_j}{\partial M_{j,t+1}} = \beta^{t+1} \lambda_{j,t+1} (1 - \phi \sum_{\substack{i \neq j \\ \omega_{ij,t} M_{i,t} > 1}} \eta_i) \frac{\phi \eta_j Y_{j,t+1}}{\max\{1, \omega_{jj,t+1} M_{j,t+1}\}} \tag{10}$$

$$\times \left(1 - \frac{(1 - \omega_{jj,t+1} M_{j,t+1})}{|1 - \omega_{jj,t+1} M_{j,t+1}|}\right) \frac{\omega_{jj,t+1}}{2}$$

$$+ \beta^{t+1} \lambda_{j,t+1 \phi \eta_j}$$

$$\sum_{\substack{i \neq j \\ \omega_{ij,t} M_{i,t} > 1}} \frac{\phi \eta_j Y_{j,t+1}}{\max\{1, \omega_{jj,t+1} M_{j,t+1}\}} \frac{\omega_{jj,t+1}}{2} \left(1 - \frac{(1 - \omega_{jj,t+1} M_{j,t+1})}{|1 - \omega_{jj,t+1} M_{j,t+1}|}\right) \frac{\omega_{jj,t+1}}{2}$$

$$- \beta^t \lambda_{j,t} P_{j,t}$$

$$+ \beta^{t+1} \lambda_{j,t+1} P_{j,t+1} (1 - \delta_M) \overset{!}{=} 0 \quad \textit{for all j and t} \tag{11}$$

$$\frac{\partial \alpha_j}{\partial \lambda_{j,t}} = (1 - \phi \sum_{\substack{i \neq j \\ \omega_{ij,t} M_{i,t} > 1}} \eta_i) p_{j,t} A_{j,t} (L_{j,t}^{1-\alpha} K_{j,t}^{\alpha}) \left(\prod_{i=1}^{N} (\max\{1, \omega_{ij,t} M_{i,t}\})^{\eta_i} \right)^{\phi} \tag{12}$$

$$- \phi \eta_i \sum_{\substack{i \neq j \\ \omega_{ij,t} M_{i,t} > 1}} p_{j,t} A_{j,t} (L_{j,t}^{1-\alpha} K_{j,t}^{\alpha}) \left(\prod_{i=1}^{N} (\max\{1, \omega_{ij,t} M_{i,t}\})^{\eta_i} \right)^{\phi}$$

$$- P_{j,t} C_{j,t} - P_{j,t} [K_{j,t+1} - (1 - \delta_k) K_{j,t}] - P_{j,t} [M_{j,t+1} - (1 - \delta_k) M_{j,t}]$$

$$\overset{!}{=} 0 \quad \textit{for all j and t} \tag{13}$$

使用消费的一阶条件 $\lambda_{j,t}$ 表示：

$$\lambda_{j,t} = \frac{1}{C_{j,t} P_{j,t}} \tag{14}$$

在物质资本的一阶条件中将其替换：

$$\frac{\partial}{\partial K_{j,t+1}} = \beta^{t+1}\frac{1}{C_{j,t+1}P_{j,t+1}}\Big(1-\phi\sum_{\substack{i\neq j\\ \omega_{ij,t}M_{i,t}>1}}\eta_i\Big)(1-\phi)\alpha\frac{Y_{j,t+1}}{K_{j,t+1}} \tag{15}$$

$$-\beta^{t}\frac{1}{C_{j,t}P_{j,t}}P_{j,t}$$

$$-\beta^{t+1}\frac{1}{C_{j,t+1}P_{j,t+1}}P_{j,t+1}(1-\delta_k) = 0 \quad \textit{for all } j \textit{ and } t$$

化简后重新整理可得：

$$\beta\left(1-\phi\sum_{\substack{i\neq j\\ \omega_{ij,t}M_{i,t}>1}}\eta_i\right)^{\alpha(1-\phi)\frac{Y_{j,t+1}}{K_{j,t+1}}-\frac{C_{j,t+1}P_{j,t+1}}{C_{j,t}}} = \tag{16}$$

$$-\beta(1-\delta_K)P_{j,t+1} \quad \textit{for all } j \textit{ and } t$$

现在将 λ_j 用公式（6.35）中给出的消费的一阶条件表达式在公式中（6.33）给出的技术资本的一阶条件中替换：

化简并重新整理可得：

$$\beta\left(1-\phi\sum_{\substack{i\neq j\\ \omega_{ij,t+1}M_{i,t+1}>1}}\eta_i\right)^{\frac{\phi\eta_j Y_{j,t+1}}{\max\{1,\ \omega_{ij,t+1}M_{i,t+1}\}}\frac{\omega_{jj,t+1}}{2}\left[1-\frac{(1-\omega_{jj,t+1}M_{j,t+1})}{|1-\omega_{jj,t+1}M_{j,t+1}|}\right]} \tag{17}$$

$$+\beta\phi\eta_j\left(\sum_{\substack{i\neq j\\ \omega_{ji,t+1}M_{j,t+1}>1}}\eta_i\right)^{\frac{\phi\eta_j Y_{i,t+1}}{\max\{1,\ \omega_{ji,t+1}M_{j,t+1}\}}\frac{\omega_{ji,t+1}}{2}\left[1-\frac{(1-\omega_{ji,t+1}M_{j,t+1})}{|1-\omega_{ji,t+1}M_{j,t+1}|}\right]}$$

$$-\frac{C_{j,t+1}P_{j,t+1}}{C_{j,t}} = \beta(1-\delta_M)P_{j,t+1} \quad \textit{for all } j \textit{ and } t \tag{18}$$

假设 $\omega_{jj,t}M_{j,t}>1$，即国内的技术资本库存为正且摩擦力很小可以作出如下化简：

$$\beta\left(1-\phi\sum_{\substack{i\neq j\\ \omega_{ij,t}M_{i,t}>1}}\eta_i\right)^{\frac{\phi\eta_j Y_{j,t+1}}{M_{j,t+1}}}+\beta\phi\eta_j\left(\sum_{\substack{i\neq j\\ \omega_{ji,t}M_{j,t+1}>1}}\eta_i\right)^{\frac{\phi\eta_j Y_{i,t+1}}{M_{j,t+1}}} \tag{19}$$

$$-\frac{C_{j,t+1}P_{j,t+1}}{C_{j,t}}=\beta(1-\delta_M)P_{j,t+1}\quad for\ all\ j\ and\ t$$

结合由公式（1）给出的生产函数、公式（6.16）给出的预算约束、公式（6）中给出的 $E_{j,t}$表达式、公式（25）中 $P_{j,t}$在每个 t 的表达式，以及交易 MRTs$P_{j,t}$和$\prod_{i,t}$的等式分别由方程（6.20）和方程（6.21）给出，分别由方程（16）和方程（18）给出的 $K_{j,t+1}$和 $M_{j,t+1}$的两个一阶条件，最终得到以下系统：

$$Y_{j,t}=p_{j,t}A_{j,t}\left(L_{j,t}^{1-\alpha}K_{j,t}^{\alpha}\right)^{1-\phi}\left[\prod_{i=1}^{N}\left(\max\{1,\ \omega_{ji,t}M_{j,t}\}\right)^{\eta_i}\right]^{\phi}\quad for\ all\ j\ and\ t \tag{20}$$

$$\begin{aligned}E_{j,t}&=P_{j,t}C_{j,t}+P_{j,t}[K_{j,t+1}-(1-\delta_k)K_{j,t}]\\&+P_{j,t}[M_{j,t+1}-(1-\delta_M)M_{j,t}]\quad for\ all\ and\ t\end{aligned} \tag{21}$$

$$E_{j,t}=Y_{j,t}+\phi\eta_j\sum_{\substack{i\neq j\\ \omega_{ij,t}M_{j,t+1}>1}}\eta_i\quad Y_{i,t}+\phi Y_{j,t}\sum_{\substack{i\neq j\\ \omega_{ij,t}M_{i,t+1}>1}}\eta_i\quad for\ all\ j\ and\ t \tag{22}$$

$$P_{j,t}=\frac{(Y_{j,t}/Y_t)^{\frac{1}{1-\sigma}}}{\gamma_j\prod_{j,t}}\quad for\ all\ j\ and\ t \tag{23}$$

$$Y_t=\sum_{j=1}^{N}Y_{j,t}\quad for\ all\ t \tag{24}$$

$$P_{j,t}^{1-\sigma}=\sum_{i=1}^{N}\left(\frac{t_{ij,t}}{\prod_{i,t}}\right)^{1-\sigma}\frac{Y_{i,t}}{Y_t}\quad for\ all\ j\ and\ t \tag{25}$$

$$\prod\nolimits_{i,t}^{i-\sigma}=\sum_{i=1}^{N}\left(\frac{t_{ij,t}}{p_{j,t}}\right)^{1-\sigma}\frac{E_{j,t}}{Y_t}\quad for\ all\ i\ and\ t \tag{26}$$

$$\beta\begin{pmatrix}1-\phi & \sum \eta_i \\ & i \neq j \\ & \omega_{ij,t}M_{i,t+1}>1\end{pmatrix}^{\alpha(1-\alpha)\frac{Y_{j,t+1}}{K_{j,t+1}}-\frac{C_{j,t+1}P_{j,t+1}}{C_{j,t}}} \tag{27}$$

$$\beta(\delta_K-1)P_{j,t+1} \quad for\ all\ j\ and\ t$$

$$\beta\begin{pmatrix}1-\phi & \sum \eta_i \\ & i \neq j \\ & \omega_{ij,t}M_{i,t+1}>1\end{pmatrix}^{\frac{\phi\eta_j Y_{j,t+1}}{M_{j,t+1}+\beta\phi\eta_j}} \sum_{\substack{i \neq j \\ \omega_{ij,t}M_{i,t+1}>1}} \eta_i \quad \frac{\phi\eta_j Y_{j,t+1}}{M_{j,t+1}} \tag{28}$$

$$\frac{C_{j,t+1}P_{j,t+1}}{C_{j,t}} = \beta(1-\delta_M)P_{j,t+1} \quad for\ all\ j\ and\ t$$

这是一个有（8 ×N +1） ×T 个未知数的（8 ×N +1） ×T 方程组，涉及 $C_{j,t}$，$K_{j,t}$，$M_{j,t}$，$Y_{j,t}$，$Y_t,p_{j,t},P_{j,t},\prod_{j,t},E_{j,t}$和给定的参数和外生变量 $A_{j,t},\omega_{j,t},L_{j,t},\alpha$，$\beta$，$\phi$，$\eta_j\ \gamma_j$，$\sigma$，$t_{ij,t}$，$\delta_K$和 δ_M。

进一步推导稳态。在稳态中，t +1 期价值必须和 t 期价值相等。因此，可以将物质资本和技术资本表达为：

$$K_j = \frac{\Omega_j}{\delta_K} \tag{29}$$

$$M_j = \frac{\chi_j}{\delta_M} \tag{30}$$

进而可以删除所有变量的时间索引。

首先，删除时间指数并使用 $K_j = \Omega_j/\delta_K$ 和 $M_j = \chi_j/\delta_M$ 公式（27）中给出的物质资本一阶条件，再代入时间指数，并使用公式（28）中给出的技术资本的一阶条件，因此由公式（20）至公式（28）给出的方程系统可化简为：

$$\mathrm{Y}_j = p_j A_j \left(L_j^{1-\alpha} K_j^{\alpha}\right)^{1-\phi} \left(\prod_{i=1}^{N} \left(\max_{\{1,\ \omega_{ii} M_i\}} \right)^{\eta_i} \right)^{\phi} \quad \textit{for all j and t} \tag{31}$$

$$\mathrm{E}_j = \mathrm{P}_j \mathrm{C}_j + \mathrm{P}_j K_j + \mathrm{P}_j M_j \quad \textit{for all j} \tag{32}$$

$$E_j = Y_j + \phi \eta_j \sum \eta_i Y_i + \phi Y_j \sum \eta_i \quad \textit{for all j}$$

$$i \neq j \quad i \neq j \tag{33}$$

$$\omega_{ji,t} M_j > 1 \qquad \omega_{ij,t} M_i > 1$$

$$P_j = \frac{(Y_j / Y)^{\frac{1}{1-\sigma}}}{\gamma_j \prod_j} \quad \textit{for all j} \tag{34}$$

$$Y = \sum_{j=1}^{N} Y_j \tag{35}$$

$$P^{1-\sigma} = \sum_{i=1}^{N} \left(\frac{t_{ij}}{\prod_i} \right)^{1-\sigma} \frac{Y_i}{Y} \quad \textit{for all j} \tag{36}$$

$$\prod_i^{1-\sigma} = \sum_{i=1}^{N} \left(\frac{t_{ij}}{p_j} \right)^{1-\sigma} \frac{E_j}{Y} \quad \textit{for all j} \tag{37}$$

$$K_j = \beta \begin{pmatrix} 1-\phi & \sum \eta_i & \\ & i \neq j & \\ & \omega_{ij,t+1} M_{i,t+1} & > 1 \end{pmatrix} \alpha(1-\phi)/(1-\beta+\beta\delta_k) \frac{Y_j}{P_j} \quad \textit{for all j} \tag{38}$$

$$\mathrm{M}_j = \frac{\beta\phi\eta_j}{1-\beta+\beta\delta_M} \frac{E_j}{P_j} \quad \textit{for all j} \tag{39}$$

稳态的贸易流量由下式给出：

$$X_{ij} = \frac{Y_j E_j}{Y} \left(\frac{t_{ij}}{\prod_j p_j} \right)^{1-\sigma}$$

上述推导建立的稳态系统可以推导出较为简化的 FDI 重力表示，与熟悉的贸易引力系统非常相似。回顾双边 FDI 存量的稳态定义：

$$FDI_{ij} \equiv \omega_{ij} M_j \tag{40}$$

使用公式（39）中技术资本 M_j 的稳态定义：

$$M_j = \frac{\beta\phi\eta_j}{1-\beta+\beta\delta_M}\frac{E_j}{P_j} \tag{41}$$

在等式（40）中将 M_j 替换掉可以获得：

$$FDI_{ij} = \omega_{ij}\frac{\beta\phi\eta_j}{1-\beta+\beta\delta_M}\frac{E_i}{P_i} \tag{42}$$

方程（42）类似于引力方程，不同之处在于它描述了 FDI 的物质资本存量。要将（42）转换为用 FDI 存量价值数据估算，需要 FDI 的存量价值表达，现在将从国家 i 到国家 j 的 FDI 价值定义为 FDI 存量与其边际产品价值的乘积：

$$FDI_{ij}^{value} \equiv FDI_{ij} \times \frac{\partial Y_j}{\partial M_j} \tag{43}$$

$$= \omega_{ij}\frac{\beta\phi\eta_j}{1-\beta+\beta\delta_M}\frac{E_i}{P_i}\phi\eta_j\frac{Y_j}{M_j} \tag{44}$$

$$= \frac{\beta\phi^2\eta_j^2}{1-\beta+\beta\delta_M}\omega_{ij}\frac{E_i}{P_i}\frac{Y_i}{M_i} \tag{45}$$

将公式（42）与多边阻力项的定义相结合，分别由公式（6.20）和公式（6.21）给出，以获得以下 FDI 引力系统：

$$FDI_{ij}^{value} = \frac{\beta\phi^2\eta_j^2}{1-\beta+\beta\delta_M}\omega_{ij}\frac{E_i}{P_i}\frac{Y_j}{M_i} \tag{46}$$

$$P_i = \left[\sum_{j=1}^{N}\left(\frac{t_{ji}}{\prod_i}\right)^{1-\sigma}\frac{Y_j}{Y}\right]^{\frac{1}{1-\sigma}} \tag{47}$$

$$\prod_i = \left[\sum_{i=1}^{N}\left(\frac{t_{ji}}{p_i}\right)^{1-\sigma}\frac{E_j}{Y}\right]^{\frac{1}{1-\sigma}} \tag{48}$$

基于上述推导，为求解较高级别稳态均衡，首先建立拉格朗日方程得到模型中关键变量物质资本和技术资本的一阶条件，然后将一阶条件与生产函数、预算、约束、支出函数和出厂价格及较低级别均衡方程联立可得：

$$X_{ij} = \frac{Y_i E_j}{Y}\left(\frac{t_{ij}}{\prod_i P_j}\right)^{1-\sigma} \quad for\ all\ i\ and\ j \tag{6.22}$$

$$P_j^{1-\sigma} = \sum_{i=1}^{N}\left(\frac{t_{ij}}{\prod_i}\right)^{1-\sigma}\frac{Y_i}{Y} \quad for\ all\ j \tag{6.23}$$

$$\prod_i^{1-\sigma} = \sum_{j=1}^{N}\left(\frac{t_{ji}}{p_j}\right)^{1-\sigma}\frac{E_i}{Y} \quad for\ all\ i \tag{6.24}$$

$$P_j = \frac{\left(Y_j / \sum_{j=1}^{N} Y_j\right)^{\frac{1}{1-\sigma}}}{\gamma_j \prod_j} \quad for\ all\ j \tag{6.25}$$

$$Y_j = p_j A_j (L_j^{1-\alpha} K_j^{\alpha})^{1-\phi}\left[\prod_{i=1}^{N}(\max\{1, FDI_{ii}\})^{\eta_i}\right]^{\phi} \quad for\ all\ j \tag{6.26}$$

$$E_j = Y_j + \phi\eta_j \sum_{i\in N_{ji,t}} Y_i - \phi Y_j \sum_{i\in N_{ji,t}} \eta_i \quad for\ all\ j \tag{6.27}$$

$$K_j = \frac{\alpha\beta(1-\phi)(1-\phi\sum_{i\in N_{ji,t}}\eta_i)}{1-\beta+\beta\delta_k}\frac{Y_j}{P_j} \quad for\ all\ j \tag{6.28}$$

$$FDI_{ji}^{value} = \frac{\beta\phi\eta_j}{1-\beta+\beta\delta_M}\omega_{ji}\frac{E_j}{P_j}\phi\eta_j\frac{Y_i}{M_i} \quad for\ all\ j \tag{6.29}$$

系统中公式（6.22）～（6.29）在现有研究和文献基础上建立方程。公式（6.22）～（6.25）为结构引力系统（Anderson 和 van Wincoop，2003 年）。其中：

• 公式（6.22）为引力贸易方程（Arkolakis 等，2012 年；Head and Mayer，2014 年）。

• 公式（6.23）和公式（6.24）定义了多边阻力，并将双边贸易成本发生率中消费者和生产者部分分解后汇总到国家层面（Anderson 和 van Wincoop，2003 年；Anderson 和 Yotov，2010 年）。

• 公式（6.25）重新描述了市场清算条件。根据该条件，按交付价格国家的产出价值应等于包括本国在内所有目的地的总销售额，在本模型中还反映了国家生产者面对的外向多边阻力与其出厂价格之间的反比关系。

- 公式（6.26）定义了国家的产出价值，为服务于本章的研究目的，FDI 作为生产的关键要素。对一般均衡分析的影响以及国际贸易和 FDI 之间的关系是模型设定的关键，根据公式（6.26）通过刺激生产 FDI 将影响贸易，具体路径则如公式（6.22）描述的直接影响和公式（6.23）、公式（6.24）描述的通过多边阻力的间接影响。

- 根据公式（6.27）可知，FDI 还将通过影响支出直接或间接地影响贸易，其中 FDI 流出与国家 j 支出成正比，对 FDI 的支付将减少可支配收入。

- 公式（6.28）将国内资本定义为模型参数和国家产出价值 K_j 与内部多边阻力 这两个内生变量的函数，分析国内投资与贸易之间的联系及其对福利的影响。公式（6.28）中 K_j 和 Y_j 之间的正相关关系反映了较高的物质资本边际产品价值将导致更多国内投资的事实，若想进一步了解国内投资与贸易自由化之间的联系，需注意传导机制为将贸易政策通过公式（6.25）中描述作用于出厂价格进而影响生产价值。当 P_j 为投资品的价格时，公式（6.28）中 K_j 和 P_j 之间的负相关关系反映了需求定律；当 P_j 为消费品的价格时，公式（6.28）中 K_j 和 P_j 之间的负相关关系反映了较高的投资机会成本。需要注意的是，P_j 是一般均衡贸易成本指数，系统中任何的贸易政策变化都可能影响国家 j 的国内投资。

- 公式（6.29）定义了母国 j 对东道国 i 的 FDI 价值，是框架中其他变量和参数的函数。本章 FDI 模型参考传统的贸易引力系统，采用直观的 FDI 引力形式。

6.2.3　外商直接投资的结构引力系统

本章公式（6.1）给出的生产函数通过 max – Cobb – Douglas 函数与世界各国技术资本相结合并给出了技术资本存量加总的表达式（Mc – Grattan 和 Prescott，2009 年、2010 年），为构建结构引力系统现假设生产函数由下式给出：

$$Y_{j,t} = p_{i,t}A_{i,t}(L_{i,t}^{1-\alpha}K_{i,t}^{\alpha})^{1-\phi}\left(\sum_{i=1}^{N}\omega_{i,t}M_{i,t}\right)^{\phi} \quad \alpha,\phi \in (0,1) \tag{49}$$

名义产出和国内技术资本边际产量价值的定义由下式给出：

$$\frac{\partial Y_{j,t}}{\partial M_{j,t}} = \phi\omega_{jj,t}\frac{Y_{j,t}}{\sum_{i=1}^{N}\omega_{ij,t}M_{i,t}} \tag{50}$$

国外的边际产品价值 $M_{i,j}$：

$$\frac{\partial Y_{i,t}}{\partial M_{j,t}} = \phi\omega_{ji,t}\frac{Y_{i,t}}{\sum_{k=1}^{N}\omega_{ki,t}M_{k,t}} \tag{51}$$

将上式代入可支配收入整理如下：

$$E_{j,t} = Y_{j,t} + \phi M_{j,t}\sum_{i\neq j}\left(\frac{\omega_{ji,t}Y_{i,t}}{\sum_{k=1}^{N}\omega_{ki,t}M_{k,t}}\right) - \frac{\phi Y_{j,t}}{\sum_{k=1}^{N}\omega_{ki,t}M_{k,t}}\sum_{i\neq j}\omega_{ij,t}M_{i,t} \tag{52}$$

本国作为母公司收到的 OFDI 租金：

$$\sum_{i\neq j}M_{j,t}\times\frac{\partial Y_{j,t}}{\partial M_{j,t}} = \sum_{i\neq j}M_{j,t}\times\phi\omega_{ji,t}\frac{Y_{i,t}}{\sum_{k=1}^{N}\omega_{ki,t}M_{k,t}}$$

$$= \phi M_{j,t}\sum_{i\neq j}\left(\frac{\omega_{ji,t}Y_{i,t}}{\sum_{k=1}^{N}\omega_{ki,t}M_{k,t}}\right)$$

本国作为东道主支出的 FDI 租金：

$$\sum_{i\neq j}M_{i,t}\times\frac{\partial Y_{j,t}}{\partial M_{i,t}} = \sum_{i\neq j}M_{i,t}\times\phi\omega_{ij,t}\frac{Y_{j,t}}{\sum_{k=1}^{N}\omega_{ki,t}M_{k,t}}$$

$$= \phi\frac{Y_{j,t}}{\sum_{k=1}^{N}\omega_{ki,t}M_{k,t}}\sum_{i\neq j}\omega_{ij,t}M_{i,t}$$

将支出写为总名义产出 $Y_{j,t}$与 OFDI 租金之和再减去 FDI 的租金。现假设其他条件不变，写出拉格朗日函数及对应的一阶条件。现假设一个对数线性跨期效用函数：

$$U_{j,t} = \sum_{t=0}^{\infty}\beta^{t}\ln(C_{j,t})$$

将公式（6.16）给出的预算约束（不替代投资）与公式（52）给出的支出函数相结合：

$$p_{j,t}C_{j,t} + p_{j,t}\Omega_{j,t} + p_{j,t}\chi_{j,t} =$$

$$Y_{j,t}\left(1 - \frac{\phi}{\sum_{k=1}^{N}\omega_{ki,t}M_{k,t}}\sum_{i\neq j}\omega_{ij,t}M_{i,t}\right) + \phi M_{j,t}\sum_{i\neq j}\left(\frac{\omega_{ji,t}Y_{i,t}}{\sum_{k=1}^{N}\omega_{ki,t}M_{k,t}}\right)$$

将 $Y_{j,t}$用等式（49）中规定的生产函数代入可得：

$$p_{j,t}C_{j,t} + p_{j,t}\Omega_{j,t} + p_{j,t}\chi_{j,t} =$$

$$p_{j,t}A_{j,t}\left(L_{j,t}^{1-\alpha}K_{j,t}^{\alpha}\right)^{1-\phi}\left(\sum_{i=1}^{N}\omega_{ij,t}M_{i,t}\right)^{\phi}\left(1 - \frac{\phi}{\sum_{k=1}^{N}\omega_{ki,t}M_{k,t}}\sum_{i\neq j}\omega_{ij,t}M_{i,t}\right)$$

$$+ \phi M_{j,t}\sum_{i\neq j}\left(\frac{\omega_{ij,t}p_{i,t}A_{i,t}\left(L_{i,t}^{1-\alpha}K_{i,t}^{\alpha}\right)^{1-\phi}\left(\sum_{i=1}^{N}\omega_{i,t}M_{i,t}\right)^{\phi}}{\sum_{k=1}^{N}\omega_{ki,t}M_{k,t}}\right)$$

为了最终只有一个约束 $\Omega_{j,t}$和$\chi_{j,t}$也替换掉：

$$\Omega_{j,t} = K_{j,t+1} - (1-\delta_K)K_{j,t}$$

$$\chi_{j,t} = M_{j,t+1} - (1-\delta_M)M_{j,t}$$

可得到以下预约约束：

$$p_{j,t}C_{j,t} + p_{j,t}\left[K_{j,t+1} - (1-\delta_K)K_{j,t}\right] + p_{j,t}\left[M_{j,t+1} - (1-\delta_M)M_{j,t}\right] =$$

$$p_{j,t}A_{j,t}\left(L_{j,t}^{1-\alpha}K_{j,t}^{\alpha}\right)^{1-\phi}\left(\sum_{i=1}^{N}\omega_{ij,t}M_{i,t}\right)^{\phi}\left(1 - \frac{\phi}{\sum_{k=1}^{N}\omega_{ki,t}M_{k,t}}\sum_{i\neq j}\omega_{ij,t}M_{i,t}\right)$$

$$+ \phi M_{j,t}\sum_{i\neq j}\left(\frac{\omega_{ij,t}p_{i,t}A_{i,t}\left(L_{i,t}^{1-\alpha}K_{i,t}^{\alpha}\right)^{1-\phi}\left(\sum_{i=1}^{N}\omega_{ki,t}M_{k,t}\right)^{\phi}}{\sum_{k=1}^{N}\omega_{ki,t}M_{k,t}}\right)$$

则对应的拉格朗日表达式：

$$\alpha = \sum_{t=0}^{N}\beta^{t}\left[\ln(C_{j,t}) + \lambda_{j,t}\left(L_{j,t}^{1-\alpha}K_{j,t}^{\alpha}\right)^{1-\phi}\right]\left(\sum_{i=1}^{N}\omega_{i,t}M_{i,t}\right)^{\phi}$$

$$\times\left(1 - \frac{\phi}{\sum_{k=1}^{N}\omega_{ki,t}M_{k,t}}\sum_{i\neq j}\omega_{ij,t}M_{i,t}\right)$$

$$+\phi M_{j,t}\sum_{i\neq j}\left(\frac{\omega_{ji,t}p_{i,t}A_{i,t}\ (L_{i,t}^{1-\alpha}K_{i,t}^{\alpha})^{1-\phi}\ (\sum_{i=1}^{N}\omega_{ij,t}M_{i,t})^{\phi}}{\sum_{k=1}^{N}\omega_{ki,t}M_{k,t}}\right)$$

$$-p_{j,t}C_{j,t}-p_{j,t}[K_{j,t+1}-(1-\delta_K)K_{j,t}]-p_{j,t}[M_{j,t+1}-(1-\delta_M)M_{j,t})]$$

获取与 $C_{j,t}$、$K_{j,t+1}$、$M_{j,t+1}$和 $\lambda_{j,t}$相关的导数，并获得以下一阶条件：

$$\frac{\partial\alpha_j}{\partial\alpha_{j,t}}=\frac{\beta^t}{C_{j,t}}-\beta^t\lambda_{j,t}P_{j,t}=0\qquad \textit{for all j and t} \tag{53}$$

$$\begin{aligned}\frac{\partial\alpha_j}{\partial K_{j,t+1}} &= \beta^{t+1}\lambda_{j,t+1_{p_{j,t+1}}}P_{j,t+1}\ (\sum_{i=1}^{N}\omega_{ij,t+1}M_{i,t+1})^{\phi}\\ &\left(1-\frac{\phi}{\sum_{k=1}^{N}\omega_{ki,t}M_{k,t}}\sum_{i\neq j}\omega_{ij,t+1}M_{i,t+1}\right)L_{j,t+1}^{(1-\alpha)(1-\phi)}\alpha(1-\phi)K_{j,t+1}^{\alpha(1-\phi)-1}\\ &-\beta^t\lambda_{j,t}P_{j,t}\\ &+\beta^{t+1}\lambda_{j,t+1}(1-\delta_K)P_{j,t+1}\overset{!}{=}o\qquad \textit{for all j and t}\end{aligned} \tag{54}$$

$$\begin{aligned}\frac{\partial\alpha_j}{\partial M_{j,t+1}} &= \beta^{t+1}\lambda_{j,t+1_{\omega_{jj,t+1}P_{j,t+1}A_{j,t+1}}}\ (\sum_{i=1}^{N}\omega_{ij,t+1}M_{i,t+1})^{\phi}\ (L_{j,t+1}^{1-\alpha}K_{j,t+1}^{\alpha})^{(1-\phi)}\phi\\ &\left(1-\frac{\phi}{\sum_{k=1}^{N}\omega_{kj,t}M_{k,t+1}}\sum_{i\neq j}\omega_{ij,t+1}M_{i,t+1}\right)(\sum_{i=1}^{N}\omega_{ij,t+1}M_{i,t+1})^{\phi-1}\\ &+\beta^{t+1}\lambda_{j,t+1_{\omega_{jj,t+1}}}P_{j,t+1}A_{j,t+1}\ (L_{j,t+1}^{1-\alpha}K_{j,t+1}^{\alpha})^{(1-\phi)}\ (\sum_{i=1}^{N}\omega_{ij,t+1}M_{i,t+1})^{\phi}\\ &\times\left(\frac{\phi}{(\sum_{k=1}^{N}\omega_{kj,t}M_{k,t+1})^2}\sum_{i\neq j}\omega_{ij,t+1}M_{i,t+1}\right)\\ &+\beta^{t+1}\lambda_{j,t+1}\phi\sum_{i\neq j}\left(\frac{\omega_{ji,t}P_{i,t}A_{i,t}\ (L_{i,t+1}^{1-\alpha}K_{i,t+1}^{\alpha})^{1-\phi}\sum_{K=1}^{N}\omega_{ki,t+1}M_{k,t+1}}{\sum_{K=1}^{N}\omega_{ki,t+1}M_{k,t+1}}\right)\\ &\beta^{t+1}\lambda_{j,t+1}\phi M_{j,t+1}\end{aligned} \tag{55}$$

$$\sum_{i\neq j}\left(\frac{\omega_{ji,t}^{2}P_{i,t+1}A_{i,t+1}\left(L_{i,t+1}^{1-\alpha}K_{i,t+1}^{\alpha}\right)^{1-\phi}\phi\left(\sum_{K=1}^{N}\omega_{ki,t+1}M_{k,t+1}\right)^{\phi-1}}{\sum_{K=1}^{N}\omega_{ki,t+1}M_{k,t+1}}\right.$$

$$\left.-\frac{\omega_{ji,t}^{2}P_{i,t+1}A_{i,t+1}\left(L_{i,t+1}^{1-\alpha}K_{i,t+1}^{\alpha}\right)^{1-\phi}\phi\left(\sum_{K=1}^{N}\omega_{ki,t+1}M_{k,t+1}\right)^{\phi-1}}{\left(\sum_{K=1}^{N}\omega_{ki,t+1}M_{k,t+1}\right)^{2}}\right) \tag{56}$$

$$\beta^{t}\lambda_{j,t}P_{j,t}$$

$$+\beta^{t+1}\lambda_{j,t+1}P_{j,t+1}(1-\delta_{M})\overset{!}{=}0\quad for\ all\ j\ and\ t$$

$$\frac{\partial\alpha_{j}}{\partial\lambda_{j,t}}=P_{i,t+1}A_{i,t+1}\left(\sum_{i=1}^{N}\omega_{ij,t}M_{i,t}\right)^{\phi}\left(L_{j,t}^{1-\alpha}K_{j,t}^{\alpha}\right)^{(1-\phi)}$$

$$\times\left(1-\frac{\phi}{\sum_{k=1}^{N}\omega_{ki,t}M_{k,t}}\sum_{i\neq j}\omega_{ij,t}M_{i,t}\right)+\phi M_{j,t}\sum_{i\neq j}\left(\frac{\omega_{ji,t}M_{i,t}}{\sum_{K=1}^{N}\omega_{ki,t}M_{k,t}}\right)$$

$$-P_{j,t}C_{j,t}-P_{j,t}\left[K_{j,t+1}-(1-\delta_{k})K_{j,t}\right]$$

$$-P_{j,t}\left[M_{j,t+1}-(1-\delta_{M})M_{j,t}\right]\overset{!}{=}0\quad for\ all\ j\ and\ t \tag{57}$$

使用消费的一阶条件将 $\lambda_{j,t}$ 整理为：

$$\lambda_{j,t}=\frac{1}{P_{j,t}C_{j,t}} \tag{58}$$

在物质资本的一阶条件中将其替换可得：

$$\frac{\partial\alpha_{j}}{\partial K_{j,t}}=\beta^{t+1}\frac{1}{P_{j,t+1}C_{j,t+1}}P_{j,t+1}A_{j,t+1}\left(\sum_{i=1}^{N}\omega_{ij,t+1}M_{i,t+1}\right)^{\phi}$$

$$\left(1-\phi\sum\eta_{i}\right)(1-\phi)\alpha\frac{Y_{j,t+1}}{K_{j,t+1}}\left(L_{j,t}^{1-\alpha}K_{j,t}^{\alpha}\right)^{1-\phi}$$

$$\left(1-\frac{\phi}{\sum_{k=1}^{N}\omega_{kj,t+1}M_{k,t+1}}\sum_{i\neq j}\omega_{ij,t+1}M_{i,t+1}\right)L_{j,t+1}^{(1-\alpha)(1-\phi)}\alpha(1-\phi)K_{j,t+1}^{\alpha(1-\phi)-1}$$

$$-\beta^{t}\frac{1}{C_{j,t}P_{j,t}}P_{j,t}$$

$$+\beta^{t+1}(1-\delta_{k})\frac{1}{P_{j,t+1}C_{j,t+1}}P_{j,t+1}\overset{!}{=}0\quad for\ all\ j\ and\ t \tag{59}$$

化简并整理后可得：

$$\beta^{t}\frac{1}{P_{j,t+1}C_{j,t+1}}P_{j,t+1}A_{j,t+1}\left(\sum_{i=1}^{N}\omega_{ij,t+1}M_{i,t+1}\right)^{\phi}$$

$$\left(1-\frac{\phi}{\sum_{k=1}^{N}\omega_{kj,t+1}M_{k,t+1}}\sum_{i\neq j}\omega_{ij,t+1}M_{i,t+1}\right)L_{j,t+1}^{(1-\alpha)(1-\phi)}\alpha(1-\phi)K_{j,t+1}^{\alpha(1-\phi)-1}$$

$$=\frac{1}{C_{j,t}}+\frac{(\delta_{k}-1)\beta}{C_{j,t+1}}\quad for\ all\ j\ and\ t \tag{60}$$

根据 Y_t 定义来重写上述左侧表达式：

$$\frac{\alpha(1-\phi)\beta Y_{j,t+1}}{K_{j,t+1}C_{j,t+1}P_{j,t+1}}\left(1-\frac{\phi}{\sum_{k=1}^{N}\omega_{kj,t+1}M_{k,t+1}}\sum_{i\neq j}\omega_{ij,t+1}M_{i,t+1}\right)=$$

$$\frac{1}{C_{j,t}}+\frac{(\delta_{k}-1)\beta}{C_{j,t+1}}\quad for\ all\ j\ and\ t \tag{61}$$

现在用等式（58）中给出消费的一阶条件中的表达式替换等式（56）中给出的技术资本的一阶条件：

$$\frac{\partial\alpha_{j}}{\partial M_{j,t+1}}\beta^{t+1}\lambda_{j,t+1_{\omega_{jj,t+1}P_{j,t+1}A_{j,t+1}}}\left(L_{j,t+1}^{1-\alpha}K_{j,t+1}^{\alpha}\right)^{(1-\phi)}\phi$$

$$\left(1-\frac{\phi}{\sum_{k=1}^{N}\omega_{kj,t}M_{k,t+1}}\sum_{i\neq j}\omega_{ij,t+1}M_{i,t+1}\right)\left(\sum_{i=1}^{N}\omega_{ij,t+1}M_{i,t+1}\right)^{\phi-1}$$

$$+\beta^{t+1}\frac{1}{C_{j,t+1}P_{j,t+1}}\omega_{jj,t+1}P_{j,t+1}A_{j,t+1}\left(L_{j,t+1}^{1-\alpha}K_{j,t+1}^{\alpha}\right)^{1-\phi}\left(\sum_{i=1}^{N}\omega_{ij,t+1}M_{i,t+1}\right)^{\phi}$$

$$\cdot\left(\frac{\phi}{\left(\sum_{k=1}^{N}\omega_{kj,t}M_{k,t+1}\right)^{2}}\sum_{i\neq j}\omega_{ij,t+1}M_{i,t+1}\right)+\beta^{t+1}\frac{1}{C_{j,t+1}P_{j,t+1}}\phi\sum_{i\neq j}\left(\frac{\omega_{ji,t+1}Y_{i,t+1}}{\sum_{k=1}^{N}\omega_{ki,t}M_{k,t+1}}\right)$$

$$+\beta^{t+1}\frac{1}{C_{j,t+1}P_{j,t+1}}\phi M_{j,t+1}\times\sum_{i\neq j}\left(\frac{\omega_{ji,t+1}^{2}P_{i,t+1}A_{i,t+1}\left(L_{i,t+1}^{1-\alpha}K_{i,t+1}^{\alpha}\right)^{1-\phi}\phi\left(\sum_{k=1}^{N}\omega_{ki,t}M_{k,t+1}\right)^{\phi-1}}{\sum_{k=1}^{N}\omega_{ki,t}M_{k,t+1}}\right.$$

$$\left.-\frac{\omega_{ji,t+1}^{2}P_{i,t+1}A_{i,t+1}\left(L_{i,t+1}^{1-\alpha}K_{i,t+1}^{\alpha}\right)^{1-\phi}\left(\sum_{k=1}^{N}\omega_{ki,t}M_{k,t+1}\right)^{\phi}}{\left(\sum_{k=1}^{N}\omega_{ki,t}M_{k,t+1}\right)^{2}}\right) \tag{62}$$

$$-\frac{\beta^{t}}{C_{j,t}}+\frac{\beta^{t+1}}{C_{j,t+1}}(1-\delta_{M})=0\qquad for\ all\ j\ and\ t \tag{63}$$

简化整理得：

$$\frac{\beta\omega_{jj,t}}{C_{j,t+1}P_{j,t+1}}P_{j,t+1}A_{j,t+1}\left(L_{j,t+1}^{1-\alpha}K_{j,t+1}^{\alpha}\right)^{(1-\phi)}\phi\left(1-\frac{\phi}{\sum_{k=1}^{N}\omega_{kj,t}M_{k,t+1}}\sum_{i\neq j}\omega_{ij,t+1}M_{i,t+1}\right)$$

$$\cdot\left(\sum_{i=1}^{N}\omega_{ij,t+1}M_{i,t+1}\right)^{\phi-1}+\frac{\beta\omega_{jj,t}}{C_{j,t+1}P_{j,t+1}}P_{j,t+1}A_{j,t+1}\left(L_{j,t+1}^{1-\alpha}K_{j,t+1}^{\alpha}\right)^{(1-\phi)}\left(\sum_{i=1}^{N}\omega_{ij,t+1}M_{i,t+1}\right)^{\phi}$$

$$\left(\frac{\phi}{\left(\sum_{k=1}^{N}\omega_{kj,t}M_{k,t+1}\right)^{2}}\sum_{i\neq j}\omega_{ij,t+1}M_{i,t+1}\right)+\frac{\beta\phi}{C_{j,t+1}P_{j,t+1}}\sum_{i\neq j}\left(\frac{\omega_{ji,t+1}Y_{i,t+1}}{\sum_{k=1}^{N}\omega_{ki,t}M_{k,t+1}}\right)$$

$$+\frac{\beta\phi}{C_{j,t+1}P_{j,t+1}}M_{j,t+1}\cdot\sum_{i\neq j}\left(\begin{array}{l}\dfrac{\omega_{ji,t+1}^{2}P_{i,t+1}A_{i,t+1}\left(L_{i,t+1}^{1-\alpha}K_{i,t+1}^{\alpha}\right)^{1-\phi}\phi\left(\sum_{k=1}^{N}\omega_{ki,t}M_{k,t+1}\right)^{\phi-1}}{\sum_{k=1}^{N}\omega_{ki,t}M_{k,t+1}}\\-\dfrac{\omega_{ji,t}^{2}P_{i,t+1}A_{i,t+1}\left(L_{i,t+1}^{1-\alpha}K_{i,t+1}^{\alpha}\right)^{1-\phi}\phi\left(\sum_{k=1}^{N}\omega_{ki,t+1}M_{k,t+1}\right)^{\phi}}{\left(\sum_{k=1}^{N}\omega_{ki,t}M_{k,t+1}\right)^{2}}\end{array}\right)$$

$$=\frac{1}{C_{j,t}}+\frac{\beta(1-\delta_{M})}{C_{j,t+1}}$$

根据 $Y_{j,t}$定义来重写上述左侧表达式：

$$\frac{\beta\omega_{jj,t+1}\phi Y_{j,t+1}}{C_{j,t+1}P_{j,t+1}\left(\sum_{i=1}^{N}\omega_{ij,t+1}M_{i,t+1}\right)}\cdot\left(1-\frac{\phi}{\sum_{k=1}^{N}\omega_{kj,t+1}M_{k,t+1}}\sum_{i\neq j}\omega_{ij,t+1}M_{i,t+1}\right)$$

$$+\frac{\beta\omega_{jj,t+1}}{C_{j,t+1}P_{j,t+1}}\left(\frac{\phi}{\sum_{k=1}^{N}\omega_{kj,t+1}M_{k,t+1}}\sum_{i\neq j}\omega_{ij,t+1}M_{i,t+1}\right)$$

$$+\frac{\beta\phi}{C_{j,t+1}P_{j,t+1}}\sum_{i\neq j}\left(\frac{\omega_{ji,t+1}Y_{i,t+1}}{\sum_{k=1}^{N}\omega_{kj,t+1}M_{k,t+1}}\right)+\frac{\beta\phi}{C_{j,t+1}P_{j,t+1}}M_{j,t+1}$$

$$\times\sum_{i\neq j}\left(\begin{array}{l}\dfrac{\phi\omega_{ji,t+1}{}^{2}Y_{i,t+1}}{\left(\sum_{k=1}^{N}\omega_{ki,t+1}M_{k,t+1}\right)^{2}}\\-\dfrac{\phi\omega_{ji,t+1}{}^{2}Y_{i,t+1}}{\left(\sum_{k=1}^{N}\omega_{ki,t+1}M_{k,t+1}\right)^{2}}\end{array}\right)$$

$$=\frac{1}{C_{j,t}}\left(\frac{1}{M_{j,t}{}^{1-\delta_{M}}}\right)^{\frac{1}{\delta_{M}}}\frac{1}{\delta_{M}}M_{j,t+1}{}^{\frac{1}{\delta_{M}}-1}+\beta\frac{1}{C_{j,t}}M_{j,t+2}{}^{\frac{1}{\delta_{M}}}\frac{\delta_{M}-1}{\delta_{M}}M_{j,t+1}{}^{-\frac{1}{\delta_{M}}}$$

现在乘以 $C_{j,t+1}P_{j,t+1}$ 最终可得：

$$\frac{\beta\omega_{jj,t+1}\phi Y_{j,t+1}}{(\sum_{i=1}^{N}\omega_{ij,t+1}M_{i,t})}\cdot\left(1-\frac{\phi}{\sum_{k=1}^{N}\omega_{kj,t+1}M_{k,t+1}}\sum_{i\neq j}\omega_{ij,t+1}M_{i,t+1}\right)$$
$$+\beta\omega_{jj,t+1}Y_{j,t+1}\left(\frac{\phi}{(\sum_{k=1}^{N}\omega_{kj,t+1}M_{k,t+1})^{2}}\sum_{i\neq j}\omega_{ij,t+1}M_{i,t+1}\right)$$
$$+\beta\phi\left(\frac{\omega_{ji,t+1}Y_{i,t+1}}{\sum_{k=1}^{N}\omega_{kj,t+1}M_{k,t+1}}\right)-\beta\phi(\phi-1)M_{j,t+1}\left(\frac{\omega_{ji,t+1}{}^{2}Y_{i,t+1}}{(\sum_{k=1}^{N}\omega_{ki,t+1}M_{k,t+1})^{2}}\right)$$
$$=\frac{C_{j,t+1}P_{j,t+1}}{C_{j,t}}+(1-\delta_{M})P_{j,t+1} \tag{64}$$

结合由公式（49）给出的生产函数，由公式（6.16）给出的预算约束，公式（62）中给出 $E_{j,t}$ 的表达式，来自公式（6.25）的每个 t 的 $P_{j,t}$ 表达式，以及交易等式 MRTs 中公式（6.20）给出的 $P_{j,t}$ 和公式（6.21）$\prod_{j,t}$，分别由公式（61）和公式（64）给出的 $K_{j,t+1}$ 和 $M_{j,t+1}$ 两个一阶条件，我们最终得到以下系统：

$$Y_{j,t}=P_{j,t}A_{j,t}(L_{j,t}^{1-\alpha}K_{j,t}^{\alpha})^{1-\phi}(\sum_{i=1}^{N}\omega_{ij,t+1}M_{i,t+1})^{\phi}\quad \textit{for all } j \textit{ and } t \tag{65}$$

$$E_{j,t}=P_{j,t}C_{j,t}+P_{j,t}\left(\frac{K_{j,t}}{K_{j,t}{}^{1-\delta_k}}\right)^{\frac{1}{\delta_k}}+\delta_k\left(\frac{M_{j,t}}{M_{j,t}{}^{1-\delta_M}}\right)^{\frac{1}{\delta_M}}\quad \textit{for all } j \textit{ and } t \tag{66}$$

$$E_{j,t}=Y_{j,t}+\phi M_{j,t}\sum_{i\neq j}\left(\frac{\omega_{ji,t}Y_{i,t}}{\sum_{k=1}^{N}\omega_{ki,t}M_{k,t}}\right)$$
$$-\frac{\phi Y_{j,t}}{\sum_{k=1}^{N}\omega_{kj,t}M_{k,t}}\sum_{i\neq j}\omega_{ij,t+1}M_{i,t+1}\quad \textit{for all } j \textit{ and } t \tag{67}$$

$$P_{j,t}=\frac{(Y_{j,t}/Y_{t})^{\frac{1}{1-\sigma}}}{\gamma_j\prod_{j,t}}\quad \textit{for all } j \textit{ and } t \tag{68}$$

$$Y_{t}=\sum_{j=1}^{N}Y_{j,t}\quad \textit{for all } j \textit{ and } t \tag{69}$$

$$P_{j,t}^{1-\sigma}=\sum_{i=1}^{N}\left(\frac{t_{ij,t}}{\prod_{i,t}}\right)^{1-\sigma}\frac{Y_{j,t}}{Y}\quad \textit{for all } j \textit{ and } t \tag{70}$$

$$\prod_{i,t}^{1-\sigma} = \sum_{i=1}^{N} \left(\frac{t_{ij,t}}{p_{j,t}}\right)^{1-\sigma} \frac{E_{j,t}}{Y_t} \quad \text{for all } j \text{ and } t \tag{71}$$

$$\frac{\alpha\beta(1-\phi)Y_{j,t+1}}{K_{j,t+1}C_{j,t+1}P_{j,t+1}}\left(1-\frac{\phi}{\sum_{k=1}^{N}\omega_{kj,t+1}M_{k,t+1}}\sum_{i\neq j}\omega_{ij,t+1}M_{i,t+1}\right) = \frac{1}{C_{j,t}}+\frac{\beta(\delta_K-1)}{C_{j,t+1}} \quad \text{for all } j \text{ and } t \tag{72}$$

$$\frac{\beta\phi\omega_{jj,t+1}\phi Y_{j,t+1}}{(\sum_{i=1}^{N}\omega_{ij,t+1}M_{i,t})}\left(1-\frac{\phi}{\sum_{k=1}^{N}\omega_{kj,t+1}M_{k,t+1}}\sum_{i\neq j}\omega_{ij,t+1}M_{i,t+1}\right)$$
$$+\beta\omega_{jj,t+1}Y_{j,t+1}\left(\frac{\phi}{(\sum_{k=1}^{N}\omega_{kj,t+1}M_{k,t+1})^2}\sum_{i\neq j}\omega_{ij,t+1}M_{i,t+1}\right)$$
$$+\beta\phi\sum_{i\neq j}\left(\frac{\omega_{ji,t+1}Y_{i,t+1}}{\sum_{k=1}^{N}\omega_{ki,t+1}M_{k,t+1}}\right)-\beta\phi(\phi-1)M_{j,t+1}\sum_{i\neq j}\left(\frac{\omega_{ji,t+1}{}^2Y_{i,t+1}}{(\sum_{k=1}^{N}\omega_{ki,t+1}M_{k,t+1})^2}\right)$$
$$=\frac{C_{j,t+1}P_{j,t+1}}{C_{j,t}}+\beta(1-\delta_M)P_{j,t+1} \quad \text{for all } j \text{ and } t \tag{73}$$

这是一个有（$8\times N+1$）$\times T$ 个未知数的（$8\times N+1$）$\times T$ 方程组，涉及 $C_{j,t}$，$_{j,t}K_{j,t}$，$M_{j,t}$，$Y_{j,t}$，$p_{j,t}$，$P_{j,t}$，$\prod_{j,t}$，$E_{j,t}$ 和给定的参数和外生变量 $A_{j,t}$、$\omega_{j,t}$、$L_{j,t}$、α、β、ϕ、η_j、γ_j、σ、$t_{ij,t}$、δ_k 和 δ_M 和再次替换和添加 $P_{j,t}$交易流量，最终得到 FDI 的引力系统。

在稳态条件下 $t+1$ 期价值必须和 t 期价值相等。因此，可以将物质资本和技术资本表达为：

$$K_j=\frac{\Omega_j}{\delta_k} \tag{74}$$

$$M_j=\frac{\chi_j}{\delta_M} \tag{75}$$

删除所有变量的时间索引，删除时间指数并使用公式（72）给出的物流资本的一阶条件 $K_j=\Omega_j/\delta_k$ 和 $M_j=\chi_j/\delta_M$ 整理得：

$$\frac{\alpha\beta(1-\phi)Y_j}{K_jC_jP_j}\times\left(1-\frac{\phi}{\sum_{k=1}^{N}\omega_{kj}M_k}\sum_{i\neq j}\omega_{ij}M_i\right)=\frac{1}{C_j}+\frac{\beta(\delta_K-1)}{C_j}\quad for\ all\ j\Rightarrow$$

$$\frac{\alpha\beta(1-\phi)Y_j}{K_jP_j}\times\left(1-\frac{\phi}{\sum_{k=1}^{N}\omega_{kj}M_k}\sum_{i\neq j}\omega_{ij}M_i\right)=1+\beta(\delta_K-1)\quad for\ all\ j\Rightarrow$$

$$\frac{\alpha\beta(1-\phi)Y_j}{P_j(1-\beta-\beta\delta_K)}\times\left(1-\frac{\phi}{\sum_{k=1}^{N}\omega_{kj}M_k}\sum_{i\neq j}\omega_{ij}M_i\right)=K_j\quad for\ all\ j\Rightarrow$$

删除时间指数并使用等式（73）中给出的技术资本的一阶条件 $K_j=\Omega_j/\delta_k$ 和 $M_j=\chi_j/\delta_M$，整理得：

$$\frac{\beta\omega_{jj}Y_j}{(\sum_{i=1}^{N}\omega_{ij}M_i)}\left(1-\frac{\phi}{\sum_{k=1}^{N}\omega_{kj}M_k}\sum_{i\neq j}\omega_{ij}M_i\right)$$

$$+\beta\omega_{jj}\left(\frac{\phi}{(\sum_{k=1}^{N}\omega_{kj}M_k)^2}\sum_{i\neq j}\omega_{ij}M_i\right)$$

$$+\beta\phi\sum_{i\neq j}\left(\frac{\omega_{ij}Y_i}{\sum_{k=1}^{N}\omega_{kj}M_k}\right)-\beta\phi(\phi-1)M_j\sum_{i\neq j}\left(\frac{\omega_{ji}{}^2Y_i}{(\sum_{k=1}^{N}\omega_{ki}M_k)^2}\right)$$

$$=\frac{C_jP_j}{C_j}+\beta(1-\delta_M)P_j\quad for\ all\ j\Rightarrow$$

$$\frac{\beta\phi\omega_{jj}Y_j}{P_j(1-\beta-\beta\delta_K)(\sum_{i\neq j}\omega_{ij}M_i)}\left(1-\frac{\phi}{\sum_{k=1}^{N}\omega_{kj}M_k}\sum_{i\neq j}\omega_{ij}M_i\right)$$

$$+\frac{\beta\omega_{jj}}{P_j(1-\beta-\beta\delta_K)}\left(\frac{\phi}{(\sum_{k=1}^{N}\omega_{kj}M_k)^2}\sum_{i\neq j}\omega_{ij}M_i\right)$$

$$+\frac{\beta\phi}{P_j(1-\beta-\beta\delta_K)}\sum_{i\neq j}\left(\frac{\omega_{ji}Y_i}{\sum_{k=1}^{N}\omega_{kj}M_k}\right)$$

$$=1+\frac{\beta\phi(\phi-1)M_{j,t+1}}{P_j(1-\beta-\beta\delta_K)}\left(\frac{\phi\omega_{ji}{}^2Y_i}{(\sum_{k=1}^{N}\omega_{ki}M_k)^2}\right)\quad for\ all\ j$$

因此，方程（65）至方程（73）给出的方程系统可化简为：

$$Y_j = P_j A_j (L_j^{1-\alpha} K_j^{\alpha})^{1-\phi} \left(\sum_{i=1}^{N} \omega_{ij} M_i \right)^{\phi} \quad \text{for all } j \tag{76}$$

$$E_j = P_j C_j + P_j K_j + P_j M_j \quad \text{for all } j \tag{77}$$

$$E_j = Y_j + \phi M_j \sum_{i \neq j} \left(\frac{\omega_{ji} Y_i}{\sum_{k=1}^{N} \omega_{ki} M_k} \right) - \frac{\phi Y_j}{\sum_{k=1}^{N} \omega_{kj} M_k} \sum_{i \neq j} \omega_{ij} M_i \quad \text{for all } j \tag{78}$$

$$P_j = \frac{(Y_j / Y)^{\frac{1}{1-\sigma}}}{\gamma_j \prod_j} \quad \text{for all } j \tag{79}$$

$$Y = \sum_{j=1}^{N} Y_j \tag{80}$$

$$P_j^{1-\sigma} = \sum_{i=1}^{N} \left(\frac{t_{ij}}{\prod_i} \right)^{1-\sigma} \frac{Y_j}{Y} \quad \text{for all } j \tag{81}$$

$$\prod_i^{1-\sigma} = \sum_{i=1}^{N} \left(\frac{t_{ij}}{p_j} \right)^{1-\sigma} \frac{E_j}{Y} \quad \text{for all } j \tag{82}$$

$$K_j = \frac{\alpha\beta(1-\phi)}{P_j(1-\beta-\beta\delta_K)} \left(1 - \frac{\phi}{\sum_{k=1}^{N} \omega_{kj} M_k} \sum_{i \neq j} \omega_{ij} M_i \right) \quad \text{for all } j \tag{83}$$

$$\frac{(1+\beta\delta_M-\beta)P_j}{\beta\phi P_j} = \frac{\omega_{jj} Y_j}{\sum_{i=1}^{N} \omega_{ij} M_i} \left(1 - \frac{1-\phi}{\sum_{k=1}^{N} \omega_{kj} M_k} \sum_{i \neq j} \omega_{ij} M_i \right)$$
$$+ \sum_{i \neq j} \left(\frac{\omega_{ji} Y_i}{\sum_{k=1}^{N} \omega_{kj} M_k} \right) - (\phi - 1) M_j \left(\frac{\phi \omega_{ji}^2 Y_i}{\left(\sum_{k=1}^{N} \omega_{kj} M_k \right)^2} \right) \quad \text{for all } j \tag{84}$$

将系统剔除时间因素。公式（6.29）描述了数量为正的 FDI，然而许多情况下双边 FDI 数据为零，因此在模型中为涵盖这种可能性明确将这种情况定义为 FDI 零流量。此外，分别由公式（6.23）给出的 P_j 和公式（6.24）给出 $\prod_j$ 将 FDI 方程与多边阻力项的相结合，以获得以下独立的 FDI 引力系统：

$$FDI_{ij}^{value} = \begin{cases} \dfrac{\beta\phi^2 \eta_i^2}{1-\beta-\beta\delta_M} \omega_{ij} \dfrac{E_i}{P_i} \dfrac{Y_j}{M_i} & \text{if} \quad \mathrm{FDI}_{ij} = \omega_{ij} M_i > 1 \\ 0 & \text{if} \quad \mathrm{FDI}_{ij} = \omega_{ij} M_i \leqslant 1 \end{cases} \tag{6.30}$$

$$P_i = \left[\sum_{j=1}^{N} \left(\frac{t_{ij}}{\prod_j} \right)^{1-\sigma} \frac{Y_j}{Y} \right]^{\frac{1}{1-\sigma}} \quad (6.31)$$

$$\prod_j = \left[\sum_{i=1}^{N} \left(\frac{t_{ij}}{p_j} \right)^{1-\sigma} \frac{E_i}{Y} \right]^{\frac{1}{1-\sigma}} \quad for\ all\ j \quad (6.32)$$

系统中公式（6.22）～（6.29）与结构贸易引力系统有明显的相似之处。

第一，FDI 的引力方程（6.30）表明，FDI 与以母国支出规模 E_i 直接相关，这种关系是因为在模型中支出反映了技术资本边际产品价值 M_i。

第二，公式（6.30）反映了 FDI 与东道国名义产出规模 Y_j 之间的正相关关系，其中 Y_j 是东道国技术资本边际产品价值。

第三，公式（6.30）FDI 的股票价值 FDI 壁垒 ω_{ij}成反比。总而言之，迄今为止模型建立的三种关系类似于物理学和国际贸易学中的依赖关系。具体而言，东道国和母国规模越大越接近，他们之间的 FDI 股票价值就越大。

第四，模型中 FDI 引力系统的一个重要特征是以直观的方式通过多边阻力将双边 FDI 存量价值与贸易联系起来，具体而言对于母国 i、p_i，内部多边阻力力升高，导致来自国外和到达东道国 j 的 FDI 减少。这种结果说明，更高的 p_i 意味着投资 i 的技术资本的直接成本与机会成本更高。公式（6.30）与贸易引力模型的主要区别在于缺乏对外多边阻力，原因是技术资本的非竞争性属性使其与商品的销售形成鲜明对比：国家 i 销往国家 j 的商品不能在其他地方再进行销售和使用，但是国家 i 在国家 j 使用的技术在其他地方可以完全不受影响的进行应用。模型假设母国其技术资本的使用以其自身价值出售给东道国，交易成本为零。在公平交易中，这种假设与讨价还价行为相一致，其中所有权力都与卖方有关。

第五，公式（6.30）表明国家 i 在国家 j 的 FDI 存量的价值取决于国家 i 技术资本的数量，反映了技术资本的边际投资收益递减。

第六，模型中 FDI 的结构引力系统和相应的贸易方程之间的相似性表明：由公式（6.30）～（6.32）组成的系统可以使用贸易文献中的成熟技术进行估算，但由于对该系统进行估算超出了本章研究内容范围，故暂不讨论。为证明方法的有效性，本章遵循贸易文献新的定量方法（Caliendo 和 Parro，2015 年；Eaton 等，2016 年）对理论框架进行校准实验。

6.3　实证分析

本节的目标是研究 FDI 对世界福利和不平等的影响，进而得出 FDI 推动东道国制造业升级的福利影响。为此本节进行了一个反事实实验，构建了一个没有 FDI 的虚拟世界，类似于在贸易文献中转向自给自足的标准练习（Costinot 和 Rodríguez－Clare，2014 年），模拟了世界向没有 FDI 的转变，同时允许模型中的所有其他经济活动（如国际贸易和国内投资）的开展，本节的研究重点将完全放在 FDI 渠道上。通过本实验可得以下结论：首先，从方法论的角度来看，能够证明研究方法的有效性以及非竞争性技术转移范式下新型 FDI 渠道建模经验的相关性；其次，在本章研究目标设定引述的推动下，政策制定者和相关研究分析将 FDI 视为许多国家特别是发达国家繁荣的关键驱动因素，通过本节分析将提供支持或反对此类观念和期望的定量证据；最后，将能够将全球化的两个主要驱动因素国际贸易与 FDI 对过去 1/4 世纪的相关贡献进行比较。

6.3.1　变量和数据

为进行实证分析，对 28 个国家在 2016 年包括 FDI、贸易流量、国内生产总值、就业、实物资本投资等相关经济数据编制了一个平衡面板数据集。执行反事实实验所需的参数集可以从文献中获取或校准，所有变量和参数以及用于构建校准数据的数据来源和方法如表 6 -1 所示。为衡量样本中所有国家的有效单位就业情况，将从事劳动力的人数乘以人力资本指数，该指数以平均受教育年数为基础。为构建反事实分析所需的内部总贸易，对贸易数据进行汇总，使用总制造业总产值与制造业总出口之间的比率，以便在国家层面构建乘数，并使用此乘数以及总出口数据来预测国内贸易的价值。就业和资本存量数据来自宾夕法尼亚大学国际比较中心编制的宾州世界表（The Penn World Tables，PWT）第九版，数据涵盖 1950～2014 年的 182 个国家和地区，以 2005 年为基准年。贸易数据来自联合国统计司（The United Nations Statistical Division，UNSD）的商品贸易统计数据库（Commodity Trade Statistics Database，COMTRADE）。制造业总产量数据来自联合国工业发展组织（The United Nations Industrial Development Organization，UNIDO）工业统计数据库（Industrial Statistics Database，INDSTAT），数据库中制造业数据可以为样本中国家建立乘数指数，并使用世界其他国家（Rest - of - the - World，ROW）乘数来构建其余的内部交易数据。FDI 数据主要来源是联合国贸易和发展会议数据库（The United Nations Conference on Trade and Development ，UNCTAD）中双边外商直接投资统计数据库（Bilateral FDIStatistics Database），和经济合作与发展组织（the Organization for Economic Co - operation and Development，OECD ）建立和维护的国际直接投资统计数据库（ the International Direct Investment Statistics Database），其中贸发会议的 FDI 数据库记录了 1970～2017 年大部分年份约 206 个国家的流入、流出、引进存量和对外存量，经合组织数据库提供了经合组织国家内部 FDI 流量和存量及头寸的详细统计数据及经合组织成员国与非成员国之间的贸易信息。模型运行反事实所需的参数主要来源于目前的文献，其中包括替代弹性 $\sigma=6$（Head 和 Mayer，2014 年），消费者折扣因子 $\beta=0.98$（Yao 等，2012 年），特定国家的生产资本份额 α_j 和特定国家资本调整成本 δ_j 来自宾州世界表（PWT）。α 和 δ 的具体数值详见表 6 -1。第二组参数直接由数据构成，将一个国家的技术资本占所有目的地的份额作为世界技术资本总额的份额进行如下计算：

$$\eta_j = \frac{\sum_j FDI_{ij}^{value}}{\sum_i \sum_j FDI_{ij}^{value}} \tag{6.33}$$

使用生产函数中 FDI 和和实物资本投资之间的关系以及 FDI 和实物资本数据以及资本份额数据计算 FDI 的生产份额。具体数值详情见表 6 −1：

$$\phi_j = \frac{\alpha_j(FDI_j^{in}/K_j)}{1+\alpha_j(FDI_j^{in}/K_j)} \tag{6.34}$$

模型中使用的第三组参数经过校准以适合模型，这些参数包括用公式（6.22）～（6.24）校准的双边贸易摩擦 t_{ij}，由等式（6.29）构成 FDI 摩擦 ω_{ij}，以及使用等式（6.25）～（6.26）校准的偏好调整技术参数 A_j/γ_j，以及由下述等式（6.35）技术资本的理论一致方程进行校准的技术资本的内生价值：

$$M_j = \frac{\beta\phi\eta_j}{1-\beta+\delta_M P_j}\frac{E_j}{P_j} \quad for\ all\ j \tag{6.35}$$

表 6 −1　　数据来源说明汇总

变量	含义	数据来源
X_{ij}	贸易流量	UNIDO 数据库
K_j	资本流量	WDI 数据库佩恩表
Y_j	收入	UNIDO 数据库
L_j	劳动力要素禀赋	WDI 数据库佩恩表

资料来源：根据数据来源自行整理。

最后分别使用方程（6.23）、方程（6.24）构建向内和向外多边阻力指数。为完全匹配数据中国内收入和支出价值之间的差异，将外部国家特定参数定义为可归因于流入和流出的 FDI 所支付的贸易不平衡：

$$\psi_j \equiv E_j/(Y_j + \eta_j \sum_{i\in N_{ji,t}} \phi_i Y_i - \phi_j Y_j \sum_{i\in N_{ji,t}} \eta_i)$$

在反事实模型分析中保持贸易不平衡（$[(\psi_j-1)/\psi_j]E_j$）的外生部分不变，并由于 FDI 流入和流出支付部分内生地调整。

6.3.2 结果和解释

利用本章构建的贸易和投资结构体系及相关数据与参数在本节进行反事实试验，模拟假设中没有 FDI 的世界经济的稳态平衡。机制方面，从基准情景开始分析，国际贸易、国内投资和 FDI 都是活跃的经济活动渠道，然后增加 FDI 摩擦以消除世界上所有的 FDI，同时仍然允许国际贸易和国内投资。为方便管理模型结果的表达和讨论，本章只关注反事实分析的两个结果：FDI 对国际贸易的影响以及 FDI 对福利的量化影响即 FDI 的收益。鉴于模型的动态性质，为衡量福利，通过计算消费者在基线情况下需要支付的总消费的恒定分数 ζ 来获得福利指数（Lucas，1987），并通过反事实消费流 C_j^c 获得相同效用，计算公式如下：

$$\sum_{t=0}^{\infty}\beta_t\ln(C_j^c) = \sum_{t=0}^{\infty}\beta_t\ln\left[(1+\frac{\zeta}{100})C_j^b\right]\Rightarrow$$
$$\zeta = [\exp[\ln(C_j^c) - \ln(C_j^b)] - 1]\times 100 \tag{6.36}$$

模型分析 FDI 对贸易和福利的影响调查结果如表 6 -2 所示。当世界不存在 FDI 而导致的贸易变化显示出 FDI 对国际贸易的影响巨大，平均而言当不存在 FDI 时贸易将减少约 11%。模型分析还表明各国（地区）FDI 对其参与国际贸易的影响差异巨大。因 FDI 使得其参与国际贸易受益最多的国家（地区）为贸易指数最负的国家（地区），如当假设 FDI 消失时，卢森堡总出口减少了 90%、比利时总出口下降 61%、中国香港总出口下降 57%，而巴基斯坦、中国内地、印度等国家及地区其出口总额反而增长了 10% 以上。从样本中各国（地区）净 FDI 头寸的变化角度找原因和线索以分析 FDI 与国际贸易之间关系的异质结果，可以将 FDI 看作是出口贸易顺差的替代品。

FDI 净头寸直接反映了资本服务账户的情况，FDI 净流入意味着 E_j

$<Y_j$。对消除 FDI 后对各国（地区）净 FDI 头寸及总出口的反事实变化进行拟合可知贸易变化与净 FDI 头寸负相关且存在简单的局部均衡状态，这是基于 FDI 的消除对支出的影响；模型的一般均衡出现数据点的分散，存在异常值。在控制其他变量不变的条件下，消除 FDI 意味着 FDI 头寸消失，E_j 与 Y_j 变化方向相同，当 FDI 净流入则增加，FDI 净流出则下降，现在这种关系同样适用于国家（地区）总出口的转变：

$$\sum_{j \neq i} X_{ij} = Y_i \sum_{j \neq i} \frac{E_i}{Y} \left(\frac{t_{ij}}{\prod_i P_j} \right)^{1-\sigma} = Y\left[1 - \frac{E_i}{Y} \left(\frac{t_{ij}}{\prod_i P_j} \right)^{1-\sigma} \right] \tag{6.37}$$

在控制其他变量不变的条件下，消除 FDI 还意味着当 FDI 净流入，当国家出口贸易根据公式（6.37）最右边的同时下降，则 E_i 增长。FDI 净流出 E_i 下降，则出口增加。异常情况出现的部分国家如中国、美国和日本，这种关系受到了抑制，模型的模块化可实现消除 FDI 的影响。一般而言，FDI 净值为负的国家，当 FDI 消除时全球收入份额下降，原因在于其技术资本利润较低，因此累积较少；而 FDI 净值为正的国家，当 FDI 消除时全球收入份额上升，原因在于国内技术资本积累在进口技术资本流失后带来更多收益。模型通过公式（6.37）拟合了这种情况下异常值的变化。次要的一般均衡效应是 FDI 消除对多边抵抗的影响。模拟显示净 FDI 与向外多边阻力 iΠ 呈负相关。具体而言，净 FDI 与内向多边阻力正相关，但与外向多边阻力的负相关性相对较弱。在控制其他变量不变的条件下，公式（6.37）中描述的多边阻力效应将提高出口并产生完全一般均衡效应，因为前两个阶段消除 FDI 对 E_i 和 Y_i 的直接影响占主导地位。虽然模型的一般均衡力会模糊净 FDI 与贸易变化的负相关关系，但支出与净 FDI 之间的直接位置足以表明这种负相关性。

通过估算 FDI 反事实总出口和福利变化的百分比分析 FDI 的福利效应，具体数值如表 6－2 所示。

表 6－2　　不同国家及地区 FDI 的贸易和福利效应

国家/地区	贸易	福利	国家/地区	贸易	福利
加拿大	−12.87	−18.36	日本	9.49	−8.60
瑞士	−42.92	−22.65	韩国	0.40	−6.10
中国内地	11.54	−11.82	墨西哥	−11.06	−17.45
德国	−6.01	−7.72	马来西亚	−7.47	−10.09
丹麦	−12.20	−12.41	荷兰	−16.86	−17.43
西班牙	−7.36	−13.37	新西兰	−26.58	−6.06
法国	−4.86	−10.61	菲律宾	−2.03	−17.84
英国	−19.63	−17.16	葡萄牙	−8.03	−11.78
希腊	2.47	−8.01	俄罗斯	6.01	−2.87
中国香港	−60.31	−20.24	新加坡	−40.61	−2.54
印度尼西亚	−3.30	−7.61	瑞典	−34.98	−22.47
印度	10.76	−10.86	泰国	−6.01	−13.64
爱尔兰	−48.49	−49.87	美国	2.56	−7.11
意大利	−1.07	−8.89	越南	−1.67	−0.77

资料来源：根据模型计算整理所得，其中第二列、第三列及第五列、第六列数值为 FDI 反事实总出口和福利的变化百分比。

结果表明：平均而言，2016 年 FDI 的总收益相当于世界福利的 9%，这一实证结果表明 FDI 确实是当今世界经济的重要组成部分，对世界经济的繁荣发展有重大推动作用。对 FDI 的福利分析与对国际贸易的影响分析结果类似，样本 28 个国家中 FDI 的福利影响也差异巨大。具体而言，大多数国家因阻止 FDI 而遭受损失，其中消除 FDI 对福利负面影响最大的是一些发达国家如爱尔兰，以及一些发展中经济体如菲律宾和印度。理论上讲，世界范围内还存在极少数国家因阻止 FDI 而获得了积极的福利效应，在消除 FDI 情况下会更大。为了更好地解释消除 FDI 福利效应的异质性原因及驱动机制并进一步确认模型得出的部分直观结论，对部分参数和变量及国家特定生产份额 ϕ_j 的福利变化展开分析。与依据经济学常识分析预期的结果一致，当一国生产函数中 FDI 的比重更大时，生产对 FDI 变化影响就越大，因此 ϕ 与国家福利损失的变化方向相同。国家的福利效应与 FDI 流入流出之间存在轻微的负相关关系，而国家的福利效应与其 FDI 净值之间的负相关关系更显著。直观理解，这表明如果一个国家 FDI 流入比流出更多，即其 FDI 净值为正，则限制甚至消除 FDI 将导致更大的福利损失，反之亦然。限制 FDI 将引起总出口变化进而影响一国福利，在贸易赤字情况下，一国贸易较小幅度的变化，即贸易赤字小幅度增加，与贸易顺差情况下一国贸易较大幅度的变化即贸易顺差大幅度增加，带来的福利损失都相对较小。如埃塞俄比亚、巴基斯坦和中国在限制 FDI 的情况下，出口总额增加则一定程度上抵销了因 FDI 消除而产生的福利损失，因此其受到的负面福利影响相对较小。

总之，FDI 对世界各国的贸易和福利的影响并不均衡，存在显著的异质性，虽然平均而言在样本中大多数国家的国际贸易和福利受到 FDI 的积极影响，但仍有部分国家因 FDI 而遭受损失。

需要注意的是，我国在 FDI 反事实情况下国际贸易的情况是有所改善的，这与我国当前 FDI 以效率寻求型 FDI 和资源寻求型 FDI 的比例和构成有关。由于这部分 FDI 的目标市场多为国际市场或母国市场，因此在东道国利用价格低廉的原材料、能源、生产资料、劳动力要素等进行较低成本生产后，获取一定低成本优势的产品以出口的形式流出东道国本国市场，对东道国本土的相关产业内资企业将形成非常大的国际竞争压力，并造成一定挤压。因此，当这部分 FDI 在反事实情况下不再考虑在东道国经济活动和生产经营中时，对东道国整体而言减少了相关的出口挤压和竞争，对国际贸易有一定程度的正向促进效果，但其对制造业全球价值链升级的推动作用经过研究已得到验证，这部分影响综合体现在 FDI 对国家整体福利影响中。

需要注意的是，我国的国家福利与 FDI 之间呈正相关影响，证明 FDI 对我国的经济发展及国家福利整体而言是正向的促进作用，且在反事实情况下 FDI 的消失对我国福利影响的程度比对部分国家的影响更大，这说明 FDI 在我国经济发展的诸多领域对我国的福利水平是正向的促进作用。结合第 4 章、第 5 章的研究内容可以推断，市场寻求型 FDI 和创造资产寻求型 FDI 对我国的技术溢出效应及生产率溢出等外部性以及在我国经济活动诸多方面有促进作用。综合考虑 FDI 对我国的经济发展影响，在全球化的大背景下我国应继续积极发挥 FDI 在我国经济发展和产业升级中的正向作用，更加有选择有侧重地吸引外商直接投资，尽量减小相关类型 FDI 对我国相关产业内资企业的负面影响和挤出效应，通过相关优惠条件和政策倾斜吸引对我国经济发展和制造业转型更有利的 FDI 类型，加大 FDI 在我国经济发展中的正外部性。

6.4 本章小结

本章通过开发构建结构动态模型，通过分别对国内物质资本积累与非竞争性技术转移形式 FDI 以分解国际贸易和国内投资，并分析描述 FDI 在全球经济发展中的作用和影响，证明 FDI 与国家福利之间的关系，进而定位 FDI 对经济发展和产业升级的作用。假设世界上没有 FDI 情况下表征的反事实实验证明了方法的有效性及 FDI 作为全球经济重要组成部分的经济领域重要性。虽然 FDI 对世界各国影响并不均衡，但是对世界大部分国家的福利增长贡献是重大的。由于作者当前的科研能力使得本章内容具有局限性，在本章研究内容的基础上可以进一步扩展分析。受数据可得性和可用性的限制，模型设置没有具体到产业和部门，对于 FDI 对制造业部门的影响分析只能从其对国家经济发展和福利促进的整体角度来推导，如果在现有文献的基础上可以证明允许投入产出联系的重要性及添加部门数据，可以对贸易和投资的部门模型在数理基础上有更重要的发现，对于 FDI 的影响将理解的更加深刻，对 FDI 与产业结构升级的福利分析将更有说服力。

第7章

研究结论与政策建议

本书在中国在全球价值链中的分工地位分析的基础上，对对外直接投资对全球价值链分工地位影响的作用机理进行了分析，并进一步实证分析了对外直接投资对中国整体、三大产业以及制造业 GVC 分工地位的影响。考虑到对外直接投资对全球价值链分工地位的影响会受到东道国因素的影响，本书进一步构建门槛模型实证分析了对外直接投资对中国整体、三大产业以及制造业 GVC 分工地位的影响的东道国市场规模和东道国技术水平的门槛效应。

本章主要是对全书进行总结，在机理分析和实证分析所得结论的前提下总结存在的问题并提出相应的政策建议，最后指出本书研究的局限性和不足，以及对将来进一步研究的方向进行展望。

7.1　研究结论

（1）2000~2017 年，中国整体、三大产业以及制造业的全球价值链分工地位都有所上升。其中，2017 年中国整体的 GVC 分工地位排名第 12 位，处在全球价值链的中游位置；第一产业 GVC 分工地位排名第 2 位，处在上游位置；第二产业 GVC 分工地位排名第 9 位，处在中上游位置；第三产业 GVC 分工地位排名第 12 位，处在中游位置；中国制造业 GVC 分工地位排名第 9 位，处在中上游位置；高等技术制造业 GVC 分工地位排名第 8 位，处在上游位置；中等技术制造业 GVC 分工地位排名第 10 位，处在中上游位置；低等技术制造业 GVC 分工地位排名第 10 位，处在中上游位置。

（2）对外直接投资可以通过影响母国产业的工艺流程升级、产品升级、功能升级和链条升级，从而影响母国产业的全球价值链分工地位。

其中，效率寻求型 OFDI 将国内丧失比较优势的产业和产能过剩行业转移出去后，释放国内生产要素，并进行优化配置。一方面，将其用于发展国内优势产业，优化该国生产工艺流程升级，提高产品质量，实现工艺流程升级和产品升级，或者用于发展国内优势产业的产品设计和技术研发，使得该国向全球价值链中的研发设计环节移动，实现功能升级。另一方面，将其投向技术含量高、增加值高的其他行业，实现链条升级，从而影响母国的全球价值链分工地位。

技术寻求型 OFDI 主要通过生产要素补缺效应、逆向技术溢出效应、技术研发成果反馈效应和产品升级效应影响母国全球价值链分工地位。具体表现为：一国通过技术寻求型 OFDI 获取先进技术以改善生产工艺流程，提高投入产出效率，降低生产成本和提高产品的技术含量，实现工艺流程升级和产品升级；获取先进技术嵌入原有全球价值链的技术研发环节，实现功能升级；获取先进技术嵌入高增加值产业的全球价值链的生产环节中，从而影响该国的全球价值链分工地位。

一国通过资源寻求型 OFDI，利用东道国在资源上的比较优势，能够为该国产业的发展提供长期稳定的关键性短缺资源。一方面，降低该国对于资源的获取成本，提高投入产出效率，使得生产工艺流程得以改善，实现工艺流程升级；另一方面，加快产品的更新换代，提升产品质量，实现产品升级。另外，母国在利用东道国比较优势资源发展相关产业的同时，也加强了与东道国相关产业产品市场的联系，并发挥对外直接投资的“投资—出口”带动效应，能够增加该国及其产业相关产品出口，扩大对东道国市场份额，以提升母国市场营销能力，实现功能升级。除此之外，一国通过资源寻求型 OFDI，可以获取该国国内稀缺甚至没有的资源，以致该国利用该资源进入高增加值产业，实现链条升级，从而影响母国的全球价值链分工地位。

市场寻求型 OFDI 主要通过在东道国市场中发挥竞争效应、品牌溢出效应和“投资—出口”带动效应影响一国的全球价值链分工地位。该国通过市场寻求型 OFDI，会使得该国的产品进入东道国市场并参与国际竞争，通过对外直接投资的反馈机制将产品参与竞争的结果反馈给母国及其产业。若该国产业的产品在东道国市场不具备竞争优势，一方面，会迫使国内相关产业提高投入产出效率，优化生产工艺流程，提高产品竞争力；另一方面，会迫使国内相关产业加快产品的更新换代，进行产品升级，提升产品质量，进而提升产品竞争力。

若该国的产品在东道国市场具有竞争优势，通过营造品牌形象，一方面，发挥对外直接投资的品牌溢出效应，扩大产品在东道国的市场份额；另一方面，通过发挥对外直接投资的“投资—出口”带动效应，进一步增加产品出口，并进一步扩大产品在东道国的市场份额，使得母国产业实现功能升级。

（3）对外直接投资对中国整体全球价值链分工地位具有显著的正向影响，当 OFDI 每增加 1% 单位，中国整体 GVC 分工地位指数提升 0.0109 个单位。

对外直接投资对中国三大产业的全球价值链分工地位具有显著的正向影响，当 OFDI 每增加 1% 单位，第一产业、第二产业和第三产业 GVC 分工地位指数分别提升 0. 1485 个单位、0. 0299 个单位和 0. 1404 个单位。

对外直接投资对中国制造业整体的全球价值链分工地位具有显著的正向影响，当 OFDI 每增加 1% 单位，制造业整体 GVC 分工地位指数提升 0. 0117 个单位；对外直接投资对不同技术类别制造业的全球价值链分工地位也具有显著的正向影响，当 OFDI 每增加 1% 单位，低等技术制造业、中等技术制造业和高等技术制造业的 GVC 分工地位指数分别提升 0. 0069 个单位、0. 0266 个单位和 0. 0109 个单位。

（4）对于中国整体层面，东道国市场规模具有双门槛效应。当东道国市场规模超过第一个门槛后，中国 OFDI 提升中国整体的 GVC 分工地位效果增加 0. 0003 个单位，当东道国市场规模继续扩大超过第二个门槛后，中国 OFDI 提升中国整体 GVC 分工地位效果继续增加 0. 0007 个单位。东道国技术水平具有单门槛效应，当东道国技术水平超过门槛值后，OFDI 对中国整体 GVC 分工地位的提升效果增加 0. 0001 个单位。

对于第一产业，东道国市场规模具有双门槛效应，当东道国市场规模超过第一个门槛后，OFDI 提升第一产业 GVC 分工地位效应增加 0. 0011 个单位，当东道国市场规模继续扩大超过第二个门槛后，OFDI 提升第一产业 GVC 分工地位效应继续增加 0. 0010 个单位；东道国技术水平具有单门槛效应，当东道国技术水平超过门槛值后，OFDI 提升第一产业 GVC 分工地位效应增加 0. 0006 个单位。

对于第二产业，东道国市场规模具有双门槛效应，当东道国市场规模超过第一个门槛后，OFDI 提升第二产业 GVC 分工地位效应增加 0. 0002 个单位，当东道国市场规模继续扩大超过第二个门槛后，OFDI 提升第二产业 GVC 分工地位效应继续增加 0. 0001 个单位；东道国技术水平具有双门槛效应，当东道国技术水平超过第一个门槛后，OFDI 提升第二产业 GVC 分工地位效应增加 0.0004 个单位，当东道国技术水平继续扩大超过第二个门槛后，OFDI 提升第二产业 GVC 分工地位效应减少 0.0005 个单位。

对于第三产业，东道国市场规模具有双门槛效应，当东道国市场规模超过第一个门槛后，OFDI 提升第三产业 GVC 分工地位效应增加 0.0001 个单位，当东道国市场规模继续扩大超过第二个门槛后，OFDI 提升第三产业 GVC 分工地位效应减少 0.0001 个单位；东道国技术水平具有单门槛效应，当东道国技术水平超过门槛值后，OFDI 提升第三产业 GVC 分工地位效应减少 0.0001 个单位。

对于中国制造业整体，东道国市场规模具有单门槛效应，当东道国市场规模超过门槛后，OFDI 提升制造业整体 GVC 分工地位效应增加 0.0001 个单位；东道国技术水平具有双门槛效应，当东道国技术水平超过第一个门槛后，OFDI 提升制造业整体 GVC 分工地位效应增加 0.0002 个单位，当东道国技术水平继续扩大超过第二个门槛后，OFDI 提升制造业整体 GVC 分工地位效应减少 0.0001 个单位。

对于低等技术制造业，东道国市场规模具有单门槛效应，当东道国市场规模超过门槛后，OFDI 提升低等技术制造业 GVC 分工地位效应增加 0.0003 个单位；东道国技术水平具有单门槛效应，当东道国技术水平超过门槛后，OFDI 提升低等技术制造业 GVC 分工地位效应增加 0.0004 个单位。

对于中等技术制造业，东道国市场规模具有单门槛效应，当东道国市场规模超过门槛后，OFDI 提升中等技术制造业 GVC 分工地位效应增加 0.0002 个单位；东道国技术水平具有单门槛效应，当东道国技术水平超过门槛后，OFDI 提升中等技术制造业 GVC 分工地位效应减少 0.0006 个单位。

对于高等技术制造业，东道国市场规模具有单门槛效应，当东道国市场规模超过门槛后，OFDI 提升高等技术制造业 GVC 分工地位效应减少 0.0004 个单位；东道国技术水平具有双门槛效应，当东道国技术水平超过第一个门槛后，OFDI 提升高等技术制造业 GVC 分工地位效应增加 0.0028 个单位，当东道国技术水平继续扩大超过第二个门槛后，OFDI 提升高等技术制造业 GVC 分工地位效应减少 0.0031 个单位。

7.2　存在的问题

（1）2000～2017 年，中国 GVC 分工地位排名有所提升，从 2000 年的排名第 19 位，提升至 2017 年的排名第 12 位，中国从全球价值链下游位置攀升至全球价值链的中游位置，实现了全球价值链分工地位的提升。2017 年，美国、英国和日本等发达国家 GVC 分工地位排名分别为第 5 位、第 6 位和第 7 位，处在全球价值链的上游位置，中国 GVC 分工地位排名落后于这些发达国家。

2017 年中国 GVC 分工地位指数为 0.070，美国、英国和日本等发达国家 GVC 分工地位指数分别为 0.133、0.118 和 0.102，中国 GVC 分工地位指数与美国、日本、英国等发达国家相比存在差距，中国 GVC 分工地位有进一步向上攀升的空间。

（2）2017 年，中国第一产业 GVC 分工地位排名第 2 位，仅次于瑞典，处在全球价值链的上游位置，但中国第一产业以增加值核算的出口额仅占美国和巴西第一产业出口额的 1/3 左右。中国第一产业出口额相比美国和巴西，有进一步增加的空间。

2017 年，中国第二产业 GVC 分工地位排名第 9 位，实现了从全球价值链的下游位置攀升至全球价值链的中上游位置，但相比第二产业出口额远远落后于日本、美国和印度。日本、美国和印度等国家第二产业 GVC 分工地位排名分列第 5 名、第 7 名和第 8 名，处在全球价值链的上游位置。说明中国第二产业“大而不强”。

2017 年，中国第二产业 GVC 分工地位指数为 0.054，日本、美国和印度等国家 GVC 分工地位指数分别为 0.093、0.081 和 0.076，中国第二产业 GVC 分工地位指数与日本、美国、印度等国家相比存在差距，中国第二产业 GVC 分工地位有进一步向上攀升的空间。

2017 年，中国第三产业 GVC 分工地位排名第 12 位，实现了从全球价值链中下游位置攀升至全球价值链的中游位置。中国第三产业的出口额为 3 768亿美元，仅次于美国。然而，第三产业 GVC 分工地位排名不仅落后于美国，而且落后于第三产业出口额少于自己国家，如荷兰和英国。中国第三产业 GVC 分工地位指数与美国、荷兰、英国等发达国家相比存在差距，中国第三产业的全球价值链分工地位有进一步往上攀升的空间。

（3）2000～2017 年，中国制造业整体 GVC 分工地位排名有所提升，从 2000 年的第 19 位上升至 2017 年的第 9 位，中国制造业整体从全球价值链下游位置攀升至全球价值链的中上游位置。中国制造业的总出口额为 18 269 亿美元，世界排名第 1 位。中国制造业 GVC 分工地位排名却落后于美国、日本和印度等国家。美国、日本、印度等国家制造业 GVC 分工地位排名分列第 5 名、第 7 名和第 8 名，处在全球价值链的上游位置。中国制造业整体 GVC 分工地位指数与美国、日本、印度等国家相比存在差距，说明中国是制造业大国，但还不是制造业强国，中国制造业 GVC 分工地位有进一步向上攀升的空间。

2017 年，中国高等技术制造业、中等技术制造业以及低等技术制造业的总出口额分别为 11 563 亿美元、2 974 亿美元和 3 731 亿美元，世界排名第 1 位，GVC 分工地位排名分列第 8 位、第 10 位和第 10 位，分别处在各自全球价值链的上游位置、中上游位置和中上游位置，实现了各自 GVC 分工地位的提升。

但中国高等技术制造业 GVC 分工地位排名却落后于美国和日本等发达国家。美国、日本等发达国家高等技术制造业 GVC 分工地位排名分列第 3 位和第 6 位，中国高等技术制造业 GVC 分工地位指数与美国、日本等国家相比存在差距。

同样，中国中等技术制造业 GVC 分工地位排名落后于日本和意大利等国家，中国中等技术制造业 GVC 分工地位指数与日本和意大利等国家相比存在差距。中国低等技术制造业 GVC 分工地位排名落后于日本、韩国、美国、印度尼西亚等国家。中国低等技术制造业 GVC 分工地位指数与日本、韩国、美国、印度尼西亚等国家相比存在差距。说明中国不同技术类别制造业“大而不强”，中国不同技术类别制造业 GVC 分工地位有进一步向上攀升的空间。

（4）第二产业是中国的主要产业之一，中国第二产业以增加值核算的出口额占中国总出口额的八成以上，因此中国第二产业 GVC 分工地位，对中国整体 GVC 分工地位的影响较大。在实证分析中，中国第二产业 OFDI 对中国第二产业 GVC 分工地位的提升效果要小于第一产业和第三产业 OFDI 对各自 GVC 分工地位的提升效果。因此，中国第二产业 OFDI 对中国第二产业 GVC 分工地位的提升效果有待进一步提升，从而进一步提升中国整体 GVC 分工地位。

（5）中国是一个制造业大国，但不是制造业强国，中国高等技术制造业以增加值核算的出口额占中国制造业总出口额的六成以上，中国高等技术制造业 GVC 分工地位，对中国制造业整体 GVC 分工地位的影响较大。在实证分析中，中国高等技术制造业 OFDI 对高等技术制造业 GVC 分工地位的提升效果低于中国中等技术制造业 OFDI 对中等技术制造业 GVC 分工地位的提升效果。因此，中国高等技术制造业 OFDI 对高等技术制造业 GVC 分工地位的提升效果有待进一步提升，从而进一步提升中国制造业整体 GVC 分工地位。

7.3 政策建议

7.3.1 中国应继续扩大对外直接投资规模，“顺梯度”转移边际产业

（1）在经济全球化的背景下，“走出去”战略可以帮助中国快速融

入全球价值链中并在全球价值链分工中占据更有利的位置，对外直接投资是该战略的重要内容。目前，中国处在全球价值链分工的中游位置，有进一步提升的空间，中国应继续推进实施“走出去”战略，鼓励和支持企业走出去，发挥对外直接投资对中国全球价值链分工地位提升的促进作用。中国可以通过“一带一路”、自由贸易区等国家战略，挖掘并培育对外直接投资的增长潜力，不断扩大中国对外直接投资，同时深化对外直接投资管理体制改革，为企业提供更多的投资优惠政策和资金支持，鼓励更多中国企业进行海外投资，提升中国全行业的技术水平和竞争力，从而提升中国全球价值链分工地位。

（2）所谓“顺梯度”对外直接投资，是指以转移国内衰退或即将衰退的边际产业、促进产业结构转换升级为目的，发展面向较我国产业层次更低，但更具产业扩张空间的国家的直接投资活动。应充分利用我国国际产业梯度相对级差优势，通过“顺梯度”对外直接投资。一方面，可以最大限度地延长边际产业的生命周期，实现成本最小化的同时，继续获取其转移价值；另一方面，边际产业的国际转移可以为国内高新技术产业的发展腾出空间，释放出的生产要素涌入新兴产业部门，支持其扩张。通过此过程的不间断重复，国内产业结构转换的最终结果是边际产业逐渐淡出而高新技术产业占据产业主体地位，不断接近产业升级目标，进而促进我国相关产业全球价值链分工地位攀升的目标。

（3）来自IT产业的案例。浪潮集团可以说是中国最早的IT品牌之一，经过60多年的发展，现已位列中国IT产业前三强，目前它主要涉足计算机、软件、智能终端、通信四大产业。多年来，浪潮一直致力于与国际知名企业建立合资合作关系以拓展其国际化道路。2007年，浪潮远赴委内瑞拉建立其工贸区和产业基地，该生产基地定位于电子、家电、纺织等产业。委内瑞拉作为世贸组织、南共市、南美共同体的成员国，享有优惠的关税政策。此外，其地理位置优越，交通便利，可以帮助浪潮集团顺利地迈入拉美市场，开拓国际市场。除此之外，委内瑞拉与中国良好的双边经贸关系，高速发展的经济、廉价的劳动力资源以及不断调整的产业结构和开放政策都为浪潮集团在该国实施对外直接投资提供了良好的投资环境和机遇。通过在委内瑞拉建立计算机生产基地，并不断扩大本土化经营，目前该合资厂生产的产品已经成为委内瑞拉国家的知名品牌，其服务器、软件等产品也逐步拓展到南美、俄罗斯等国家或地区，实现了本地化生产和销售。通过在东道国建立生产基地，在开拓市场的同时可以充分利用当地廉价的生产要素，发挥我国相关产业的比较优势，有效规避贸易摩擦，进而促进我国产业的价值链提升和技术进步。

7.3.2　中国应提升对外直接投资质量

中国进行对外直接投资会受东道国因素影响，如东道国市场规模和东道国技术水平等，东道国因素会影响对外直接投资对中国全球价值链分工地位提升地促进作用。因此，中国在对外直接投资前，应当先了解当地的经济、政治、文化和法律政策，充分结合自身情况，对投资领域和投资规模进行调整，合理规划投资的区位布局、产业布局，并进行精准投资，从而提升对外直接投资的质量，而不是盲目投资，从而更有利于发挥对外直接投资对中国全球价值链分工地位的促进作用。

7.3.3　中国应推动对外直接投资多元化并充分发挥对外直接投资对全球价值链分工地位的提升作用

（1）中国应加大对外直接投资动机的多元化。当前中国资源寻求型 OFDI 和市场寻求型 OFDI 的比重较高，技术寻求型 OFDI 和效率寻求型 OFDI 比重较低。因此，中国继续实施资源寻求型 OFDI 获取面临资源需求瓶颈的产业所需的资源，降低成本，提高投入产出效率，从而实现中国全球价值链分工地位提升以及通过市场寻求型 OFDI 直接研究当地的消费习惯、消费观以及文化，实现产品设计本土化，开拓市场，树立自己的品牌形象，并带动国内相关产业中间产品出口，以实现中国全球价值链分工地位提升的同时，加大技术寻求型 OFDI 以积极寻求先进技术。先进技术不仅包括高技术产业中的前沿生产技术和核心零部件生产工艺，还包括传统产业中关键的品牌打造和市场推广环节的管理经验和营销技巧，建立海外研发中心，加强高端人力资源综合开发，充分利用东道国技术、知识、人才等资源，发挥对外直接投资逆向技术溢出效应以提升中国企业技术水平，摆脱发达国家对核心技术的控制，打破原有的技术壁垒，从而提升全球价值链分工地位。应加大效率寻求型 OFDI 将国内已经丧失或即将丧失劳动力比较优势的产业向具有劳动力优势的国家和地区进行转移，释放国内生产要素，优化要素配置，将其用于国内优势产业或其他高增加值产业，从而提升中国的全球价值链分工地位。

（2）中国应加大对外直接投资行业的多元化。当前中国对外直接投资以第三产业中的租赁和商业服务业以及批发零售业为主要投资行业。该类投资所需的成本较低，风险较小，外加上全球市场广阔，很容易给企业带来回报；同时，在实证分析中证实了第三产业 OFDI 显著促进第三产业 GVC 分工地位提升。因此，中国应继续加大对第三产业的对外直接投资。此外，由于中国中间产品贸易绝大多数来自于工业制成品贸易，因此中国在全球价值链中分工地位的高低取决于中国工业，尤其是制造业全球价值链分工地位的高低，在实证分析中也证实了中国 OFDI 能显著促进第二产业和制造业 GVC 分工地位提升，加上目前中国第二产业的对外直接投资规模很小，因此中国应加大第二产业的对外直接投资，尤其是加大对第二产业中制造业的对外直接投资。另外，在实证分析中也证实了第一产业 OFDI 也能显著促进第一产业 GVC 分工地位提升，因此中国也应加大第一产业的对外直接投资。

（3）中国应加大对外直接投资区位的多元化。目前，中国八成以上的对外直接投资集中在发展中经济体，加之中国在全球价值链分工中处于中游位置，因此，政府要出台相关政策，积极引导对外投资企业转变原有的投资观念，注重通过投资提高自身技术水平、管理水平，为此应该加强与发达经济体的经济合作，尤其是增强与欧美等国家合作，吸取其经验教训，分享其优势资源，提高我国对外直接投资的质量。同时，抓住欧美等国实施“再工业化”和制造业回归战略的契机，引导已经具备一定技术基础的企业对欧美发达国家和地区先进制造业、生产服务业的投资，积极接近其研发、设计、营销等活动，争取对价值链高端环节的突破和控制，以逐步提升中国的全球价值链分工地位。

（4）中国应加大对外直接投资主体的多元化。中国的对外直接投资中近一半是国有企业投资，中国国有企业在海外投资带有“特殊使命”，被许多发达国家认为具有所谓的“政府背景”，它们出于国家安全考虑，会阻碍中国国有企业对外直接投资，并影响国有企业对外直接投资的动机、投资行业、投资区位等，从而影响对外直接投资促进中国全球价值链分工地位提升效果。因此，中国应加大对外直接投资主体的多元化，鼓励非国有企业，如中小企业、民营企业积极探索适合自身发展需要的对外直接投资形式，尤其是鼓励具有较强技术模仿、吸收能力的非国有企业进行海外投资，增进交流，获取先进技术；对已经在国外开展对外投资的非国有企业，要鼓励其加强对发达国家投资，注重提升品牌价值，发挥模范带头作用，引领行业发展。

长期以来，国有企业是我国对外直接投资的主体，但其投资行为多受政府主控，缺乏决策自主性，没有明确的市场定位和详细的前期调研，只是根据政府意向进行投资，风险较高。相比之下，中小型企业，特别是民营企业的投资活动决策更为谨慎，目的性强、积极性高，更接近市场行为。实现我国对外直接投资活动质的突破，必须大力推动投资主体多元化，充分发挥中小型企业、民营企业的作用。因此，政府应尽快出台各项法律法规以及保险政策等来支持这类企业的对外直接投资，通过提供专项资金、加大贷款力度、降低税收标准等方式来提高我国中小型企业、民营企业开展对外直接投资活动的积极性。对外直接投资主体的多元化发展，增加了国内各行业与国际产业链接触的广泛性，可以促成对外直接投资与国内产业在更大范围内的关联互动，对外直接投资发展的同时，带动国内产业升级。

（5）中国对外直接投资的方式也应多元化。对外直接投资进入东道国的方式有多种，包括绿地投资、合资合作、并购入股、战略联盟等。不适宜的进入方式，有可能会影响对外直接投资对中国全球价值链分工地位的提升效果。如为了获取先进技术促进中国全球价值链向技术研发环节攀升的对外直接投资，采用传统的绿地投资方式进入东道国对于获取先进技术的效果较小，而通过合作研发或并购入股的方式能降低对国外企业核心技术的壁垒限制，获取东道国先进技术的可能性更大，进而更容易提升中国的全球价值链分工地位。

7.3.4 确立主导产业，准确把握产业升级的方向

（1）战略性新兴产业作为我国未来产业发展的主方向，承担着主导产业的重任。它是以重大技术突破和重大发展需求为基础，对经济社会全局和长远发展具有重大引领带动作用，知识技术密集、物质资源消耗少、成长潜力大、综合效益好的产业。早在 2012 年 8 月国务院就发布了《“十二五”国家战略性新兴产业发展规划》，将节能环保产业、新一代信息技术产业、生物产业、高端装备制造产业、新能源产业、新材料产业和新能源汽车产业纳入其中，努力使其成为支撑经济社会可持续发展的支柱性和先导性产业，优化升级产业结构，提高发展质量和效益。到 2020 年，力争使战略性新兴产业成为国民经济和社会发展的重要推动力量，增加值占国内生产总值比重达到 15%，部分产业和关键技术跻身国际先进水平，节能环保、新一代信息技术、生物、高端装备制造产业成为国民经济支柱产业，新能源、新材料、新能源汽车产业成为国民经济先导产业。目前这一目标已基本实现。

引导对外直接投资适当倾向于战略性新兴产业各领域，并与之形成关联互动的格局，通过国内外产业链的技术传导和资源优化配置，促进我国战略性新兴产业量的扩展与质的提升；与此同时，作为主导产业辐射、影响国内相关产业的发展，即突出主导产业的引领、带动作用，准确把握未来产业升级的方向。

（2）来自装备制造业的案例。2008 年 9 月，在国内工程机械行业排名第三的中联重科股份有限公司，联手弘毅投资、高盛集团和曼达林基金收购了世界第三大混凝土机械制造商意大利 CIFA 公司 100% 的股权，中联重科由此完成国内同行业排头企业向国际化企业的跨越。在全球机械工业领域，美国、德国、日本处于第一方阵，中国的高端装备发展较为被动，主要是因为基础零部件、基础工艺和基础材料的欠缺，而并购则是跨越这一鸿沟的捷径。

作为国际一流的混凝土机械制造商，CIFA 拥有知名的品牌、全球化的销售网络、领先的技术工艺、优异的产品质量、完善的售后服务。与行业竞争对手相比，CIFA 是唯一一家能够全面提供各类混凝土设备的提供商，其核心竞争优势在其产品的性价比较高。相对于欧洲 Petzmeister 和 Schwing 公司，CIFA 产品具有 10% ～20% 的价格优势。相对于亚洲混凝土机械制造商，CIFA 产品具有较好的技术优势、更高的品牌知名度和客户美誉度。

并购完成后，中联重科优势凸显，具体而言：

第一，收购 CIFA 可以实现中联重科混凝土机械产品与制造技术的国际化跨越。与目前我国混凝土机械行业发展水平相比较，CIFA 无论是在产品技术性能方面，还是在制造工艺水平方面，都有明显优势。现在全球使用的一个技术，安装在泵送机械料斗里的 S 管阀就是 CIFA 设计的。可见，这家公司在混凝土机械上的地位。将 CIFA 纳入中联重科旗下，将使我国混凝土机械制造行业一步跨入世界领先水平行列。

第二，收购 CIFA 可以实现中联重科混凝土机械销售和服务网点的全球化布局。CIFA 不仅在欧洲传统市场具有相应的市场份额和客户忠诚度，而且已经布局东欧、俄罗斯、印度等具有发展潜力的新兴市场，并形成良好的竞争态势。更为重要的是，CIFA 与中联重科的销售网络几乎不重叠。中联重科将 CIFA 这一市场布局优势与自己现有销售和服务网络进行整合，不仅能在较短的时间内进入东欧、俄罗斯、印度等具有发展潜力的新兴市场，而且能节约开拓欧洲市场的高昂费用，积累资金拓展其他市场。而 CIFA 利用中联重科的销售网络，发挥自己的技术优势，也将顺利进入亚洲市场。

第三，通过收购 CIFA，中联重科能够在制造技术和企业管理等方面快速提高水平。2007 年，CIFA984 名员工共计投入固定资产和流动资产 20.4 亿元，形成主营业务收入 31.5 亿元。相比之下，国内同行业领先企业在同样资产投入的情况下，人均创造主营业务收入只有 CIFA 的 1/16。中联混凝土机械这一板块有 3 000 多人，2007 年收入是 35 亿元人民币。人均劳动生产效率的这种巨大差距将直接转变成中联重科提升效率、改善管理的动力。

除了这些市场效应之外，此次并购还将带活一批配套企业。如中联重科的油缸厂。以后 CIFA 的油缸也全部由它生产，采购价格因此比国际市场低了 50% ，这对 CIFA 也有利。而 CIFA 的订单由于产能限制目前并没有得到充分满足，这部分订单也可以通过 CIFA 在中联重科的帮助下直接在中国设厂进行生产，在中国设厂生产的成本远低于在意大利本土生产。当前，我国对外直接投资的 50% 是通过跨国并购的方式完成的，其次是通过国际信贷方式促成国内投资主体与国外企业间的合作。对外直接投资方式过于集中，缺乏灵活性，大多没有考虑投资目标、投资行业和东道国的投资环境，并结合自身条件作出合理的选择，导致对外直接投资效率不高，面临的风险进一步放大。

选择合适的对外直接投资方式则可以取得事半功倍的效果。针对某些国家特定行业的贸易或投资壁垒，可以选择在与之签署经贸合作协议的第三国投资建厂，利用这种双边或多边性质的国际合作机制，绕开壁垒限制，实现投资目的。以合资方式进行的对外直接投资，可以采取现金出资、股权置换、基金募集、海外上市融资、在当地发行企业债券等多种手段，不仅可以弥补我国投资方的资金缺口，也有利于发挥合资伙伴在当地的管理、营销优势及品牌效应，不断培养我国投资方的海外市场开拓经验与管理技巧。对于高技术行业的对外直接投资则可以采取并购方式，直接获取最新科技成果并融入自身产业链，提高技术效率水平；也可以设立海外研发中心，利用逆向技术扩散效应，紧跟国际科技前沿，进行自主创新，增强核心竞争力，引导国内产业的技术更新、转型升级。

7.3.5　“逆梯度”对外直接投资与产业技术效率的提升

（1）所谓“逆梯度”对外直接投资，是指以获取国外先进技术、组织管理知识为目的，向国外技术发源地进行直接投资，通过逆向技术溢出效应，带动国内各产业技术效率的提高，促进产业升级。大力发展面向高端制造业、高新技术产业和现代服务业等领域的“逆梯度”对外直接投资，通过绿地投资、跨国并购、合资建厂或设立海外研发中心等方式在发达国家接近并渗入上述知识、技术密集型产业，跟踪国际科技前沿动态，收集相关信息，获取先进技术知识，并形成对国内产业升级的直接牵引，推动产业升级。

（2）来自汽车产业的案例

长安汽车分别在都灵、横滨、诺丁汉与底特律等世界汽车工业重镇设立了海外 R&D 机构。作为意大利汽车城，都灵是菲亚特的总部所在地，而横滨是日本较大的工业城市，英国的诺丁汉在发动机及变速器的 R&D 和制造方面具有独特的优势，福特、日产、莲花、丰田等企业在此都有 R&D 中心，而底特律更是世界汽车工业的“心脏”，是福特、通用、克莱斯勒总部所在地，丰田、日产、三菱、现代等也在此设立了分支机构或技术中心。这种地理上的接近能够促使长安汽车紧跟世界汽车业的发展趋势，更有利于掌握先进技术。同时，长安汽车非常注意对外国优秀 R&D 人才的吸收，2003 年长安汽车首次在都灵建立 R&D 中心时，招揽了来自福特、宝马、丰田等公司的设计主管，并从菲亚特汽车收购了一个设计小组。2010 年，长安汽车在诺丁汉设立 R&D 中心之初即雇用了 30 名左右当地技术人才。经过国内外 R&D 机构的通力合作，长安汽车先后搭建了六大具有自主知识产权的产品平台，相继推出了自主研发的 6 款概念车和 10 款整车产品，特别是长安 CM8、长安奔奔和长安杰勋的相继面市，使长安汽车的自主研发迈上了新台阶。

7.3.6 更新投资理念，加大一体化全产业链式对外直接投资模式

（1）提高科技研发投入强度，引导、鼓励产业技术创新。科学技术是第一生产力，持续增加各产业的科技研发投入强度成为引导、鼓励产业技术创新活动的必要条件，而技术进步则是产业升级的内在要求与应有之义，也是对外直接投资快速发展的关键激励因素。鉴于目前，科技研发投入强度所代表的科技水平已经成为我国对外直接投资与产业升级协同发展系统的有序参量，在其协同演化过程中正发挥着支配性作用，从而保证科技研发投入强度的稳定增长态势，特别是提高国家财政科技支出水平，充分发挥国家对自主创新重要领域和关键环节的规划、引导作用，形成产出丰硕、应用广泛、效率突出的创新体系。另外，科技研发经费大幅注入高技术产业、支持其扩张的同时，也不能忽视对传统产业的技术改造，重点突出、循序渐进，产业升级稳步推进，并与适当形式的对外直接投资手段相配合，实现创新引领下的对外直接投资与产业升级之间的良性互动局面。

（2）加大一体化全产业链式对外直接投资模式。当前，大多数中国企业在跨国经营中仍以分散化的单个对外直接投资为主，各企业所在的上游、中游、下游产业各自为战，缺乏必要的协调与整合，很难形成产业链上的集聚优势。因此，中国企业有必要改变投资理念，与自身所在产业中的上中下游产业企业联合，进行一体化全产业链式对外直接投资，各个企业、上中下游产业协同发展，从而形成产业集聚效应，提升企业生产效率，降低企业生产成本，有助于提升中国的全球价值链分工地位。

（3）借助对外直接投资手段，积极融入全球产业链。随着经济全球化，以跨国公司为中心的全球价值链分工体系初步形成，为我国企业借助对外直接投资手段，不断融入全球产业链和价值链、锻造核心竞争

力提供了契机。利用加入全球价值链分工体系的机会，精准评价我国各产业投资主体在全球产业链和价值链中的地位以及发展趋势，针对不同发展阶段的国家以及分工合作深浅度、要素禀赋状态，开展多层次的对外直接投资活动，不仅可以为国内各类投资主体的核心竞争力蓄势、追求更多的投资赢利点，还可以逐渐聚点为面，配合国内经济体制改革和产业结构调整、升级。

7.3.7 完善对外投资制度建设与政策体系

（1）政府需进一步加强有关对外直接投资支持业务，包括应加强与发达国家关于对外直接投资的合作，通过谈判不断使发达国家放宽针对中国对其投资的管制；提供法律支持和投资策略支持，确保中国企业海外投资得以顺利进行，不会触犯东道国的法律规范，而且投资策略适合东道国市场。此外，政府应完善政策扶持体系，出台一系列鼓励海外投资的政策；广泛采取一些免税等财政扶持政策；对海外研发费用给予经费支持、建立专项信贷基金等，从而更有利于中国对外直接投资促进中国全球价值链分工地位提升。

（2）完善以监管为主、审批为辅的对外投资监管体制

第一，精简对外投资管理机构，以单一部门审批取代多部门审批。我国对外投资应当由统一的管理机构进行管理，为此，政府应当建立相应的职能机构，如海外投资委员会。这一机构的主要职能是：制定宏观的战略、方针、政策，为我国对外投资确定方向；分析国际市场的区位优势，并结合我国的产业优势，引领国内企业选择适合投资的产业和地区；依法审批我国企业的海外投资项目，监督和管理其投资活动；协调政府各部门如国家外汇管理局、财政部、中国人民银行等的管理活动，并组织我国银行、驻外使领馆等形成全面的监督体系；立足于服务职能，在信息咨询和技术援助方面为海外投资企业提供帮助和指导。

第二，建立高效、重点突出的审批体制，实现政务公开。海外投资委员会应统一目前我国海外投资的审批标准，使审批内容更具合理性：

在海外投资产业指导目录的基础上，结合项目金额和企业的所有制性质而采取不同的审批方式，其中国有企业应成为政府对外投资管制的主要对象。对私营企业的海外投资，只要不属于我国限制投资的敏感领域，应逐步过渡为登记备案制；对于国有企业则应结合项目金额，限额以下的项目为自动许可，限额以上的由海外投资委员会进行核准。对于需核准的项目，国家应进一步简化审批程序，减少审批内容，提高审批效率；并将审批内容、程序、标准等对外公布，接受社会和企业的监督。

第三，健全监管体系，切实执行监管措施。完善的对外投资监管体系应当由海外投资委员会组织，联合银行、国资委、财政部、驻外使领馆等部门构成。就国有企业而言，对外投资出资人应当由国资委担当。国资委应当同时加强对海外投资项目国内母公司的管理；财政部门应负责企业财务管理制度的修订和完善，确保海外投资企业的财务规范化运行；实行自负盈亏，由企业自己承担国有资产的保值增值。就私营企业而言，应由母公司所在地的工商税务部门和银行联合监管，防止资本外逃和投资移民。

此外，海外投资企业应加强年审，驻外使领馆应当加大对所在国企业的监督力度，结合投资额度确定重点监督的企业和项目，一经发现问题，实施相应的法律、经济、行政处罚，确保监管措施的实质性效果。

7.3.8 结合立法和外交手段，完善对外投资的保障制度

（1）构建立法体系，完善保险制度，健全对外投资的单边保障制度。为保障海外投资战略的顺利实施，应当建立完善的立法体系。政府应当制定调节海外投资的《海外投资法》。该法律应当规定我国的投资目标、投资主体、投资形式、审批程序、资金融通、企业管理等，并且符合我国的国情，顺应国际惯例。依据境外投资的发展实际，及时补充相关的实施细则及单项法规，如《境外投资企业所得税法》《对外投资保险法》等，确保我国境外投资有法可依，有章可循。作为国家政策性保险机构，中国出口信用保险公司应当为企业海外投资提供风险保障

服务。政府应当加大投入力度，以更强大的政策性风险基金作为后盾，扩大承保的范围和保险金额。此外，积极宣传、强化企业的风险意识，对投资未建交国家和高风险国家的企业实行强制性投保，最大限度地保护海外投资企业的利益。

国内各投资主体在开展对外直接投资活动之前，应该进行充分的可行性调查和分析，充分了解东道国（地区）的经济、政治、法律、风俗习惯甚至相关产业的发展状况，以避免遇到来自当地政府、群众、企业甚至各类社会团体的阻碍和刁难。建立有效的海外投资风险评估和预警机制，提前预测和评估各类风险发生的可能性并制订好及时的应对策略，可以提高我国对外直接投资活动的成功率，进而促进国内投资主体的技术变革。

（2）加强国际政策协调，完善对外投资的双边、多边保障体系。为完善海外投资保障体系，可以加强双边投资保护协定和避免双重征税协定的商签、修订和履行。对于尚未与我国签订协定的发展中国家，应当加大争取力度。已签订的协定，应增加保护我国海外企业的条款。例如，争取我国企业和东道国企业享有同等的待遇，如因战争、政变、暴乱等突发事件带来损失，应当获得赔偿，资本金和利润的汇出不受限。此外，加强对法律法规的宣传，增强企业的法律维权意识，促使企业积极运用《多边投资争端解决公约》维护自己的权益。

7.3.9　加大支持力度，采用多样化的支持手段，建立对外投资的支持和服务体系

关于金融支持，政府应当首先致力于增加政策性金融机构的资本，确保优惠贷款和贷款贴息的规模和范围能够得以扩大。优惠贷款的规模在现有基础上应当有所拓展，不能仅仅覆盖境外资源开发项目等四类项目。例如，服务业投资和生产加工项目，如果对国内产业结构调整升级和转移过剩的生产能力有利，可以加大对该项目的金融支持。其次，企业贷款担保的约束应当予以放宽，鼓励企业多渠道融资，如向金融机构

的境外分行贷款，对于条件成熟的企业，政府应鼓励其通过上市、发行债券等方式融资，解决企业资金的困境。最后，政府出面，促成银企合作。政府应当借助完善的保险制度，向商业银行的海外贷款项目提供制度保障，鼓励商业银行组成银团贷款，为大型项目提供资金支持。在财税政策方面，政府可以通过设立投资基金，如海外投资发展基金、中小企业海外产业投资基金等完善对海外投资的基金支持。基金出资的主体可以涵盖财政部、地区政府、商业银行、非银行金融机构以及海外投资企业，根据一定的标准为海外投资企业提供风险贷款。此外，在产业政策的指导下，借助税收政策加大对海外投资的支持力度。例如，针对国家重点鼓励的投资行业和项目，可以减免设定年限的所得税，减轻企业的税赋负担；对于实物投资形式出境的物资及基于境外投资拉动的设备及中间产品的出口可以采用全额退税予以支持。此外，需进一步完善当前税收抵免制度的具体操作方式，可以增加间接鼓励措施如加速折旧、延期纳税等。在信息和技术上，海外投资委员会应当为海外投资和海外企业提供信息咨询和技术援助方面的服务。该机构应当分析各国政治、经济、技术、法律等方面的现状，定期发布国别投资环境报告；可以收集各国或地区的项目资料信息和有海外投资意向的企业信息，加以整理并公布，帮助企业寻找适合的投资合作伙伴和项目；联合驻外使领馆和国际商会分支机构建立信息网络，结合企业的需求提供近期的准确信息；在企业海外投资决策形成方面给予支持，如提供资金支持企业在决策前进行项目的可行性论证，对项目的实施予以规划并对相关人员进行培训。

参考文献

[1] Antràs P, Chor D, Fally T, Et Al. Measuring the Upstreamness of Production and Trade Flows [J]. The American Economic Review, 2012, 102 (3): 412 -416

[2] Azmeh S, Nadvi K. Asian Firms and the Restructuring of Global Value Chains [J]. International Business Review, 2014, 23 (4): 708 -717

[3] Blyde Js. The Drivers of Global Value Chain Participation: Cross - Country Analyses [M] // Synchronized Factories. 2014

[4] Brouthers Ble. Acquisition Or Greenfield Start - Up? Institutional, Cultural and Transaction Cost Influences [J]. Strategic Management Journal, 2000, 21 (1): 89 -97

[5] Buckley Pj, Clegg Lj, Cross Ar, Et Al. The Determinants of Chinese outward Foreign Direct Investment [J]. Journal of International Business Studies, 2007, 38 (4): 499 -518

[6] Buckley Pj, Casson M. The Future of the Multinational Enterprise [M]. London: Macmillan, 1976

[7] Cai Kg. Outward Foreign Direct Investment: A Novel Dimension of China's Integration into the Regional and Global Economy [J]. China Quarterly, 1999, 160 (160): 856 -880

[8] Cantwell J. Tolentino Pee. Technological Accumulation and Third World Multinationals [M]. Reading: University of Reading, 1990, 30 -32

[9] Dunning Jh. Trade, Location of Economic Activity and the Multinational Enterprise: A Search For an Eclectic Approach [M]. In Ohlin, B., Hesselborn, P. O. and Wiskman, P. J. (Eds) the International Allocation of Economic Activity, London, Macmillan, 1977. 395 -418

[10] Dyer Jh, Singh H. the Relational View: Cooperative Strategy and Sources and Sources of Interorganizational Competitive Advantage [J]. Academy of Management Review, 1998, 23 (4): 660 -679

[11] Fally T. On the Fragmentation of Production in the US. [D]. University of Colorado -Boulder, 2011

[12] Fisher I. The Nature of Capital and Income. New York: Macmillan, 1906

[13] Franco C, Rentocchini F, Vittucci Mg. Why do Firms Invest Abroad? An Analysis of the Motives Underlying Foreign Direct Investments [J]. Journal of International Business Law, 2010, (1): 42 -65

[14] Gereffi G, Humphrey J, Sturgeon T. The Governance of Global Value Chains [J]. Review of International Political Economy, 2005, 12 (1): 78 -104

[15] Gereffi G, Humphrey J, Sturgeon T. The Governance of Global Value Chains [J]. Review of International Political Economy, 2005, 12 (1): 78 -104

[16] Gereffi G. Beyond the Producer - Driven/Buyer - Driven Dichotomy: the Evolution of Global Value Chains in the Internet Era [J]. Ids Bulletin, 2001, 32 (3): 30 -40

[17] Gereffi G. International Trade and Industrial Upgrading in the Apparel Commodity Chain [J]. Journal of International Economics, 1999, 48 (1): 37 -70

[18] Gereffi G, Korzeniewicz M, Korzeniewicz R. Introduction: Global Commodity Chains [M]. In Gereffi G, Korzeniewicz M (Eds). Commodity

Chains and Global Capitalism, Ct: Praeger, Westport. 1994. 1 -14

[19] Hansen E. Sample Splitting and Threshold Estimation [J]. Econometrica, 2010, 68 (3): 575 -603

[20] Helpman E. A Simple Theory of International Trade with Multinational Corporations [J]. Journal of Political Economy, 1984, 92 (3): 451 -471

[21] Henderson J. Danger and Opportunity in the Asia -Pacific [A]. in: Thompson G (Eds) . Economic Dynamism in the Asia - Pacific [C]. London: Routledge, 1998: 356 -384

[22] Herzer D. How Does Foreign Direct Investment Really Affect Developing Countries' Growth? [J]. Review of International Economics, 2012, 20 (2): 396 -414

[23] Hobday M, Innovation in East Asia: the Challenge to Japan [J]. Edward Elgar, 1995 (11): 21 -22

[24] Hummels D, Ishii J, Yi Km. The Nature and Growth of Vertical Specialization in World Trade [J]. Journal of International Economics, 2001, 54 (1): 75 -96

[25] Humphrey J, Schmitz H. Governance and Upgrading: Linking Industrial Cluster and Global Value Chain Research [J]. Ids Working Paper 120, 2000

[26] Humphrey J, Schmitz H. How Does Insertion in Global Value Chains Affect Upgrading in Industrial Clusters? [J]. Regional Studies, 2002, 36 (9): 1017 -1027

[27] Hymer S. The International Operations of National Firms: A Study of Direct Foreign Investment [M]. Cambridge, Ma: Mit Press, 1976

[28] John Z, Doherty E, Schwartz A. Tales from the "Global" Economy: Cross -National Production Networks and the Reorganization of the European Economy [J]. Structural Change & Economic Dynamics, 1997, 8 (1):

45 -85

[29] Kaplinsky R, Morris M. A Handbook of Value Chain Research [R]. Canada: Paper Prepared For the Idrc, 2002: 37 -46

[30] Kaplinsky R. Morris M. A Handbook For Value Chain Research [C]. Institute of Development Studies, 2001

[31] Kaplinsky R. Sustaining Income Growth in a Globalizing World: the Search for the Nth Rent [R]. Mimeo Institute of Development Studies, 2004

[32] Kaplinsky R. Globalisation and Unequalisation: What can be Learned from Value Chain Analysis? [J]. The Journal of Development Studies, 2000, 37 (2): 117 -146

[33] Kogut B. Designing Global Strategies: Comparative and Competitive Value - added Chains [J]. Sloan Management Review, 1985, 26 (24): 15 -28

[34] Kogut B, Chang S J. Technological Capabilities and Japanese Foreign Direct Investment in the United States [J]. Review of Economics & Statistics, 1991, 73 (3): 401 -413

[35] Kojima K. Direct Foreign Investment: A Japanese Model of Multinational Business Operation, London: Croom Helm, 1978

[36] Koopman R, Wang Z, Wei Sj. Give Credit Where Credit is Due: Tracing Value Added in Global Production Chains [J]. Nber Working Paper, No. 16426, 2010

[37] Koopman R, Wang Z, Wei Sj. How Much Chinese Exports is Really Made in China - Assessing Foreign and Domestic Value - Added in Gross Exports [J]. Nber Working Paper, No. 14109, 2008

[38] Lall S. The New Multinationals: the Spread of Third World Enterprises, London: John Wiley & Sons, 1983

[39] Lall S, Weiss J, Zhang Jk. The "Sophistication" of Exports: A New Trade Measure [J]. 2006, 34 (2): 222 -237

[40] Mathews Ja. Dragon Multinationals: New Players in 21st Century Globalization [J]. Asia Pacific Journal of Management, 2006, 23 (1): 5 -27

[41] Mundell Ra. International Trade and Factor Mobility [J]. American Economic Review, 1957, 47 (3): 321 -335

[42] Ozawa T. Foreign Direct Investment and Economic Development [J], Transnational Corporations, 1992 (2): 27 -54

[43] Ponte S, Gibbon P. Quality Standards, Conventions and the Governance of Global Value Chains [J]. Economy & Society, 2005, 34 (1): 1 -31

[44] Ponte S, Sturgeon T. Explaining Governance in Global Value Chains: A Modular Theory -Building Effort [J]. Review of International Political Economy, 2014, 21 (1): 195 -223

[45] Porter Me. Competitive Advantage: Creating and Sustaining Superior Performance [M]. New York: the Free Press, 1985

[46] Powell Ww. Neither Market Nor Hierarchy: Network Forms of Organization [J]. Research in Organizational Behavior, 1990, 12: 295 -336

[47] Raff H, Ryan M, St. Hler F . Whole vs. Shared Ownership of Foreign Affiliates [J]. International Journal of Industrial Organization, 2009, 27 (5): 0 -581

[48] Ramasamy B, Yeung M, Laforet S. China's Outward Foreign Direct Investment; Location Choice and Firm Ownership [J]. Journal of World Business, 2012 (4): 17 -25

[49] Rodrik D. What's so Special about China's Export [J]. China and World Economy, 2006, 14 (6): 1 -19

[50] Schott Pk. The Relative Sophistication of Chinese Export [J]. Economic Policy, 2006, 34 (2): 18 -42

[51] Sturgeon Tj. Modular Production Networks: a New American Model

of Industrial Organization [J]. Industrial and Corporate Change, 2002, 11 (3): 451 -496

[52] Teece Dj. Pisano G. Shuen A. Dynamic Capabilities and Strategic Management [J]. Strategic Management Journal, 1997, 18 (7): 509 -533

[53] United Nations Conference on Trade and Development. World Investment Report 2013: Global Value Chains: Investment and Trade For Development [R]. Geneva: Unctad, 2013: 123 -144

[54] United Nations Industrial Development Organization. Competing through Innovation and Learning: Industrial Development Report 2002 ~ 2003 [R]. Vienna: Unido, 2002: 9 -27

[55] Vernon R. International Investment and International Trade in the Product Cycle [J]. Quarterly Journal of Economics, 1966, 80: 190 ~207

[56] Wang H, Liu Hf, Cao Zy, Et Al. Fdi Technology Spillover and Threshold Effect of the Technology Gap: Regional Differences in the Chinese Industrial Sector [J]. Springerplus, 2016, 5 (1): 323 -334

[57] Wang Z, Wei Sj, Zhu Kf. Quantifying International Production Sharing at the Bilateral and Sector Level. Nber Working Paper, No. 19677, 2013

[58] Wells Lt. Third World Multinationals: the Rise of Foreign Investment from Developing Countries, the Mit Press, 1983

[59] Xing Yq, Detert N. How the Iphone Widens the United States Trade Deficit with the People's Republic of China [J]. Adbi Working Paper 257, 2010

[60] 安礼伟，张二震．全球价值链分工视角下的中国对外贸易——兼析对我国外贸发展的错误认识 [J]．江苏行政学院学报，2014 (1): 39 -45

[61] 岑丽君．中国在全球生产网络中的分工与贸易地位——基于 TiVA 数据与 GVC 指数的研究 [J]．国际贸易问题，2015 (1): 3 -13

[62] 曾铮，张亚斌．价值链的经济学分析及其政策借鉴 [J]．中国工业经济，2005 (5)：104 -111

[63] 陈恩，陈博．中国对发展中国家直接投资区位选择及影响因素 [J]．国际经济合作，2015 (8)：14 -20

[64] 陈立敏．贸易创造还是贸易替代——对外直接投资与对外贸易关系的研究综述 [J]．国际贸易问题，2010 (4)：122 -128

[65] 陈丽丽，龚静．中国出口产品复杂度提升了吗？——结合价格和产品技术含量测度的新考察 [J]．世界经济文汇，2014 (2)：30 -44

[66] 陈晓华，刘慧．成本上升、外需疲软与制造业技术复杂度演进——基于内外资和要素密集度异质性视角 [J]．科学学研究，2014，32 (6)：860 -872

[67] 陈仲常，马红旗，绍玲．影响我国高技术产业全球价值链升级的因素 [J]．上海财经大学学报，2012 (2)：56 -64

[68] 程大中．中国参与全球价值链分工的程度及演变趋势——基于跨国投入—产出分析 [J]．经济研究，2015 (9)：4 -16

[69] 程惠芳，阮翔．用引力模型分析中国对外直接投资的区位选择 [J]．世界经济，2004 (11)：23 -30

[70] 程新章．发展中国家支持全球价值链升级的政策体系——基于演化经济学的视角 [J]．社会科学，2015 (4)：42 -54

[71] 迟歌．中国对外直接投资对全球价值链升级的影响研究——基于灰色关联理论的实证分析 [J]．工业技术经济，2018，37 (05)：88 -96

[72] 戴翔，张二震．中国出口技术复杂度真的赶上发达国家了吗 [J]．国际贸易问题，2011 (7)：3 -16

[73] 戴翔．中国服务贸易出口技术复杂度变迁及国际比较 [J]．中国软科学，2012 (2)：52 -59

[74] 戴翔．中国制造业国际竞争力——基于贸易附加值的测算 [J]．中国工业经济，2015 (1)：78 -88

[75] 戴勇. 外生型集群企业升级的影响因素与策略研究——全球价值链的视角 [J]. 中山大学学报（社会科学版），2009，49（1）：194－203

[76] 董有德，唐云龙. 中国产业价值链位置的定量测算——基于上游度和出口国内增加值的分析 [J]. 上海经济研究，2017（02）：44－50＋73

[77] 樊纲，关志雄，姚枝仲. 国际贸易结构分析：贸易品的技术分布 [J]. 经济研究. 2006（8）：5－12

[78] 符磊，李占国. 关于 OFDI 逆向技术溢出的文献述评 [J]. 国际经贸探索，2013，29（9）：70－81

[79] 符瑛. 全球价值链视角下我国产业集群转型升级影响因素研究 [J]. 科学管理研究，2016（3）：56－59

[80] 郭飞，黄雅金. 全球价值链视角下 OFDI 逆向技术溢出效应的传导机制研究——以华为技术有限公司为例 [J]. 管理学刊，2012，25（3）

[81] 郭晶，赵越. 高技术产业国际分工地位的影响因素：基于完全国内增加值率视角的跨国实证 [J]. 国际商务（对外经济贸易大学学报），2012（2）：87－95

[82] 韩明华，陈汝丹. 我国中小制造企业全球价值链升级的影响因素研究——基于浙江的实证分析 [J]. 华东经济管理，2014（9）：23－28

[83] 何一鸣，张洪燕. 中国对外直接投资与逆向技术溢出关系的实证研究 [J]. 中国海洋大学学报（社会科学版），2011（1）：52－55

[84] 胡建绩，楚永. 影响我国对外直接投资分布的因素及区位差异分析 [J]. 商业时代，2008（31）：39－40

[85] 胡昭玲，宋佳. 基于出口价格的中国国际分工地位研究 [J]. 国际贸易问题，2013（3）：15－25

[86] 胡昭玲，张咏华. 中国制造业国际垂直专业化分工链条分析——基于非竞争型投入产出表的测算 [J]. 财经科学，2012（9）

[87] 华晓红，宫毓雯. 中国制造业在亚太生产网络中的地位——基于增值贸易数据测度 [J]. 国际经贸探索，2015，31 (12)：45 -59

[88] 华欣，盛红艳. 中国制造业企业对“一带一路”国家 OFDI 模式选择的实证分析 [J]. 工业技术经济，2016，35 (10)：72 -77

[89] 黄蕙萍，尹慧. 我国战略性新兴产业全球价值链升级影响因素分析 [J]. 科技管理研究，2016，36 (10)

[90] 黄锦明. 技术获取型对外直接投资提升全球价值链分工位次的作用机制与中国对策——以中国企业华为为例 [J]. 现代经济探讨，2016 (4)：54 -58

[91] 黄先海，韦畅. 中国制造业出口垂直专业化程度的测度与分析 [J]. 管理世界，2007 (4)：158 -159

[92] 黄先海，杨高举. 中国高技术产业的国际分工地位研究：基于非竞争型投入占用产出模型的跨国分析 [J]. 世界经济，2010 (5)：82 -100

[93] 黄晓梅. 中国对非洲直接投资的区位选择研究 [J]. 甘肃社会科学，2015 (5)：220 -223

[94] 赖伟娟，钟姿华. 中国与欧、美、日制造业全球价值链分工地位的比较研究 [J]. 世界经济研究，2017 (1)：125 -134

[95] 黎峰. 全球价值链下的国际分工地位：内涵及影响因素 [J]. 国际经贸探索，2015，31 (9)：31 -42

[96] 李超，张诚. 中国对外直接投资与制造业全球价值链升级[J]. 经济问题探索，2017 (11)：118 -130

[97] 李国学，张宇燕. 资产专用性投资、全球生产网络与我国产业结构升级 [J]. 世界经济研究，2010 (5)：3 -6

[98] 李磊，郑昭阳. 议中国对外直接投资是否为资源寻求型 [J]. 国际贸易问题，2012 (2)：146 -157

[99] 李艳秀. OFDI 与出口贸易的关系——基于不同产业的面板数据分析 [J]. 经济研究导刊，2013 (16)：276 -277

[100] 廖泽芳，宁凌. 中国的全球价值链地位考察——基于附加值贸易视角 [J]. 国际商务（对外经济贸易大学学报），2013 (6): 21 -30

[101] 刘斌，王杰，魏倩. 对外直接投资与价值链参与：分工地位与升级模式 [J]. 数量经济技术经济研究，2015 (12): 39 -56

[102] 刘海云，毛海欧. 国家国际分工地位及其影响因素——基于"GVC地位指数"的实证分析 [J]. 国际经贸探索，2015 (8): 44 -53

[103] 刘宏，刘东丽. 技术获取型对外直接投资对国内技术进步的影响——基于全球价值链视角 [J]. 财会月刊，2016 (8): 120 -125

[104] 刘洪铎，曹瑜强. 中美两国在全球价值链上的分工地位比较研究——基于行业上游度测算视角 [J]. 上海经济研究，2016 (12): 11 -19

[105] 刘慧芳. 跨国企业对外直接投资研究 [M]. 中国市场出版社，2007

[106] 刘建光，丁卫国. 中国对外直接投资区位选择实证分析 [J]. 商场现代化，2006 (28): 262 -263

[107] 刘林青，谭力文，施冠群. 租金、力量和绩效——全球价值链背景下对竞争优势的思考 [J]. 中国工业经济，2008 (1): 50 -58

[108] 刘琳. 中国参与全球价值链的测度与分析——基于附加值贸易的考察 [J]. 世界经济研究，2015 (6): 71 -83

[109] 刘明霞，刘林青. 人力资本、技术差距与OFDI逆向技术溢出效应 [J]. 中国地质大学学报（社会科学版），2011，11 (5): 59 -64

[110] 刘维林. 中国式出口的价值创造之谜：基于全球价值链的解析 [J]. 世界经济，2015 (3): 3 -28

[111] 刘渝琳，梅新想. 中国对外直接投资的模式选择研究 [J]. 国际经贸探索，2013，29 (4): 61 -72

[112] 刘钻石，张娟. 中国出口贸易品技术结构的测算 [J]. 世界经济研究，2010 (3): 68 -72

[113] 隆国强. 中国对外投资与打造世界级跨国公司 [J]. 中国经

贸，2013（7）：16－19

［114］卢福财，胡平波．网络租金及其形成机理分析［J］．中国工业经济，2006（6）：84－90

［115］陆甦颖，王晓磊．我国制造业参与国际产品内分工影响因素的实证分析［J］．国际贸易问题，2010（12）：97－101

［116］罗长远，张军．附加值贸易：基于中国的实证分析［J］．经济研究，2014（6）：4－17

［117］吕计跃．中国对外直接投资的出口效应研究［J］．统计与决策，2012（19）：141－144

［118］吕越，罗伟，刘斌．融资约束与制造业的全球价值链跃升［J］．金融研究，2016（6）：81－96

［119］马风涛．中国制造业全球价值链长度和上游度的测算及其影响因素分析——基于世界投入产出表的研究［J］．世界经济研究，2015（8）：3－10

［120］马淑琴．中国出口品技术含量测度及其差异分析——基于产品内贸易分类的跨国数据［J］．国际贸易问题，2012（7）：20－29

［121］毛其淋，许家云．中国对外直接投资促进抑或抑制了企业出口？［J］．数量经济技术经济研究，2014（9）：3－21

［122］毛蕴诗．对外直接投资过程论——对外直接投资的四维分析模型及其应用［J］．中山大学学报（社会科学版），1994（2）：1－9

［123］孟东梅，姜延书，何思浩．中国服务业在全球价值链中的地位演变——基于增加值核算的研究［J］．经济问题，2017（1）：79－84

［124］孟祺．中国国际分工地位的演变——基于贸易附加值的视角［J］．云南财经大学学报，2014（6）：44－55

［125］聂聆，李三妹．制造业全球价值链利益分配与中国的竞争力研究［J］．国际贸易问题，2014（12）：102－113

［126］蒲华林，张捷．产品内国际分工与中国零部件贸易——理论、现状和问题［J］．世界经济研究，2010（4）：31－38

[127] 邱斌，叶龙凤，孙少勤. 参与全球生产网络对我国制造业价值链提升影响的实证研究——基于出口复杂度的分析 [J]. 中国工业经济，2012 (1): 57 -67

[128] 全诗凡，徐清. 我国OFDI与出口贸易的引力模型分析 [J]. 云南财经大学学报，2015，31 (02): 28 -38

[129] 尚涛. 全球价值链与我国制造业国际分工地位研究——基于增加值贸易与Koopman分工地位指数的比较分析 [J]. 经济学家，2015，4 (4): 91 -100

[130] 盛斌，马涛. 中国工业部门垂直专业化与国内技术含量的关系研究 [J]. 世界经济研究，2008 (08): 61 -67，89

[131] 施炳展. 中国出口产品的国际分工地位研究——基于产品内分工的视角 [J]. 世界经济研究，2010 (1): 56 -62

[132] 宋维佳，许宏伟. 对外直接投资区位选择影响因素研究 [J]. 财经问题研究，2012 (10): 44 -50

[133] 宋勇超. 中国对外直接投资的逆向技术溢出效应研究——理论模型与实证检验 [J]. 经济经纬，2015 (3): 60 -65

[134] 谭亮，万丽娟. 中国对外直接投资与进出口贸易关系的实证分析 [J]. 重庆大学学报 (社会科学版)，2010，16 (1): 59 -64

[135] 唐海燕，张会清. 产品内国际分工与发展中国家的价值链提升 [J]. 经济研究，2009 (9): 81 -93

[136] 田毕飞，邱艳琪. 中国企业跨国经营区位选择的影响因素分析 [J]. 宏观经济研究，2010 (4): 53 -58

[137] 涂颖清. 全球价值链下我国制造业升级的影响因素分析 [J]. 重庆科技学院学报 (社会科学版)，2011 (13): 72 -73

[138] 王碧珺，王辉耀. 中国制造业企业对外直接投资：模式、动机和挑战 [A]. 中国对外直接投资 [C]. 北京：北京大学出版社，2013: 132 -150

[139] 王金亮. 基于上游度测算的我国产业全球地位分析 [J]. 国际

贸易问题，2014（3）：25－33

［140］王娟，方良静．中国对外直接投资区位选择的影响因素［J］．社会科学家，2011（9）：79－82

［141］王岚．融入全球价值链对中国制造业国际分工地位的影响［J］．统计研究，2014，31（5）：17－23

［142］王恕立，向姣姣．对外直接投资逆向技术溢出与全要素生产率：基于不同投资动机的经验分析［J］．国际贸易问题，2014（9）：109－119

［143］王雪芳，高亚峰．中国企业对外直接投资区位选择研究［J］．中国商论，2011（12）：216－217

［144］王直，魏尚进，祝坤福．总贸易核算法：官方贸易统计与全球价值链的度量［J］．中国社会科学，2015（9）：108－127

［145］文东伟，冼国明．中国制造业的垂直专业化与出口增长［J］．经济学季刊，2010，9（2）：467－494

［146］项本武．东道国特征与中国对外直接投资的实证研究［J］．数量经济技术经济研究，2009（7）：33－46

［147］谢光亚，崔君．基于全球价值链的北京企业对外投资动因分析［J］．特区经济，2012（12）：67－69

［148］谢杰，刘任余．基于空间视角的中国对外直接投资的影响因素与贸易效应研究［J］．国际贸易问题，2011（6）：66－74

［149］辛晴，刘伟全．对外直接投资在全球价值链升级中的作用［J］．国际经济合作，2011（2）：91－94

［150］徐雪，谢玉鹏．我国对外直接投资区位选择影响因素的实证分析［J］．管理世界，2008（4）：167－168

［151］许林，柯珍堂．中国出口贸易与对外直接投资关系的实证分析［J］．生态经济，2009（08）：57－59，63

［152］阎大颖．中国企业国际直接投资模式选择的影响因素——对跨国并购与合资新建的实证分析［J］．山西财经大学学报，2008（10）：

24 -33

［153］杨高举，黄先海．内部动力与后发国分工地位升级——来自中国高技术产业的证据［J］．中国社会科学，2013（02）：25 -45，204

［154］杨慧力，何青松，姜振寰．基于全球价值链的山东加工贸易升级影响因素实证研究［J］．华东经济管理，2010，24（8）：23 -26

［155］杨丽丽，刘利．中国对外直接投资与价值链分工地位升级研究——基于制造业动态面板的系统 GMM 实证分析［J］．中国商论，2016（24）：121 -124

［156］杨连星，罗玉辉．中国对外直接投资与全球价值链升级［J］．数量经济技术经济研究，2017，34（06）：54 -70

［157］姚洋，张晔．中国出口品国内技术含量升级的动态研究——来自全国及江苏省、广东省的证据［J］．中国社会科学，2008（2）：67 -82

［158］衣长军，李赛，张吉鹏．制度环境、吸收能力与新兴经济体 OFDI 逆向技术溢出效应——基于中国省际面板数据的门槛检验［J］．财经研究，2015，41（11）：4 -19

［159］尹盛焕．企业所有权优势与进入模式——中国企业在韩投资研究［J］．国际贸易问题，2004（11）：73 -78

［160］尹伟华．中国制造业产品全球价值链的分解分析——基于世界投入产出表视角［J］．世界经济研究，2016（1）：66 -75

［161］尹彦罡，李晓华．中国制造业全球价值链地位研究［J］．财经问题研究，2015（11）：18 -26

［162］于明超，刘志彪，江静．外来资本主导代工生产模式下当地企业升级困境与突破——以中国台湾笔记本电脑内地封闭式生产网络为例［J］．中国工业经济，2006（11）：108 -116

［163］俞毅，万炼．我国进出口商品结构与对外直接投资的相关性研究——基于 VAR 模型的分析框架［J］．国际贸易问题，2009（6）：96 -104

［164］詹小颖，曹垂龙．我国企业对外直接投资区位选择研究［J］．

现代商贸工业，2011，23（02）：92－93

［165］张春萍．中国对外直接投资的贸易效应研究［J］．数量经济技术经济研究，2012（6）：74－85

［166］张海波，俞佳根．对外直接投资对母国的逆向技术溢出效应——基于东亚新兴经济体的实证研究［J］．财经论丛，2012（01）：14－20

［167］张海波．对外直接投资对母国出口贸易品技术含量的影响——基于跨国动态面板数据模型的实证研究［J］．国际贸易问题，2014（2）：115－123

［168］张宏，王健．中国对外直接投资与全球价值链升级［M］．中国人民大学出版社，2013

［169］张辉．全球价值链理论与我国产业发展研究［J］．中国工业经济，2004（5）：38－46

［170］张纪凤，黄萍．替代出口还是促进出口——我国对外直接投资对出口的影响研究［J］．国际贸易问题，2013（3）：95－103

［171］张奎亮．中国制造业在全球价值链分工中地位的影响因素分析［D］．山东大学，2011

［172］张奎亮．中国制造业在全球价值链中地位的衡量和提升对策［J］．商场现代化，2010（8）：9－10

［173］张明，胡兵．加工贸易增值率的实证研究［J］．国际贸易问题，2010（4）：25－31

［174］张小蒂，孙景蔚．基于垂直专业化分工的中国产业国际竞争力分析［J］．世界经济，2006（5）：12－21

［175］张艳辉．全球价值链下长三角产业升级的实证分析——以电子及通讯设备制造业为例［J］．上海经济研究，2010（3）：51－59

［176］张一弛．我国两岸三地对美直接投资的进入模式：一项基于数据的分析报告［J］．管理世界，2003（10）：33－39

［177］张咏华．中国制造业在国际垂直专业化体系中的地位——基于

价值增值角度的分析 [J]. 上海财经大学学报，2012 (5)：61 -68

[178] 张咏华. 中国制造业增加值出口与中美贸易失衡 [J]. 财经研究，2013 (2)：15 -25

[179] 钟娠. 文化与地理因素对外商在中国投资的影响 [J]. 商业故事，2015 (19)：81 -82

[180] 周升起，兰珍先，付华. 中国制造业在全球价值链国际分工地位再考察——基于 Koopman 等的“GVC 地位指数” [J]. 国际贸易问题，2014 (2)：3 -12

[181] 周铁军，刘传哲. 中国能源企业对外直接投资区位选择的实证研究 [J]. 南方金融，2010 (6)：56 -59

[182] 朱建安，周虹. 发展中国家产业集群升级研究综述：一个全球价值链的视角 [J]. 科研管理，2008，29 (1)：115 -121